Die Fußballblase

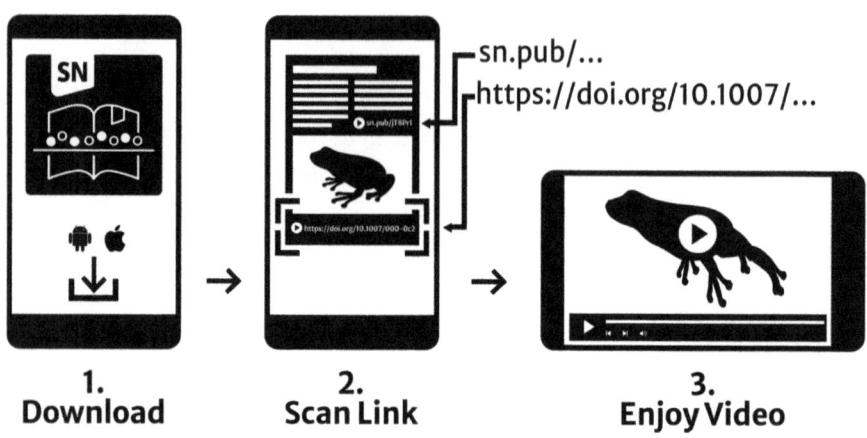

Klaus Brüggemann

Die Fußballblase

Hinter den Kulissen eines Milliardengeschäfts

Klaus Brüggemann
Berlin, Deutschland

Die Online-Version des Buches enthält digitales Zusatzmaterial, das durch ein Play-Symbol gekennzeichnet ist. Die Dateien können von Lesern des gedruckten Buches mittels der kostenlosen Springer Nature „More Media" App angesehen werden. Die App ist in den relevanten App-Stores erhältlich und ermöglicht es, das entsprechend gekennzeichnete Zusatzmaterial mit einem mobilen Endgerät zu öffnen.

ISBN 978-3-662-64326-6   ISBN 978-3-662-64327-3 (eBook)
https://doi.org/10.1007/978-3-662-64327-3

Die Deutsche Nationalbibliothek verzeichnet diese Publikation in der Deutschen Nationalbibliografie; detaillierte bibliografische Daten sind im Internet über http://dnb.d-nb.de abrufbar.

Springer
© Der/die Herausgeber bzw. der/die Autor(en), exklusiv lizenziert an Springer-Verlag GmbH, DE, ein Teil von Springer Nature 2022
Das Werk einschließlich aller seiner Teile ist urheberrechtlich geschützt. Jede Verwertung, die nicht ausdrücklich vom Urheberrechtsgesetz zugelassen ist, bedarf der vorherigen Zustimmung des Verlags. Das gilt insbesondere für Vervielfältigungen, Bearbeitungen, Übersetzungen, Mikroverfilmungen und die Einspeicherung und Verarbeitung in elektronischen Systemen.
Die Wiedergabe von allgemein beschreibenden Bezeichnungen, Marken, Unternehmensnamen etc. in diesem Werk bedeutet nicht, dass diese frei durch jedermann benutzt werden dürfen. Die Berechtigung zur Benutzung unterliegt, auch ohne gesonderten Hinweis hierzu, den Regeln des Markenrechts. Die Rechte des jeweiligen Zeicheninhabers sind zu beachten.
Der Verlag, die Autoren und die Herausgeber gehen davon aus, dass die Angaben und Informationen in diesem Werk zum Zeitpunkt der Veröffentlichung vollständig und korrekt sind. Weder der Verlag noch die Autoren oder die Herausgeber übernehmen, ausdrücklich oder implizit, Gewähr für den Inhalt des Werkes, etwaige Fehler oder Äußerungen. Der Verlag bleibt im Hinblick auf geografische Zuordnungen und Gebietsbezeichnungen in veröffentlichten Karten und Institutionsadressen neutral.

Einbandabbildung: © pixfly/stock.adobe.com

Planung/Lektorat: Ken Kissinger
Springer ist ein Imprint der eingetragenen Gesellschaft Springer-Verlag GmbH, DE und ist ein Teil von Springer Nature.
Die Anschrift der Gesellschaft ist: Heidelberger Platz 3, 14197 Berlin, Germany

25 Jahre im Fußballbusiness

Im Frühjahr 1995 las ich in einer großen Boulevardzeitung, dass Hertha BSC, zur der Zeit mäßig erfolgreich in der 2. Bundesliga spielend, sich kein Hotel für ein Trainingslager vor den Heimspielen mehr leisten könne. Ich war damals unter anderem Betreiber eines First-Class-Hotels neben dem gerade neu entstehenden Potsdamer Platz in Berlin. Also rief ich kurzerhand in der Geschäftsstelle von Hertha an und teilte mit, dass ich Lust auf ein Gespräch und eine Zusammenarbeit hätte. Die daraus folgende Zusammenarbeit entwickelte sich dann kurzzeitig sehr intensiv und quasi zu einer zweiten Geschäftsstelle in unserem Haus. Damit begann indirekt mein Einstieg in der Profifußball.

In Witten, an der Stadtgrenze zur Fußballhauptstadt Dortmund, im Umfeld des BVB aufgewachsen, verschlug es mich nach einer Kochlehre als frisch gebackener Vizeeuropameister der Köche in der Klasse Auszubildende 1977 nach Berlin ins damals legendäre „Kempinski" am Kurfürstendamm. Über den zweiten Bildungsweg und ein Fachstudium mit Abschluss zum Betriebswirt begann ich meine Karriere bei der Lufthansa Service Holding AG Berlin. Mit 27 Jahren wurde ich der jüngste Personalchef im Lufthansa-Konzern und eröffnete parallel dazu als Unternehmer zusammen mit zwei Partnern das erste kleine Hotel in Berlin. Nach der Geburt meiner Tochter wechselte ich endgültig in die Selbstständigkeit und entwickelte und führte eine kleine mittelständische Unternehmensgruppe, unter anderem mit Hotels und Freizeitbetrieben in ganz Deutschland. Im Jahr 2000 schied ich aus allen Unternehmensbeteiligungen aus und machte mein Hobby zum Beruf.

Im selben diesem Jahr wurde ich mit einer überwältigenden Mehrheit in den Aufsichtsrat von Hertha BSC gewählt, nutzte meine Zeit nach Aufgabe meiner Unternehmertätigkeit für Fortbildungen (Sportmanagement, Personal- und Gesundheitstraining, Mental-Coaching). 2004 wurde ich Stadionmanager im großartigen Berliner Olympiastadion. 2006 bekam ich das tolle Angebot, Operationsmanager Berlin im Rahmen der FIFA-Weltmeisterschaft zu werden, vielleicht der spannendste Job in meinem Berufsleben. Ob auf die Schnelle noch ein Tisch für unsere Kanzlerin, mein Treffen mit Roman Abramowitsch oder meine Zutrittsverweigerung ins Stadion für Maradona und seine Freunde – alles außergewöhnliche Geschichten und Erfahrungen.

In der Zeit von 2005 bis 2011 verpflichtete mich der damalige Vorstandsvorsitzende der DKB Günther Troppmann, ein wunderbarer Mensch und Unternehmensführer, als freiberuflichen Berater unter anderem für das Sportmarketing der Bank. Weitere Beratungsmandate führten mich nach Moskau und zu dem Fußballclub Rapid Bukarest, wo ich auch direkte Einblicke in kriminelle Strukturen des Fußballgeschäfts bekam. Zudem wurden unsere Agentur über unser Netzwerk für das Management von Ronaldinho und den damaligen Boxschwergewichtsweltmeister Nikolai Walujew aktiv.

Von 2011 bis 2013 war ich Geschäftsführer und Manager beim SV Babelsberg in der 3. Liga. Über die ebenso spannenden wie brutalen Erfahrungen in diesen zwei Jahren könnte ich ein ganzes Buch füllen. Einige Erlebnisse aus dieser Zeit, wie auch zu den anderen Tätigkeiten, finden eine kurze Erwähnung in den einzelnen Kapiteln.

Von 2014 bis heute bin ich als Sportunternehmer tätig und habe einen Lehrauftrag als Dozent für Sportökonomie an der Deutschen Hochschule für Prävention und Gesundheitsmanagement (DHfPG), einer der größten und besten Hochschulen im Sport- und Gesundheitsbereich. Ich unterrichte in den Fachthemen Sportmanagement, Sportstättenmanagement, Sportmarketing sowie Digitalisierung in Sportmärkten.

2018 wurde ich wieder in den Aufsichtsrat von Hertha BSC e. V. gewählt.

Liebe Leser*innen, meine persönlichen Erfahrungen und Erlebnisse im Laufe von 25 Jahren im Fußballbusiness waren spannend, manchmal auch grenzwertig und bitter, aber in jedem Fall erlebnis- und lehrreich. Einige der spannenden selbst erlebten Geschichten werde ich, wie bereits erwähnt, kurz in die einzelnen Kapitel mit einfließen lassen.

Mit dem vorliegenden Buch möchte ich Ihnen einerseits einen fachlich-inhaltlichen Insider-Einblick in das Milliardengeschäft Profifußball geben – interessant für jeden Sportinteressierten, Brancheneinsteiger oder auch Studierende des Sports oder der Sportökonomie. Andererseits beschreibe und kommentiere ich die Dramaturgie, wie der Fußball von der FIFA, einigen großen Clubs, Spielerberatern, Superstars wie Ronaldo und Messi, aber auch von manchen Fangruppierungen benutzt und missbraucht wird. Das macht das Buch für jeden interessant, der Spannung mag, aber auch für alle Freunde offener Worte, wenn Gier und Machtmissbrauch schonungslos benannt werden.

Sicherlich wird nicht jedem meine Kritik gefallen, die sich in dem einen oder anderen Kapitel wiederfindet. In der letzten Zeit ist es in weiten Teilen unserer Gesellschaft modern geworden, ein Stück weit selbstgerecht Menschen relativ schnell auszugrenzen, wenn sie eine andere Meinung vertreten. Ich plädiere dafür, dass man einer substanziellen Debattenkultur wieder mehr Raum schenkt, und dies gilt natürlich auch für den Fußball.

Zu fast allen Kapiteln konnte ich renommierte Fachleute und Freunde für ein kurzes Interview gewinnen, worüber ich mich sehr gefreut habe. Über das Foto des Interviewpartners können Sie einen QR-Code einscannen, sodass Sie sich das Interview auch per Videomitschnitt anschauen können. Dazu benötigen Sie eine App, die Sie kostenfrei runterladen können.

Ich glaube, dies ist das erste Buch auf dem Markt, das fast alle relevanten Themen im Profifußball abdeckt. Profifußball als eine Mischung aus pervertierten Kapitalflüssen und einer einzigartigen Faszination und Liebe für den Sport. Fußball ist ein weltweit verbindendes Element, Tröster, Ablenkung, zusammenführend, echte Liebe und noch vieles mehr.

Ich habe dieses Buch im Sommer 2021 geschrieben, noch mitten in der Pandemie. Bis zum Erscheinungstermin des Buches wird sich sicher schon wieder einiges im Fußball getan haben, und ich hoffe sehr, dass uns zu diesem Zeitpunkt die Pandemie nicht mehr unser Leben diktiert und vielmehr ihren Schrecken verloren hat.

Ich wünsche Ihnen viel Spaß beim Lesen – und bleiben Sie gesund!
Ihr
Klaus Brüggemann

Experteninterviews und Danksagungen

Es war mir eine große Freude, viele Experten und Freunde aus ganz Deutschland als Interviewpartner gewinnen zu können. Sie sind im Folgenden aufgeführt. Herzlichen Dank für die Wertschätzung und das Vertrauen.

Im Einzelnen:

Stefan Bader, Geschäftsführer teamwerk sport

Carsten Cramer, Geschäftsführer Marketing und Sales Borussia Dortmund

Martin Einsiedler, Sportjournalist

Prof. Dr. Axel Faix, FH Dortmund und wissenschaftlicher Berater von FanQ

Dr. Bernhard Felmberg, Militärbischof und Sportbeauftragter der Evangelischen Kirche in Deutschland (EKD)

Helmut Friberg, seit über 50 Jahren Fan von Hertha BSC

Thomas „Icke" Häßler, Fußballweltmeister

Quirin Löppert, Athletiktrainer Borussia Mönchengladbach

Daniel Nister, Fußballtrainer und Datenspezialist

Stefan Reinartz, ehemaliger Bundesligaspieler und Gründer der Impect GmbH

Karl-Heinz „Kalle" Riedle, Fußballweltmeister und Markenbotschafter Borussia Dortmund

Manfred Sangel, seit über 50 Jahren Fan von Hertha BSC

Hendrik Schiphorst, Geschäftsführer SPORTFIVE Germany

Prof. Dr. Karsten Schumann, Sportwissenschaftler, Dozent und Autor

Lars Windhorst, Investor und Hertha-BSC-Kommanditist über Tennor Holding B. V.

Prof. Dr. Henning Zülch, Chairholder HHL Leipzig

Mein weiterer Dank geht in erster Linie an diejenigen Menschen, die mir am wichtigsten sind, meine Mädels Bettina und Lara. Des Weiteren an Sascha und meine Freunde Gerhard und Prof. Karsten Schumann, die mich zu dem Buch ermutigt haben. Ein großer Dank gilt dem Springer-Verlag für den Mut, sich für einen Autorenneuling wie mich zu entscheiden. Meine Ansprechpartner*innen und Lektor*innen Ken Kissinger, Dr. Meike Barth und Andreas Held hatten sicher mit mir etwas mehr zu tun als üblich, lieben Dank dafür.

Inhaltsverzeichnis

1	**Die große Scheinheiligkeit**	1
1.1	Mangelnde Wertschätzung gegenüber unseren Fußballtalenten	1
1.2	Moral und Scheinheiligkeit im Fußball	3
1.3	Ronaldo – vorbestrafter „Fußballgott"	5
1.4	Superstar, „Fußballgott" und vorbestraft – Lionel Messi	8
1.5	Menschenhandel mit Jugendlichen	9
1.6	Wie China versucht, im Weltfußball mitzumischen	11
1.7	Katar und die Fußball-WM	12
1.8	Wie der Fußball nicht nur durch Investoren missbraucht wird	14
1.9	Die Super League – Verrat am Fußball	16
1.10	Fußballethik und ganz viel Gutes	17
1.11	Faszination Fußball	19
	Quellen	22
2	**Die Macht der Spielervermittler**	25
2.1	Die Anfänge	25
2.2	Das Bosman-Urteil	27
2.3	Wie wird man Spielerberater?	27
2.4	Das Geschäft	28
2.5	Der Job	29
2.6	Zeit für Veränderungen	30
2.7	Die Auswüchse und kriminelle Strukturen	31

	2.8 Extreme Auswüchse	32
	Quellen	34

3 Die Rolle der Investoren im Fußball — 37
- 3.1 Auswüchse im internationalen Bereich — 37
- 3.2 Die 50+1-Regel in Deutschland und Investoren — 38
- 3.3 Börsengang, Kommanditisten oder strategische Partner — 40
- 3.4 Warum der Fußball für den klassischen Investor eigentlich nicht interessant ist — 43
- 3.5 Ausnahmen der 50+1 Regel bei Bundesligavereinen — 44
- 3.6 Die sogenannte Ummantelung und bedingte Umgehung — 44
- 3.7 Was bringt die Zukunft — 46
- Quellen — 50

4 Internationale Vermarktung — 51
- 4.1 Eine kleine Zeitreise — 51
- 4.2 Die internationalen Märkte und die Markenstärkung — 52
- 4.3 Internationale Strategien — 54
- 4.4 Strategische Partner — 55
- 4.5 Internationale Vermarktung der Verbände — 57
- 4.6 Ökonomische Dimensionen — 58
- Quellen — 63

5 Sponsoring: Aufgaben und Macht der Vermarkter — 65
- 5.1 Die Anfänge — 65
- 5.2 Sponsoring und Vermarktung — 67
- 5.3 Die Macht der Vermarkter — 69
- 5.4 Vermarktungsvertrag mit dem Club — 70
- 5.5 Die Stadion-Caterer — 71
- 5.6 Naming Rights — 72
- 5.7 Trikotsponsoring — 73
- 5.8 Das Megageschäft der Ausrüster — 74
- Quellen — 79

6 Die UEFA und FIFA unter Infantino und die Rolle der Verbände — 81
- 6.1 Macht und Geld verderben nicht den Charakter – sie machen ihn nur für alle sichtbar — 81

6.2	Die Rolle des FIFA-Präsidenten Infantino	83
6.3	Wieder einmal: PSG und Manchester City	84
6.4	Macht es der DFB besser?	86
Quellen		91

7 Die Fußballbasis von 7 Mio. Vereinsmitgliedern in Deutschland — 93

7.1	Fakten und unglaublich hohe Zahlen	93
7.2	Herausforderungen für den Amateurfußball	93
7.3	Wie ist der Amateurfußball strukturiert?	94
7.4	Die gesellschaftliche Kraft des Amateurfußballs	95
7.5	Wie finanziert sich der Amateurfußball?	96
7.6	Chancen und notwendige Erneuerungen	96
7.7	Der Masterplan Amateurfußball des DFB	97
Quellen		101

8 Operationserfahrungen bei der FIFA-WM 2006 und Nachhaltigkeit bei Sportgroßereignissen — 103

8.1	Mein Einstieg in die FIFA-WM 2006	103
8.2	Planung und Bauphase	104
8.3	Der Job	106
8.4	Persönliche Highlights und Erinnerungen	107
8.5	Sportgroßereignisse wie Fußballweltmeisterschaften und Olympische Spiele	110
8.6	Nachhaltigkeit bzw. fehlende Nachhaltigkeit im Sportstättenbau und Sport	110
8.7	Nachhaltigkeit funktioniert	112
8.8	Nachhaltigkeit in Clubs – CSR	115
Quellen		118

9 Die Zukunft des Fußballs im Zeitalter von Big Data — 119

9.1	In der „Steinzeit" der 70er-Jahre	119
9.2	Scouting-Systeme in der Praxis – Status quo	120
9.3	Fußball der Zukunft – auch eine Frage des richtigen Systems und Trainers	121
9.4	Beispiele aus dem digitalen Werkzeugkasten	123
9.5	Die unterschiedlichen Tracking- und Datensysteme	125

9.6	Die Erfolgsstory: der Vorreiter beim Einsatz der Datenanalyse und KI, der FC Midtjylland	127
9.7	Leistungsdiagnostik und modernes Athletiktraining	128
9.8	Infotainment und Connected Stadium	129
9.9	Was bringt die Zukunft?	130
9.10	Auszüge der Studie von Facit digital vom Juli 2018	132
Quellen		137

10 Wie funktioniert ein moderner Fußballverein — 139

10.1	Eine kleine Vorgeschichte	139
10.2	Sportökonomie und Sportmanagement	141
10.3	Der Verein	141
10.4	Die Betriebsaufspaltung – die Ausgliederung	143
10.5	Abteilungsstruktur und Managementschwächen	146
10.6	Die einzelnen Abteilungen	151
Quellen		157

11 Die Coronakrise – Auswirkungen auf die Sportbranche — 159

11.1	Eine Branche ohne Lobby	159
11.2	Der Fußball in der Pandemie – viel Empörung und unsägliche Vergleiche	161
11.3	Die finanziellen Auswirkungen durch die Pandemie	164
11.4	Die Pandemie als Gefahr, aber auch als Chance	165
Quellen		170

12 Wohin entwickelt sich der Fußball in der Zukunft? — 173

12.1	Digitale Veränderungen und Transformation	173
12.2	Big Data und Fußballspiele mit noch mehr Eventcharakter	175
12.3	Thesen für die Zukunft des Profifußballs	176
Quellen		185

13 Fans – die Seele des Fußballs — 187

13.1	Fans und Fanclubs	187
13.2	Die Kurve	188
13.3	Der Support	189
13.4	Der Einfluss der Fangruppierungen	191

13.5	Undifferenzierte Betrachtung der Fankategorien, Außenwirkung und Maßnahmen	192
13.6	Wem gehört der Fußball?	194
13.7	Fangruppierung „Zukunft Profifußball"	194
Quellen		197

Über den Autor

Klaus Brüggemann Jahrgang 1959, absolvierte zunächst eine Kochlehre und wurde zum Vizeeuropameister der Köche gekürt. Nach einem Fachstudium zum Betriebswirt war er fünf Jahre für die Lufthanse Service Holding AG (LSG) tätig. Mit 27 Jahren wurde er dort zum jüngsten Personalchef im Lufthansa-Konzern. 1986 eröffnete er nebenberuflich mit zwei Partnern das erste kleine Hotel in Berlin sowie ein Feinschmeckerrestaurant. Von 1989 bis zum Jahr 2000 war Klaus Brüggemann geschäftsführender Gesellschafter einer mittelständischen Unternehmensgruppe, die rund ein Dutzend Hotels, Restaurants und Freizeitbetriebe bewirtschaftete. Nach dem Ausstieg im Jahr 2000 und diversen Weiterbildungsmaßnahmen in der Sport- und Fitnessökonomie erfolgte der Wechsel ins Sportbusiness und in den Aufsichtsrat des Berliner Fußballclubs Hertha BSC. 2004 folgte eine Tätigkeit als Stadionmanager im Olympiastadion Berlin. 2006 fungierte Klaus Brüggemann als Operationsmanager der FIFA WM 2006. Es folgten Beratungsmandate für das Management von Ronaldinho, für den Boxschwergewichtsweltmeister Nikolai Walujew sowie für Clubs in Moskau und Bukarest. Nach einigen Jahren im Präsidium von Hertha BSC war Klaus Brüggemann fünf Jahre als Berater für Vorstand und

Geschäftsführung der DKB (Deutsche Kreditbank Aktiengesellschaft) tätig und anschließend als Geschäftsführer für einen Fußballclub in der 3. Liga. Seit 2014 ist Klaus Brüggemann als Sport- und Wellnessunternehmer aktiv und lehrt als Dozent unter anderem Sportmanagement, Sportmarketing und Sportstättenmanagement an der Deutschen Hochschule für Prävention und Gesundheitsmanagement (DHfPG). Seit 2018 ist er auch wieder Mitglied des Aufsichtsrats von Hertha BSC.

1

Die große Scheinheiligkeit

1992 wechselte der zweifache Weltfußballer Lothar Matthäus für eine Ablösesumme von umgerechnet 2 Mio. Euro von Inter Mailand zurück nach München. Sein für die damalige Zeit hohes Jahresgehalt betrug umgerechnet rund 4 Mio. Euro. 2017 zahlte Paris SG für den brasilianischen Spieler Neymar eine Ablöse von 220 Mio. Euro [1], sein Jahresgehalt liegt bei ca. 66 Mio. Euro. Nun kann man durchaus der Meinung sein, dass solche Ausnahmegehälter für Ausnahmekönner wie auch in anderen Sportarten, z. B. Golf, Boxen, Formel 1, gerechtfertigt sind. Ich persönlich sehe das fast so. Nicht immer leistungsbezogen sind aber sicher die mitunter extrem hohen Gehälter für durchschnittlich begabte Kicker.

1.1 Mangelnde Wertschätzung gegenüber unseren Fußballtalenten

Bevor wir uns aber der eigentlichen Perversion und Entfremdung im Fußball widmen, möchte ich erst einmal meine besondere Wertschätzung für Berufsfußballer und insbesondere junge Akademie- und Nachwuchsspieler darlegen. Früher – und bisweilen heute immer noch – hörte man des Öfteren abfällige Bemerkungen wie „diese Schei … -Millionäre" oder „Fußballer sind

---

Ergänzende Information Die elektronische Version dieses Kapitels enthält Zusatzmaterial, auf das über folgenden Link zugegriffen werden kann [https://doi.org/10.1007/978-3-662-64327-3_1]. Die Videos lassen sich durch Anklicken des DOI Links in der Legende einer entsprechenden Abbildung abspielen, oder indem Sie diesen Link mit der SN More Media App scannen.

ja meist nicht allzu helle im Kopf". Abgesehen davon, dass eine solche, vielleicht von Neid geprägte Anmaßung völlig unberechtigt und falsch ist, schaffen gerade mal 0,5 Promille aller engagierten jungen Fußballer den Weg in die oberen Ligen. Eher „zufällig" Karriere zu machen gibt es heute kaum noch. Dass ein Spieler wie Miroslav („Miro") Klose noch mit 20 Jahren in der Oberliga kickt, ist heute weitgehend ausgeschlossen. Mich sprechen öfter nette Menschen an, mit dem beispielhaften Hinweis, dass ein Megatalent mit 17 Jahren bereits in der ersten Mannschaft eines Verbandsligisten oder auch in der 1. Liga von Nordmazedonien spiele, und ob ich nicht bei Hertha BSC oder woanders ein Probetraining vermitteln könne. Es ist fast ausgeschlossen, dass ein junger deutscher Spieler, der nicht in der A- oder B-Junioren-Bundesliga spielt oder in einem der Nachwuchsleistungszentren der Erst- oder Zweitligisten groß wird, später in der 1. Bundesliga Fuß fasst.

Bezüglich Nicht-EU-Ländern wie Nordmazedonien sei erwähnt, dass Spieler, die keinen EU-Pass haben und noch nicht 21 Jahre alt sind, nur unter ganz schwierigen Voraussetzungen eine Arbeitserlaubnis und Spielgenehmigung bekommen. Letztendlich befinden sich die Ligen solcher Länder aber eben in etwa auf dem Niveau der deutschen 4. Liga.

Kommen wir zum Klischee der „nicht allzu schlauen" Fußballer. Ein Spieler der U 16 oder U 17 wohnt entweder im Vereinsinternat oder begibt sich, sofern er Heimschläfer ist, nach der Schule dorthin und nimmt dafür in Großstädten wie Berlin manchmal morgens und abends noch bis zu einer Stunde Fahrzeit in Kauf. Um ca. 8.00 Uhr beginnt der Schulunterricht an der Sportförderschule, um ca. 10.00 Uhr das erste Training, danach folgt wieder Unterricht. Nach der Schule geht es in die Akademie zum Mittagessen. Es folgen die Hausaufgaben und Hausaufgabenbetreuung durch Vereinspädagogen. Um 17.00 Uhr steht wieder Training auf dem Programm, anschließend bei Bedarf noch Physiotherapie sowie zwischendurch und/oder danach noch Nachhilfe und Sprachtraining bei jungen Spielern aus dem Ausland. Schluss ist in der Regel dann gegen 20.00 Uhr.

Ein junges Nachwuchstalent hat somit locker einen Zwölf-Stunden-Arbeitstag. Neben der sportlichen Evaluierung erfolgen regelmäßige Erfolgskontrollen und Trendanalysen mit den Lehrern, Hausaufgabenbetreuern und Trainern, um das Risiko von Fehlentwicklungen zu vermeiden. Idealerweise werden damit nicht nur die sportlichen Leistungen immer weiter verbessert, sondern auch die Schulnoten. Ein U 17-Nationalspieler absolviert in der Regel sieben Trainingseinheiten plus einen Wettkampf pro Woche und ist als Jungnationalspieler rund 50 Tage im Jahr zu DFB-Lehrgängen oder Spielen unterwegs. Hinzu kommen eine exorbitante Belastung durch die Presse und

Öffentlichkeit, Instagram, Facebook und Co. sowie der Druck durch überhöhte Maßstäbe und die öffentliche Erwartungshaltung.

Was viele sicher erstaunen wird: Im gesellschaftlichen Vergleich zu Gleichaltrigen liegt der Abiturschnitt bei jungen Leistungsfußballern höher als der Durchschnitt. Zwei Drittel der Profis in Deutschland haben Abitur oder Fachabitur [2]. Abgesehen davon, dass heute der Anspruch durch einen immer schnelleren Fußball und die Anforderungen an die Neuroathletik eine gewisse Grundintelligenz voraussetzen, sollte erkennbar werden, dass das Klischee der Fußball spielenden, nicht ganz cleveren Millionäre falsch und ungerecht ist.

1.2 Moral und Scheinheiligkeit im Fußball

Auch wenn dazu natürlich jeder seine eigene Meinung haben darf und sollte, geht es wie gesagt nicht darum, dass Ausnahmespieler wie Messi, Neymar, Ronaldo, Lewandowski und meines Erachtens jeder Topspieler in den großen Ligen nicht außergewöhnlich vergütet werden sollten (Abb. 1.1). Der Markt regelt ein Stück weit die Preise: Die „Neymars dieser Welt" füllen die Stadien, sorgen für internationale Vermarktung und explodierende Umsätze im Merchandising. Allein nach der Verpflichtung von Neymar verkaufte Paris Saint-Germain (PSG) für über 1 Mio. Euro täglich die neuen Neymar-Trikots. Mehr als 2 Mio. „Likes" wurden allein in den sozialen Medien registriert [3].

Abb. 1.1 Die bestbezahlten Athleten der Welt 2020 (Jahreseinkommen in US-Dollar)

Auch in anderen Sportarten gibt es ähnliche Verdienstdimensionen, etwa bei Roger Federer, LeBron James oder auch Tiger Woods, darüber regt sich jedoch selten jemand auf.

Es geht um Fehlentwicklungen in den Kapitalströmen, um eine unglaubliche Gier, Steuervermeidung und Steuerbetrug, teilweise sogar mit Staatshilfe, um Korruption, Staatsmarketing, strafrechtliche Tatbestände und vieles mehr. Letztendlich sind das alles Entwicklungen, die dem Fußball nicht guttun und ihn letztlich kaputt machen.

Echte Fußballfans wissen, welch großen Symbolcharakter das Vereinswappen hat. Der VfB Stuttgart wollte vor Jahren sein Vereinswappen zeitgemäß aufhübschen, musste aber nach massiven Fanprotesten zu dem alten Traditionswappen zurückkehren. Real Madrid, einer der größten Vereine der Welt, hat 2017 aus rein kommerziellen Gründen und auf Druck von seinen Geldgebern aus den Vereinigten Arabischen Emiraten dort sowie in Saudi-Arabien, Katar, Kuwait, Bahrain und Oman das Kreuz als christliches Symbol aus seinem Vereinswappen genommen [4].

Staaten, die unter anderem massiv gegen Menschenrechte verstoßen, wie Katar, richten eine Weltmeisterschaft aus und betreiben „Nation Branding", indem sie Fußballclubs wie PSG finanzieren. Die Vereinigten Emirate pumpen seit 2008 Milliarden in Manchester City. Allein in den ersten drei Jahren hat der Scheich von Abu Dhabi über 300 Mio. Euro in neue Spieler investiert.

Zum Vergleich: Der SC Freiburg hat im Geschäftsjahr 2020 eine Bilanzsumme in Höhe von ca. 100 Mio. Euro [5]. Der Scheich von Abu Dhabi hat Manchester City bis heute schätzungsweise rund 2 Mrd. Euro zugeführt [6]. Roman Abramowitsch investierte bis heute weit über 1 Mrd. Euro in den FC Chelsea. Paris SG hat mit finanzieller Unterstützung aus Katar allein in den letzten Jahren über 1 Mrd. Euro in neue Spieler investiert (Abb. 1.2). Neben den Scheichs fluten chinesische Staatsfonds und Oligarchen den Fußballmarkt und finanzieren Clubs in der spanischen, italienischen und englischen Liga. Der chinesische Internetriese Alibaba hat sich im Jahr 2016 Anteile an Inter Mailand gesichert. Berlusconi verkaufte vor einigen Jahren seine Anteile am AC Mailand für 520 Mio. Euro an einen chinesischen Staatsfonds [7].

Allgemein bekannt ist auch, dass der FC Chelsea beispielsweise in der Saison 2004/5 einen Umsatz von ca. 220 Mio. Euro erwirtschaftet hat [8], bei einem Verlust in Höhe von ca. 210 Mio. Euro [9]. Um solche Auswüchse zu vermeiden, wurde 2015 das Financial Fairplay (FFP) eingeführt. Leider funktioniert dieses aber bis heute nur bedingt (weitere Ausführungen hierzu in Kap. 6).

Verluste und Eigenkapitalunterdeckungen wie damals bei Chelsea, aber auch bei Real Madrid, hätten nach deutschem Steuer- und Strafrecht die

Abb. 1.2 Fototermin mit Scheich Nasser Al-Khelaifi, dem Präsidenten von Paris Saint-Germain, in der Kabine von PSG (© Hans-Jürgen Schmidt/HJS-Sportfotos/picture alliance)

Finanzbehörden und die Staatsanwaltschaft ins Spiel gebracht. Zurückkommend auf die Mega-Investments könnte man nun behaupten, es sei doch völlig in Ordnung, wenn ein Investor sein Geld in den Fußball investiert und manchmal auch teilweise „verbrennt". Es ist davon auszugehen, dass die Scheichs mit ihrem Investment vorrangig Nation Branding betreiben: In diesem Fall heißt das, sie versuchen vorrangig im christlich geprägten Europa religiöse Einflüsse zu verstärken und gleichzeitig ihre Nationen als gigantische Staats-PR besser zu platzieren, um in Zukunft, wenn die Nachfrage nach Öl sinkt, davon volkswirtschaftlich zu profitieren. Abramowitsch und anderen Oligarchen ging es wohl unter anderem darum, durch die finanzielle Unterstützung der Clubs weltweit bekannt zu werden – einerseits, um bei anderen Geschäften davon zu profitieren, sich aber andererseits auch durch die Popularität ein Stück weit sicherer gegenüber Putins Staatsapparat zu stellen.

Weiterhin wird bis heute vielfach versucht, das Financial Fairplay zu umgehen. Das verzerrt den Wettbewerb, weshalb man die Leistungen von Bayern München und auch Borussia Dortmund im internationalen Bereich gar nicht genug würdigen kann.

1.3 Ronaldo – vorbestrafter „Fußballgott"

Kommen wir zu der unermesslichen Gier – und beispielhaft zu den Superhelden unserer Zeit, wie Cristiano Ronaldo und Lionel Messi. Ähnlich wie es bei Google, Amazon und Co. der Fall ist, versuchen die Berater der Topstars, manchmal sogar mithilfe von Staaten wie England und Spanien, deren Steuerzahlungen, sagen wir mal höflich, zu „optimieren". Nun kann man mich für naiv halten, aber wenn Spieler wie Ronaldo und Messi jeweils ein Vermögen von etwa einer halben Milliarde Euro besitzen, warum geben sie dann nicht zumindest ihren zu zahlenden Steueranteil an die Gemeinschaft zurück? Natürlich ist das Ganze bei den Internetgiganten noch viel extremer und meines Erachtens völlig inakzeptabel, aber bei den Unternehmen sind zumindest noch hohe Wertschöpfungen und die Schaffung von Hunderttausenden Arbeitsplätzen gegeben.

Ronaldos Geflecht aus Geldflüssen durchlief Firmen und Stiftungen unter anderem in Irland, auf den Bermudas, den Britischen Jungferninseln und in der Schweiz [10]. Nun stellt sich die Frage, wie ist das möglich? Bei den meisten Arbeitnehmern, vermutlich auch unter den Leser*innen, ist es so, dass ihr Arbeitgeber die Lohnsteuer gemäß ihrer Progression direkt an das Finanzamt abführt. Ebenso ist es bei der Einkommensteuerberechnung: Nach individuellen Abzugsmöglichkeiten, die belegt und schlüssig sein müssen, greift die persönliche Steuerprogression, und man zahlt brav seine Steuern.

Nun ist es in Spanien und vorrangig England so, dass man Bild- und teilweise Persönlichkeitsrechte, Image Rights, auch an im Ausland sitzende Unternehmen abtreten kann. Das Gleiche gilt für separate Werbeverträge. Laut der Analystenfirma Hooki im Jahr 2016 soll Ronaldo angeblich allein von Nike 474 Mio. Euro bekommen haben [11]. Wie erwähnt, kann also die Firma, die die Persönlichkeitsrechte hält, in einer Steueroase oder einem Land wie Irland mit einem Steuersatz von nur rund 12,5 % sitzen.

In der Bundesliga liegen die Bildrechte (Image Rights), bei den Vereinen, und natürlich gibt es auch hier persönliche Sponsoringverträge der Spieler. Die privaten Werbeverträge führen manchmal zu den verrücktesten Situationen. So erlebte Bayern München 2015 ein PR-Desaster bei der Vorstellung von Mario Götze. Der Neuzugang präsentierte das Bayern-Trikot im Nike-T-Shirt. Nike hatte zu diesem Zeitpunkt Mario Götze unter Vertrag, aber wie fast jeder weiß, ist Adidas nicht nur Anteilseigner bei Bayern München, sondern auch dessen Ausrüster.

In anderen Sportarten, etwa beim Boxen, gibt es für solche Fälle die Komplementärregelung. So dürfen beispielsweise Boxer keine persönlichen Werbepartner einer Branche haben, die bereits beim Promotor präsent ist.

Mir persönlich fällt auf, dass Fußballspieler manche Wünsche und auch Pflichten ihrer Arbeitgeber nicht immer ernst nehmen. Beispielhaft wird das deutlich bei den Autos des Autowerbepartners des Vereins, auch wenn die Clubs damit unterschiedlich umgehen. In der Regel ist es so, dass die Spieler für die steuerliche Pauschale in Höhe von 1 % des Neuwagenpreises jedes Jahr einen Wagen ihrer Wahl zur Verfügung gestellt bekommen. Als Hersteller Audi wäre ich dann schon glücklich, wenn der Spieler mit seinem A 8 zum Training fahren würde und nicht mit seinem privaten Porsche.

Kommen wir zurück auf das Versteuern der Bildrechte. In Deutschland schaut das Finanzamt genauer hin, da es bei der normalen Arbeitserbringung, wie erläutert, so geregelt ist, dass man da seine Steuern zahlen muss, wo man arbeitet. Aber auch in Deutschland gibt es bei Rechten und Lizenzen etwas Spielraum. In Spanien und in England lässt der Staat hingegen zu, dass ca. 15 % des monatlichen Gehalts als Bemessungen von Bildrechten ausgezahlt bzw. abgetreten werden dürfen [12]. Das ist ein enormer Wettbewerbsvorteil für die englischen und spanischen Clubs gegenüber der Bundesliga.

Spanien hatte bereits 2004 ein spezielles Steuergesetz erlassen, ursprünglich um Topmanager und Wissenschaftler ins Land zu holen. Unter gewissen Umständen konnte man die persönliche Einkommensteuerbelastung von 50 % auf ca. 25 %, mindern [12]. Einnahmen aus dem Ausland wurden damals gar nicht im Inland versteuert. Bis zu einer Übergangsfrist Anfang 2015 war dieses Gesetz noch für Ausländer gültig, und Ronaldo und Co. profitierten davon.

Jorge Mendes, der Berater von Ronaldo und vielen anderen Stars, auch des Spitzentrainers José Mourinho, ist als Berater höchst umstritten und war mehrfach steuerlichen Ermittlungen ausgesetzt. Wie schon in dem fantastischen Buch *Football Leaks* von Rafael Buschmann und Michael Wulzinger beschrieben (eine Pflichtlektüre für jeden Fußballfan) und von mir nachstehend erläutert, hat die Enthüllungsplattform im Jahr 2016 anhand von Dokumenten Nachfolgendes dargelegt: Die Firma Multisport & Image mit Sitz in Dublin vereinnahmte die Werbeerträge von Ronaldo aus unzähligen hochlukrativen Deals. Von da aus machte sich das Geld weiter auf den Weg um den Globus. Bereits im Jahr 2003, als Ronaldo gerade einmal 18 Jahre alt war und zu Manchester United wechselte, rief seine Mutter in Panama, einer der ältesten Steueroasen der Welt, eine Stiftung ins Leben, die unter anderem die Vermarktungsreche an Ronaldo hielt [13]. 2004 wurden die Vermarktungsrechte an eine Firma mit Sitz auf den Britischen Jungferninseln weitergereicht und von dort aus an eine Firma in das Niedrigsteuerland Irland transferiert. Der Begünstigte ist nach Abzug von Kosten und Provisionen immer die Ronaldos Familie selbst.

Im Juni 2017 erhob die Staatsanwaltschaft Madrid Anklage gegen Ronaldo. Der Vorwurf lautete unter anderem, in den Jahren 2001 bis 2014 mit einem Firmengeflecht in Irland und den Britischen Jungferninseln vorrangig Werbegelder verschleiert zu haben. Es ging um nicht gezahlte Steuern in Höhe von 14,7 Mio. Euro. Im Jahr 2018 wurde bekannt, dass Ronaldo mit der Staatsanwaltschaft einen Deal aushandeln konnte. Er bekannte sich in vier Steuerdelikten schuldig. Ronaldo musste aber 18,8 Mio. Euro – in Worten achtzehn Millionen und achthunderttausend Euro – an die Finanzbehörden nachzahlen [14].

Und nun kommt der Clou: Es wurde eine Haftstrafe über 23 Monate und 30 Tage ausgesprochen, diese aber auf Bewährung. Eine Bewährung ist in der Regel nur bei einem Strafmaß von unter 24 Monaten möglich! Noch Fragen?

1.4 Superstar, „Fußballgott" und vorbestraft – Lionel Messi

Messi, neben Ronaldo, Pele, Maradona, Beckenbauer und Lewandowski einer der besten Fußballer aller Zeiten – nach Meinung vieler sogar der Beste –, zählt mit seinem Clan und seinen Beratern ebenfalls zu den ganz großen Steuervermeidern, viele sagen auch „Steuerbetrügern". Im Lauf der letzten Jahre wurde Messi zum bestbezahlten Sportler der Welt. Sein Vertrag beim FC Barcelona lief im Jahr 2018 aus – einhergehend mit der Gefahr, dass einer der besten Fußballer der Welt anschließend ablösefrei gewesen wäre. Im Sommer 2017 unterzeichnete Messi in Barcelona einen neuen Vertrag mit einem jährlichen Verdienst in Höhe von 100 Mio. Euro [15]. Zum Vergleich: Der FC Augsburg, ein solider Bundesligaclub, hat im Jahr 2018 einen Gesamtumsatz von ca. 95 Mio. Euro erwirtschaftet [16] – also der gesamte Club weniger, als ein einziger Spieler verdient. Diese Gehaltszahlen haben meines Erachtens nichts mehr mit einzigartigem Können und der entsprechenden außergewöhnlichen Bezahlung zu tun. In Spanien, dem Land, in dem Messi spielte, beträgt die Jugendarbeitslosigkeit ca. 39 % und ist damit die höchste in Europa. Allein schon angesichts dieser Tatsache ist ein Einkommen von 100 Mio. Euro pro Jahr in hohem Maße absurd.

Nun wird es Leute geben, die dies anders sehen, was auch legitim ist. Legitim ist aber nicht, wenn man schon so viel verdient, den Staat und damit die Gemeinschaft durch Steuervermeidung und -hinterziehung massiv zu betrügen. Natürlich wird immer in den Raum gestellt, manche Spieler hätten die falschen Berater, die falschen Freunde und den falschen Umgang. Dies mag für manche jungen Spieler und besondere Charaktere zutreffen – insbesondere, wenn einem vom Beginn der Karriere an immer gesagt wird, „Du bist der Größte, Du bist der Beste, Du bist Gott". Fakt ist aber: Messi ist kein junger, unerfahrener Mann mehr, und entscheidend ist, sein primärer Berater ist sein eigener Vater.

Bereits im Jahr 2006 begann der Vater von Lionel Messi, Jorge Messi, mit Beratern und Strohmännern im Steuerparadies Britische Jungferninseln Briefkastenfirmen zu installieren, auf welche die beschriebenen Werbemillionen von Messi, aber auch Beraterprovisionen fließen sollten [17]. Als Lionel Messi volljährig wurde, liefen die Vermarktungsrechte nicht mehr über die Firma seiner Mutter, sondern er selbst installierte ein neues Firmengeflecht, dieses Mal in Montevideo in Uruguay. Treibende Kraft war weiterhin sein Vater Jorge, der ihn bis heute zusammen mit Helfern und Helfershelfern berät und vertritt. Bereits im Jahr 2013 reichte die spanische Staatsanwaltschaft eine Klage ein in Sachen Steuerbetrug. Aufgrund der Kooperation mit der Behörde zahlte der Messi-Clan 15 Mio. Euro Steuern nach [17]. 2015 entschied dann ein Ermittlungsrichter, dass gegen Lionel Messi und seinen Vater doch eine Anklage wegen Steuerhinterziehung erfolgt, vorrangig wegen der ausgelagerten Bild- und Werberechte.

2016 wurden Messi und sein Vater – ähnlich wie Ronaldo – zu einer Haftstrafe plus einer Geldstrafe in Höhe von 3,7 Mio. Euro verurteilt. Auch diese Strafe wurde zur Bewährung ausgesetzt [18].

Der Startrainer José Mourinho, der frühere Präsident des AC Mailand, Silvio Berlusconi, Uli Hoeneß, Marcelo von Real Madrid, Luka Modrić von Real, Diego Costa von Atlético Madrid, der Chilene Alexis Sánchez, um nur einige zu nennen – sie alle wurden wegen Steuerhinterziehung verurteilt. Ich möchte jedoch betonen, dass hier nicht speziell Fußballstars an den Pranger gestellt werden sollen. Steuerbetrug gibt es leider in allen Gesellschaftsschichten.

Die Vermeidung von Steuerzahlungen ist zu einem lukrativen Beratungszweig geworden. Es geht in den Dimensionen um kriminelle Energien und darum, dass die Megatalente und Megastars, die angebetet und bejubelt werden – mehr noch als Rockstars –, den Fußball und damit ein Stück weit ihre Fans und die Gemeinschaft missbrauchen. Nochmals: Auch auf viele große Unternehmen in den neuen Märkten wie Google, Amazon und Co. trifft dieser Vorwurf zu, aber Amazon-Gründer Jeff Bezos, Google-Gründer Larry Page oder Mark Zuckerberg werden nicht als Helden oder Götter verehrt – und dies noch von Millionen von Menschen, die sich oftmals ein Ticket für ein Spiel oder ein Trikot ihres Idols kaum leisten können.

1.5 Menschenhandel mit Jugendlichen

Kommen wir zu einem weiteren Thema: wie internationale Transfers von minderjährigen Spielern umgangen werden. In der Bundesliga und auch in anderen europäischen Ligen dürfen junge Spieler aus der EU unter 16 Jahren und von außerhalb der EU unter 18 bzw. 21 Jahren nur dann verpflichtet werden, wenn deren Eltern unabhängig von ihrem Fußball spielenden Junior in ein anderes Land ziehen, und nicht wegen des jungen Fußballers und eines möglichen Vereinswechsels. So kam es bis heute auch in der Bundesliga immer wieder vor, dass der Papa als Jugendtrainer, Platzwart oder anderweitig im Verein oder im Umfeld des Vereins eingestellt wurde, damit der Sohnemann verpflichtet werden konnte. Das mag nicht in Ordnung sein, ist aber nicht das wirkliche Problem, da keine Gefährdung des Wohls der jungen Menschen vorliegt.

Problematisch wird es, wenn Vereine wie Manchester City oder auch andere in Afrika Akademien eröffnen, die nicht vorrangig zum Ziel haben, den meist minderjährigen Menschen vor Ort eine Perspektive zu verschaffen, sondern, wenn möglich, den Superstar von morgen zu entdecken. Oder auch nur, begabte Spieler statt nach Manchester zu anderen Clubs „aus der zweiten Reihe" auf der ganzen Welt zu transferieren. Auch die Türkei ist ein Sammelort für minderjährige Talente, und Benfica Lissabon hat ein Vielfaches an Leihspielern unter Vertrag, die bei anderen Clubs kicken, als eigene Spieler im Kader sind.

Manchester City betreibt, wie erwähnt, in Ghana die Akademie „Right to Dream" [19] . Ein toller Markenname, der Humanität und Hoffnung vermitteln soll. In dieser Akademie leben minderjährige Spieler weit von ihren Eltern entfernt in einem großen Fußball-Camp. Anerkennenswert ist, dass die Jungs neben ihrem täglichen Training auch eine gute Schulbildung bekommen, die ihnen sonst sicher größtenteils nicht möglich wäre. Seit mehr als zehn Jahren investiert der Club in die Akademie, aber bislang ist nur ein verschwindend kleiner Teil der Absolventen in Clubs in Belgien, Norwegen, Zypern oder der Türkei untergekommen. Bis in den erweiterten Kader von Manchester City hat es bis heute kein einziger Spieler geschafft. Der „Turn of Investment" des Clubs ist aber recht einfach: Sollte in 20 Jahren nur ein einziger Spieler vom Kaliber eines Eto'o, Touré oder Drogba gefunden werden, so wäre das Ganze ein mehr als lohnendes Geschäft.

Auch in anderen Ländern wie Brasilien floriert das Geschäft mit Talenten. Der ehemalige Topspieler Roberto Carlos hat an die 100 Talente unter Vertrag, vorrangig aus armen Verhältnissen [20]. Die Spieler werden gedrillt und trainiert, und wenn wirklich ein Toptalent dabei ist, wird es nach Europa „verscherbelt".

Menschenrechtler hatten bereits 2010 den „Kinderhandel" mit talentierten Minderjährigen, vornehmlich aus Afrika oder Südamerika, kritisiert, die in landeseigenen Talentschmieden für den europäischen Fußballmarkt herangezogen werden. Geködert mit „Ausbildungsvergütungen" oder Amateurverträgen sowie Versprechungen, der Armut zu entkommen, werden junge Talente (und ihre Eltern) frühzeitig an die Fußballclubs gebunden – mit der Aussicht, vielleicht irgendwann einmal zu den wenigen Auserwählten zu gehören, die es in den Eliteligen zu Ruhm und gesichertem Reichtum bringen. Naturgemäß schaffen es im Profisport nur die wenigsten bis an die Spitze, viele landen letztlich mittellos auf der Straße.

Angesichts der unwürdigen Verhältnisse bekamen selbst die damaligen Fußballfunktionäre Joseph Blatter (FIFA) und Michel Platini (UEFA) Gewissensbisse und prangerten die „Wiederkehr der Sklaverei" bzw. die „sportliche Zuhälterei" im internationalen Fußballgeschäft an [21]. Neue Regeln wie ein „Transferabgleichungssystem" (TMS, Transfer Matching System) wurden auf internationaler Ebene auf den Weg gebracht. Hat es etwas genutzt? Mit Einschränkungen sicherlich.

Im Februar 2019 hat die FIFA den FC Chelsea mit einer Transfersperre von einer Saison bestraft, da dem Club nicht korrekt verlaufene Deals mit minderjährigen Spielern nachgewiesen wurden [22]. Leihgeschäfte mit Spielern sind ein grundsätzliches Problem und nehmen manchmal Auswüchse wie im modernen Sklavenhandel an. Ausufernde Leihgeschäfte sollen durch die FIFA aber nun endlich eingedämmt werden. In Italien wickelte z. B. Atalanta Bergamo allein in der Saison 2019/20 unglaubliche 75 Spielertransfers ab, bei 50 davon handelte es sich um Leihspieler. In Zukunft sollen pro Verein nur maximal acht Spieler ins Ausland verliehen oder aus dem Ausland geliehen werden dürfen.

1.6 Wie China versucht, im Weltfußball mitzumischen

Im kommunistischen Staat China, in dem ähnlich wie in Katar und in vielen anderen Staaten, immer wieder gegen Menschenrechte verstoßen wird, meinte man 2015, durch den megapopulären Fußball von anderen Dingen ablenken, auf der Weltbühne mitspielen und glänzen zu können. Ich kann mich erinnern, als vor vielen Jahren ein befreundeter Fußballspieler für damals gutes, aber noch bescheidenes Geld nach China wechselte, allerdings bereits nach wenigen Monaten zurückkam, da die Arbeits- und Lebensbedingungen teilweise Kasernencharakter hatten.

In den Jahren 2011 bis 2015 lagen die TV-Verwertungsrechte in der chinesischen Liga bei ca. 60 Mio. Euro jährlich. Ab 2015 wurden für vier Jahre schon 1,2 Mrd. Dollar an die Vereine ausgeschüttet [23]. Bereits 2012 wechselte der Topstürmer Lucas Barrios von Borussia Dortmund nach China und verdiente dort ca. 6 Mio. Euro netto in der Saison. Beim BVB wird er zuvor dieses Gehalt nicht einmal brutto gehabt haben.

Den ehemaligen Weltklassestürmer Didier Drogba zog es mit 34 Jahren 2012 ebenfalls nach China. 2016 wechselte dann der argentinische Stürmer Ivan Lavezzi von Paris SG zu dem chinesischen Club Hebei China Fortune und soll dort in zwei Jahren sagenhafte 56,7 Mio. Dollar netto verdient haben [24]. Weitere Topspieler folgten dem Lockruf ins kommunistische Reich der Mitte: Axel Witsel von Zenit St. Petersburg, Oscar vom FC Chelsea, Alex Teixeira von Schachtar Donezk und einige mehr. Einhergehend mit den Gehältern änderten sich natürlich auch die Bedingungen für die Spieler – vom Jugendherbergscharakter zu abgeschirmten Luxusarealen, mit Security, Hauspersonal und Fahrer.

Alibaba bei Inter Mailand, der Staatsfonds Haixa Capital bei AC Mailand, die Wanda Group bei Atlético Madrid sowie der Vermarktungs- und Rechteagentur Infront Sports & Media, chinesische Investoren bei Olympique Lyon, OGC Nizza, Aston Villa und Wolverhampton Wanderers verdeutlichen, dass der Plan von Staatsführer Xi Jinping aufgeht. Die Beteiligungen sollen Chinas Image verbessern. Ob der Fußball die massenhaften Menschenrechtsverletzungen übertünchen kann, darf an dieser Stelle bezweifelt werden. Ein weiterer Grund für die Investitionen ist sicherlich besserer Zugang auf die Komplementärmärkte der Unterhaltungs- und Elektroindustrie durch Cross Marketing und Know-how-Transfer.

Aber gewiss haben die europäischen Clubs und Verbände auch ein Interesse am „Outgoing-Markt" nach China . Mit seinen rund 1,4 Mrd. Einwohnern bildet China einen gigantischen Markt für Merchandising und TV-Rechte (Kap. 4). Man muss die Engagements der Chinesen nicht mögen oder gutheißen. Fakt ist jedenfalls, dass China mittlerweile die zweitgrößte Volkswirtschaft der Welt ist und damit ein gigantischer Markt.

1.7 Katar und die Fußball-WM

Auf dieses Thema werde ich noch ausführlich in Kap. 6 eingehen. Vorweg hier einiges zu Innenpolitik und Menschenwürde. Laut *Guardian* wurden auf den Baustellen für die FIFA-WM bisher 6500 Tote gezählt, vorrangig aus Indien, Pakistan oder Nepal [25]. Die Arbeits- und Lebenssituation von Arbeitsmigranten in Katar sind teilweise menschenunwürdig. Die Vereinten Nationen forderten Katar im November 2013 mit Blick auf die Fußballweltmeisterschaft 2022 auf, die Lage der Arbeitsmigranten zu verbessern. „Bei vielen Einwanderern werden an ihren Arbeitsplätzen die Menschenrechte verletzt, manche erhalten ihren Lohn nicht, oder ihnen wird weniger gezahlt, als vereinbart", sagte der UN-Sonderberichterstatter für die Rechte von Migranten, François Crépeau [26].

Mehrere Länder der arabischen Welt haben 2017 vorübergehend ihre Verbindungen zu Katar gekappt. Saudi-Arabien, Ägypten, die Vereinigten Arabischen Emirate (VAE) und Bahrain werfen dem Golfstaat Unterstützung des Terrorismus vor. Auch der Jemen schloss sich wenig später an. Saudi-Arabien schloss die Grenze zum Nachbarland. Ägypten sperrte alle Häfen und Flughäfen für Schiffe und Flugzeuge aus dem Emirat, in dem 2022 die Fußball-WM ausgetragen werden soll. Auch die von Saudi-Arabien angeführte Militärkoalition, die seit März 2015 Luftangriffe auf mutmaßliche Stellungen von Aufständischen im Jemen fliegt, schloss Katar aus [27].

In einer Erklärung der staatlichen saudi-arabischen Nachrichtenagentur SPA hieß es, Katar verbreite die Botschaften zahlreicher Terrorgruppen über seine Medien. Dazu zählten neben der Muslimbruderschaft auch Al Kaida und die Extremistenmiliz „Islamischer Staat" (IS). Damit solle die Stabilität in der Region gestört werden. Die staatliche Nachrichtenagentur Ägyptens warf Katar einen gezielten Plan vor, der sich gegen die Einheit der arabischen Welt richte.

Nun kann man gewiss auch über das FIFA-WM-Gastgeberland Russland diskutieren. Zu berücksichtigen sind dabei die Aufgaben und Pflichten der FIFA im eigenen Gesellschaftsvertrag, in dem in etwa steht, dass sie sich im Sinne des Schweizerischen Zivilgesetzbuchs verpflichtet, ihre Mittel auch zur „Verbesserung und weltweiten Verbreitung des Fußballs, insbesondere durch Jugend- und Entwicklungsprogramme" zu verwenden. Der steuerbegünstigte Gesellschaftszweck passt natürlich nicht zu manchen Geschäftspraktiken, wie Erzielung von Maximalgewinn etc., und erst recht nicht zu diversen Gastgeberländern. Es gibt auch viele Stimmen, die argumentieren, die Vergabe der WM in solche Länder sei schon dadurch gerechtfertigt, dass man bei den Menschen vor Ort sei und der Welt auch die schönen Seiten der Länder und die Menschen zeige. Da ist sicher etwas dran, und vielleicht ist es richtig so, aber weder die Olympischen Spiele in Peking noch die Fußball-WM in Russland haben die Repressalien gegen Journalisten, Oppositionelle oder Minderheiten verändert bzw. verbessert. Meiner Ansicht nach wäre es aber auch naiv, daran zu glauben. Freude, glückliche Momente und ein anderes Lebensgefühl für ein paar Wochen haben die sportlichen Großereignisse den Bürgern vor Ort sicherlich beschert, und vielleicht war bzw. ist es dies sogar wert.

1.8 Wie der Fußball nicht nur durch Investoren missbraucht wird

Scheinheiligkeit: Wie oft schimpfen gegnerische Fans des FC Bayern München auf den Verein, wenn dieser mal wieder einen Spitzenspieler eines Bundesligakonkurrenten kauft oder 100 Mio. Euro für Transfers ausgibt. Der FC Bayern tut das, weil er es kann, weil er einer der seriösesten und wirtschaftlich am besten geführten Vereine der Welt ist. Ich bin kein Bayern-Fan, aber das muss man dennoch anerkennen. Fans und auch Funktionäre schimpfen jedoch oft, solange es sie nicht selbst betrifft.

Ein Fredi Bobic war zunächst massiven Anfeindungen ausgesetzt, als er zu Eintracht Frankfurt kam, wurde dann aber zum erfolgreichsten Bundesligamanager der letzten Jahre und führte den Club nach oben. Zu einem Konkurrenten oder „Hassgegner" wechselnde Spieler, wie Götze, Hummels, Möller etc., wurden als „Judas" oder als „nicht willkommen" beschimpft, während sie noch kurz vorher oder schon bald danach für ihre Leistungen frenetisch gefeiert wurden. Der Verein, die Funktionäre, die Spieler, aber eben auch die Fans möchten, dass ihr Verein erfolgreich spielt, in der 1. Liga, wenn möglich zudem noch europäisch. Ohne die regelmäßige Qualifikation für die Champions League und die damit verbundenen gigantischen Geldeinnahmen mit ihren massiven Auswirkungen auf die Vielklassengesellschaft im Fußball geht dies jedoch nur selten dauerhaft. Deshalb sind die Clubs auf strategische Partnerschaften, Topsponsoren oder andere Geldquellen angewiesen. Das sollten alle ehrlich zugeben, alles andere ist aus meiner Sicht scheinheilig.

Aus diesem Grund kann man die Leistungen des FC Bayern, des BVB, von Gladbach und Frankfurt, speziell auf internationaler Ebene, gar nicht hoch genug würdigen, da in diese Clubs eben keine Milliarden von Scheichs, Oligarchen und Co. gepumpt werden. Sicherlich kann man über 1899 Hoffenheim, RB Leipzig, Bayer Leverkusen und den VfL Wolfsburg hinsichtlich der Alimentierungen streiten, dennoch garantiert das Investment nicht unbedingt sportlichen Erfolg. Was aber keinesfalls angeht, ist, dass sozial eingestellte Menschen wie Dietmar Hopp, der Mäzen von 1899 Hoffenheim, von gegnerischen „Fans" auf das Übelste beleidigt und bedroht werden. Bisweilen bedrohen und beschimpfen fanatische Ultras, natürlich nicht alle, Spieler der eigenen Mannschaft, wenn es nicht gut läuft, oder zwingen, wie auf Schalke passiert, die Spieler nach dem Spiel, das Trikot auszuziehen; oder sie werden sogar körperlich übergriffig.

Sportvorstände und Sportdirektoren stehen immer unter dem Druck, mit dem Club maximal zu performen, sind dabei aber stets einer Gratwanderung ausgesetzt, einerseits sportlichen und damit meist auch wirtschaftlichen Erfolg zu haben, jedoch andererseits keine allzu hohen Schulden anzuhäufen.

Es funktioniert nur selten, dass sich ohne massive Investitionen in den Spieleretat nachhaltiger Erfolg einstellt. Für einige Investoren und manchmal auch Sponsoren ist der Fußball lediglich ein Spiegel ihrer Eitelkeit, sie nutzen ihn als Mittel, um zu glänzen. Das Gleiche gilt aber oft auch für die Funktionäre der Clubs. Nicht selten schimpfen Politiker auf die reichen Fußballer und die angeblich gut verdienenden Vereine, aber wenn Bayern München ins Stadion kommt, dann rufen alle, egal welcher politischen Couleur, nach VIP-Karten.

Dass Fußball für politische Zwecke missbraucht wird, habe ich als Manager in Babelsberg zu Drittligazeiten erlebt. Im Jahr 2011 kamen der Vorstandsvorsitzende der DKB (Deutsche Kreditbank) und ein befreundeter Anwalt auf mich zu mit der Bitte, doch Geschäftsführer beim SV Babelsberg zu werden. Der Verein spielte damals in der 3. Liga und stand kurz vor der Insolvenz. Die DKB war bereit, den Verein mit einer Bürgschaft vor der Insolvenz zu bewahren und damit die Lizenz zu retten, forderte aber professionelle Strukturen.

Mich reizte die Tätigkeit natürlich sehr, ich konnte aber nicht im Ansatz erkennen, wie sehr der Verein linkspolitisch strukturiert war. Bei aller Wertschätzung gegenüber der Schönheit der Stadt und auch gegenüber vielen Menschen dort fand ich mich schnell in einer Zeitschleife von Verfilzungen und Verklärungen wieder. Als Beispiel sei erwähnt, dass ein Arbeitsrichter bei einem Gütetermin zu mir sagte: „Herr Brüggemann, wir sind hier nicht in Berlin und auch nicht bei Hertha BSC." Undenkbar, aber leider wirklich wahr.

Ich war Geschäftsführer des Vereins, aber letztendlich aufgrund des geringen Budgets gleichzeitig Sportdirektor, Marketingdirektor und Ansprechpartner für die Politik. Mithilfe der Unterstützung eines guten Teams gelang es mir, den Verein strukturell zu professionalisieren, der Stadionumbau wurde – obschon mit über 10.000 Mängeln – abgeschlossen, und in Kooperation mit der Berliner Charité wurde eine Leistungsdiagnostik implementiert.

Ein Nachwuchskonzept wurde entwickelt, von dem der Verein heute noch profitiert. Und letztendlich gelang es, mit dem niedrigsten Spieleretat der 3. Liga in Höhe von nur 1,4 Mio. Euro – der Durchschnittsetat in der 3. Liga lag damals schon bei 3,8 Mio. Euro –, die Klasse zu halten. Ein Spieler wie Christian Groß von Werder Bremen, den wir damals aus der Regionalliga holten, spielte später in der 1. Bundesliga.

Im ersten Jahr erfuhr ich eine hohe Wertschätzung, nach der ersten Saison musste ich jedoch darauf drängen, dass der Trainer entlassen wird – aus

Gründen, die ich bis heute aus Anstand nicht öffentlich gemacht habe. Der Trainer galt in dem Verein als Aufstiegsheld, viele wollten oder konnten aber nicht erkennen, dass der damalige Co-Trainer, der den Verein schon ein Jahr zuvor verlassen hatte, der eigentliche taktische Leader war. Als Folge der Cheftrainerentlassung wurde ich von einem Tag auf den anderen zur Hassfigur. „Schei …-Wessi" und „Schei …-Herthaner" waren noch das Harmloseste, was gepostet wurde. Da ich jemand bin, der sich nicht verbiegen lässt und auch nicht so schnell aufgibt, blieb ich noch ein weiteres Jahr, wenngleich die Verleumdungen im Netz ehrverletzend und kaum zu ertragen waren. Bei einer regelmäßigen 80-Stunden-Woche, physisch und psychisch schwer angeschlagen, stellte ich schließlich nach einem Jahr Strafanzeige gegen einige Fans und auch Fanvertreter wegen Verleumdung und Beleidigung. Letztendlich einigte ich mich mit dem Verein und verließ ihn vorfristig – eigentlich viel zu spät.

An einem Spieltag in Babelsberg enthielten von 1000 Bannern im Stadion geschätzte 950 politische Statements und zum Teil Antifa-Bekenntnisse, nur rund 50 dienten zur Unterstützung der Mannschaft. Bei Spielen gegen Mannschaften, deren Fans politisch offensichtlich rechts orientiert waren, herrschten vor Ort am Spieltag bürgerkriegsähnliche Zustände. Der Fußball wurde hier eindeutig für politische Zwecke missbraucht, was bei den ganzen sozialen Engagements des Clubs und der Fans einfach nicht in Ordnung ist.

Das Leitbild des Vereins – sozial, gegen rechts, offen und tolerant – wurde eben immer nur in der Ideologie und im Klassenkampf gegen rechts ernst genommen, gegen den kapitalistisches Mainstream und Ungerechtigkeiten. Für sich selbst nahm man dann aber, wie geschildert, im Umgang mit Menschen, die eine andere Meinung oder politische Weltanschauung hatten, den hohen sozialen Maßstab nicht immer so genau.

1.9 Die Super League – Verrat am Fußball

Im April 2021 wollten zwölf große europäische Clubs, vorrangig im Besitz von Investoren, mit einer neuen Super League einen eigenen Wettbewerb etablieren. Die US-Bank JPMorgan Chase & Co. wollte dieses Projekt des Größenwahns mit 10 Mrd. Dollar finanzieren (28). Bei einer solchen Liga der Superreichen würde der Fußball endgültig zu einem reinen Spekulations- und Investment-Objekt verkommen – mit tief greifenden Auswirkungen. Die Vorstellung eines Wettbewerbs außerhalb der UEFA und der heimischen Ligen ist einfach nur Wahnsinn.

Wenn, wie im Frühjahr 2021 geplant, die Clubs FC Liverpool, FC Arsenal, Manchester United, Manchester City, FC Chelsea, Tottenham Hotspur, Real Madrid, FC Barcelona, Atlético Madrid, Juventus Turin, Inter Mailand und AC Mailand unter sich blieben, gegebenenfalls noch Paris SG beiträte, dann hätte das für die heimischen Ligen durchaus einen gewissen Charme, da die restlichen Vereine dieser Ligen wieder einen echten Wettbewerb hätten, der ein Stück fairer wäre. Die Auswirkungen wären dennoch gravierend, falls beispielsweise die Spieler der Reichenclubs für andere Wettbewerbe wie Europa- und Weltmeisterschaften gesperrt würden. Dass der FC Bayern München und auch Borussia Dortmund sich gegen eine Mitgliedschaft in diesem Verbund der „Fußballzerstörer" entschieden, ist weise und uneingeschränkt zu begrüßen. Es war fantastisch zu sehen, dass die Fans das Projekt letztlich vorerst zum Scheitern brachten.

Über diese Pläne erstaunt zu tun, ist aber auch nicht ehrlich, da das Thema hinter den Kulissen schon seit Jahren geplant und vorbesprochen wurde. Vielmehr könnte man die Aufregung der UEFA als komplett scheinheilig bezeichnen, da FIFA-Präsident Infantino, zuvor UEFA-Präsident, bereits vor Jahren im Hintergrund mit an einer Super League gestrickt hat (mehr dazu in Kap. 6).

Auch eine Ausweitung der Champions League auf 36 Teams unter Federführung des UEFA-Präsidenten Čeferin ist nicht weit von dem Wahnsinn der geplanten Super League entfernt und dient ebenfalls ausschließlich dem Grund, immer noch mehr Geld zu scheffeln. Die Super League oder ähnliche Konstrukte sind längst noch nicht vom Tisch, denn das extreme Investment und auch der Erfolg der letzten Jahre haben auch ihre ökonomische Kehrseite, da sich Kosten und Verluste potenziert haben. Der FC Barcelona hat angeblich Verbindlichkeiten von fast 1,2 Mrd. Euro (29). Die Pläne und Ideen für eine pervertierte Eliteliga wären für mich eindeutig ein Verrat am Fußball!

1.10 Fußballethik und ganz viel Gutes

Es gibt keine exakte Definition von Moral. Es handelt sich um ein Gesamtbild von sittlichen und ethischen Normen und Werten sowie dem Verhalten von Einzelnen und ganzen Gesellschaften. Die Ethik steht wohl noch über der Moral. Die Wertevorstellung ist einerseits individuell, andererseits auch verankert in sozialen Gruppen wie Vereinen, Verbänden, Fans und Mannschaften.

In meinen Sportmanagement-Vorlesungen an der Hochschule doziere ich über Moral Hazard. Wie spiegelt sich das im Fußball wider? Spieler verschweigen vielleicht, dass sie ihren letzten Vertrag nur noch zur Absicherung möchten. Spieler, deren Clubs bereits abgestiegen sind, möchten sich nicht mehr verletzen. Torprämien sorgen für nicht kollektives Verhalten auf dem Platz. Besonders im Fußball ist bei Managern, Spielern, aber auch bei Fans die Gefahr gegeben, die Folgen des individuellen Handels auf die Gruppe bzw. das Kollektiv abzuwälzen.

Fußball hat nach wie vor eine Vorbildfunktion, wie auch Politiker und andere Menschen, die in der Öffentlichkeit stehen, Vorbilder sein sollten. Vereine und auch viele Spieler engagieren sich und geben der Gesellschaft viel zurück, das sollte man nicht nur zur Kenntnis nehmen, sondern anerkennen. So engagieren sich viele Clubs und Spieler in eigenen Stiftungen. Beispielsweise hat der FC Bayern allein im Coronajahr 2020 1,3 Mio. Euro für Bedürftige zur Verfügung gestellt. Andere große Vereine wie der BVB haben in den letzten Jahren Hunderte Projekte unterstützt. Hertha BSC steht für ein großes Engagement, insbesondere, was die Vielfalt angeht. Der FC St. Pauli wurde mehrfach für seine soziale Einstellung und Arbeit ausgezeichnet.

Der DFB betreibt oder unterstützt ein Dutzend Stiftungen und ist immer sozial engagiert. Ob Philipp Lahm, Per Mertesacker, Toni Kroos oder Manuel Neuer, um nur ein paar zu nennen – sie alle investieren und engagieren sich in ihren Stiftungen. Neven Subotić arbeitet in seiner freien Zeit in seiner eigenen Stiftung und unterstützt unter anderem Kinder in Äthiopien. Joshua Kimmich und Leon Goretzka haben die Spendenaktion #WeKickCorona ins Leben gerufen und selbst 1 Mio. Euro gespendet.

Fußballfans und Fangruppierungen einschließlich der „Ultras" engagieren sich nicht nur in der Kurve für ihre Vereine. Gerade in Coronazeiten haben Fans Herz gezeigt. So haben Anhänger von Atlanta Bergamo Geld gesammelt, um das Krankenhauspersonal vor Ort zu unterstützen. Ultras vom BVB gingen für alte Menschen einkaufen, Hertha-Fans kümmerten sich um Flüchtlinge und Obdachlose. Beim FC St. Pauli ist die ganze Vereins-DNA auf soziales Engagement ausgerichtet. Auch der SV Babelsberg engagiert sich immer sehr für Flüchtlinge und von der Gesellschaft benachteiligte Menschen. Spieltag für Spieltag versprühen Fußballspieler Empathie, positive Energie und Lust am Leben. Die große Mehrheit der Fußballer und Clubs in allen Ligen nimmt trotz des Turbokapitalismus in den Topligen und Topvereinen ihre Verantwortung und Vorbildfunktion sehr ernst.

1.11 Faszination Fußball

Aus dem ehemaligen Sport der Arbeiterklasse ist längst ein Mainstream-Volkstheater geworden. Die Clubs und die Fußballer befinden sich in einer großen Blase, sind extrem privilegiert und haben teilweise den Bezug zum realen Leben verloren. Andererseits ist der Erwartungsdruck an die Sportler oftmals viel zu hoch, da sie eben auch nur Menschen sind, mit all ihren Stärken und Schwächen. Etwas weniger Neid, etwas weniger Instrumentalisierung und etwas mehr Gelassenheit würden definitiv allen guttun. Damit das, was alle so lieben, die Dramaturgie und Begeisterung am und mit dem Fußball, wieder mehr in den Vordergrund rückt.

Fußball ist faszinierend, für viele Menschen sogar der Lebensmittelpunkt und sinnstiftend. Fußball sozialisiert, macht Menschen gleich und hat mitunter sogar, wie im Fall der Elfenbeinküste im Rahmen der FIFA-WM 2006, die Kraft als Friedensstifter. Fußball schafft Identifikation wie kaum ein anderer Lebensbereich. Er verändert den Blick auf Länder und ihre Menschen, wie der positive Effekt für Deutschland durch die FIFA-WM 2006 verdeutlicht.

Rund 300 Mio. Menschen spielen weltweit aktiv Fußball, keine andere Sportart ist so verbreitet. Fußball ist eine Weltmacht – ob am Strand, in den Slums oder in den modernsten Stadien, Fußball begeistert weltweit die Massen und sorgt schon lange für eine Globalisierung. Das liegt größtenteils auch an der Einfachheit des Spiels: Egal wo, Fußball kann überall gespielt werden, sogar mit einem Stein., Vielfach auch durch die Bundesrepublik Deutschland geförderte Fußballprojekte, etwa in Uganda, Indien und selbst Afghanistan, sorgen für schöne Momente und Sozialisierungen in kritischen Phasen und Ländern.

Wir haben viel Schönes und Emotionales bei Turnieren erlebt – freudige Umarmungen, Gesänge, Trauer und Glücksgefühle –, und das zeigt: Am Ende sind doch alle gleich. Fußballfans sind manchmal Leidensgemeinschaften, was aber eben auch verbindet. Der Mensch als soziales Lebewesen mag es besonders, mit Gleichgesinnten etwas Besonderes zu erleben. Fußball kann integrieren, Vorurteile abbauen, Freundschaften entwickeln, Respekt beschleunigen und ist für viele Menschen das Highlight der Woche. Er kann sogar, insbesondere im Ruhrgebiet, schon fast Religion sein. Fußball ist eine Liebesbeziehung fürs Leben, aber wie bei jeder Liebesbeziehung muss man daran arbeiten, dass sie nicht erlischt, ihre Identität verliert, einem weggenommen oder egoistisch wird.

Lasst uns alle, die wir den Fußball lieben, daran arbeiten, dass der Fußball Fußball bleibt!

Interview mit Dr. Bernhard Felmberg, evangelischer Militärbischof und Sportbeauftragter der Evangelischen Kirche Berlin-Brandenburg-schlesische Oberlausitz

Dr. Bernhard Felmberg, Bischof und Sportbeauftragter der EKD (© Evangelische Militärseelsorge) (▶ https://doi.org/10.1007/000-4t0)

Sehr geehrter Herr Bischof Felmberg, lieber Bernhard,

wir haben uns vor zwölf Jahren im Rahmen einer Europapokalreise von Hertha BSC nach Athen näher kennengelernt, ich habe dort Deine Weltoffenheit sehr zu schätzen gelernt.

Moral und Fußball sind ja so eine Sache. „Fußballgott" Messi vorbestraft wegen Steuerbetrugs, „Fußballgott" Ronaldo vorbestraft wegen Steuerbetrugs. Ist das nicht schon Gotteslästerung, wenn man die beiden noch als „Fußballgötter" bezeichnet?

Der Begriff „Fußballgott" ist für mich nicht nur schwierig, sondern ein No-Go. Ich verstehe zwar, dass unter anderem Reporter den Begriff „Fußballgott" verwenden, um deutlich zu machen, dass ein Fußballspieler herausragend spielt, quasi überirdisch und fantastisch, aber Gott ist das höchste Gut, und Fußball und die Fußballer sind eben nicht perfekt. Manchmal sogar das glatte Gegenteil. Sie sind eben Menschen und nicht Gott. Im Fußball geht es um Macht und viel Geld, und die handelnden Personen benötigen einen starken ethischen Kompass, um den Versuchungen nicht zu erliegen. Der Fußball ist, was Machtmissbrauch angeht, ehrgefährdet, und deshalb benötigt der Fußball klare Leitlinien, und unter anderem die Verbandsvertreter müssen klarmachen, dass Missbrauch bestraft wird.

Ich habe oft das Gefühl, dass gerade im Fußball, was Moral und Ethikansprüche betrifft, mit zweierlei Maß gemessen wird. Den Topstars wird schneller verziehen. Ist das menschlich und ein Stück weit normal?

1 Die große Scheinheiligkeit

Die Menschen schauen auf Fußballstars mit Sympathie. Häufig sind sie Helden, die unser Leben geprägt haben. Viele Menschen können und wollen nicht akzeptieren, dass ihre Helden Fehler machen. Diese Menschen zu verurteilen, fällt ihnen deshalb so schwer, weil sie sich selbst eines Teils ihrer eigenen Identität berauben würden. Die Barmherzigkeit diesen Stars gegenüber ist somit deutlicher ausgeprägt als gegenüber anderen Menschen, die einen nicht so geprägt haben.

Die nächste FIFA-WM wird in Katar stattfinden, in einem Land, in dem Menschenrechte nicht an erster Stelle stehen. Das gilt auch für Länder wie China oder Russland. Dies sind alles keine „lupenreinen" Demokratien. Ist es moralisch wirklich vertretbar, in diesen Ländern Sportgroßereignisse stattfinden zu lassen?

Die Entscheidung, die nächste Fußballweltmeisterschaft in Katar stattfinden zu lassen, ist eine schwierige Entscheidung. Dass sie problematisch ist, hat sich daran gezeigt, dass dort Hunderte – manche sprechen von Tausenden – Bauarbeiter und Hilfskräfte beim Bau der Stadien ums Leben gekommen sind. Die arbeitsrechtlichen Standards waren sehr gering oder kaum vorhanden. Das ist ein großes Problem, und daher ist es richtig, dass sich der DFB zum Ziel gesetzt hat, in Sachen Menschenrechte exakt hinzuschauen. Auf die Kritik von Amnesty International hat der DFB reagiert. Katar hat inzwischen Mindestlöhne garantiert, aber vieles liegt noch im Argen. Der Sport kann zwar Brücken bauen, wäre aber völlig überfordert, in den Ländern nachhaltige Veränderungen herbeizuführen. Insofern müssen die FIFA und die UEFA in Zukunft exakt hinschauen und Europa- und Weltmeisterschaften nur an Länder vergeben, in denen Menschenrechte klar befolgt werden.

Wertevermittlung und Ethikschulung für Spieler in den Vereinen, sind diese sinnvoll, oder ist unser Anspruch zu hoch?

Ich bin überzeugt, dass Wertevermittlung für Menschen, die in der Öffentlichkeit stehen, wichtig ist. Dies gilt auch für Fußballspieler. Die Festigung der Charaktere ist im Interesse der Vereine. Ein Team, eine Mannschaft funktioniert nur, wenn die Charaktere entsprechend ausgeprägt sind. Gerade im Leistungssport wirkt sich der Charakter positiv auf die Leistungen aus. Insofern sind Wertevermittlung und ethische Bildung als Berufsethik ein Mehrwert für die Vereine.

Was war Dein prägendes Erlebnis im Fußball?

Positiv bleibt für immer das 7:1 im Länderspiel gegen Brasilien im Gedächtnis. Was mich berührt hat, war ein Vorfall, bei dem ein Hertha-BSC-Fan mit geistigkörperlichem Handicap nach einem Spiel körperlich attackiert wurde und sich Hertha BSC wirklich vorbildhaft gekümmert hat, und auch durch die Kontaktaufnahme zu mir der Fan menschlich gut betreut werden konnte. Die Brutalität des Vorfalls hat mich erschreckt. Beeindruckt hat mich dagegen andererseits aber auch, wie sensibel und richtig Hertha BSC gehandelt hat.

Quellen

1. Transfermarkt.de, https://www.transfermarkt.de/fc-paris-saint-germain/startseite/verein/583
2. https://www.tagesspiegel.de/sport/sport-und-intelligenz-frueher-waren-fussballer-mit-abitur-die-ausnahme-das-ist-heute-anders/19379052-3.html
3. https://www.n-tv.de/sport/fussball/Neymar-beschert-PSG-Millionen-article19979702.html
4. https://www.welt.de/sport/fussball/article161523729/Real-Madrid-aendert-Wappen-fuer-muslimische-Fans.html
5. https://media.dfl.de/sites/2/2021/05/Clubs-der-Bundesliga-2021-22-Geschaeftsjahresende-2020.pdf
6. Football Leaks 2, Rafael Buschmann, Michael Wulzinger, Spiegel Buchverlag, S. 442
7. https://www.faz.net/aktuell/sport/fussball/silvio-berlusconi-verkauft-ac-mailand-fuer-520-millionen-euro-nach-china-14972363.html
8. https://www.presseportal.de/pm/60247/786751
9. https://web.archive.org/web/20070221212351/http://www.netzeitung.de/sport/championsleague/541111.html
10. https://www.n-tv.de/sport/fussball/Cristiano-Ronaldo-parkte-Millionen-in-Karibik-article19244796.html
11. https://www.spox.com/de/sport/fussball/1805/Artikel/wie-reich-ist-cristiano-ronaldo-gehalt-vermoegen-werbeeinnahmen-sponsoren.html
12. https://www.sueddeutsche.de/geld/spanien-das-beckham-gesetz-1.84254
13. Football Leaks 2, Rafael Buschmann, Michael Wulzinger, Spiegel Buchverlag, S. 59f
14. https://www.zeit.de/sport/2019-01/steuervergehen-cristiano-ronaldo-bewaehrungsstrafe-schuldspruch-fussballer?utm_referrer=https%3A%2F%2Fwww.google.com%2F
15. https://www.faz.net/aktuell/sport/fussball/football-leaks-106-mio-euro-fuer-lionel-messi-in-barcelona-15397130.html
16. https://www.fcaugsburg.de/article/jahreshauptversammlung-fca-schreibt-erneut-schwarze-zahlen-9774
17. Football Leaks 2, Rafael Buschmann, Michael Wulzinger, Spiegel Buchverlag, S. 266–274
18. https://de.wikipedia.org/wiki/Lionel_Messi#Verurteilung_wegen_Steuerhinterziehung
19. https://recherche.sportschau.de/footballleaks/allemeldungen/ManCity-Falsches-Spiel-mit-Afrikas-Fussball-Talenten-,footballleaks206.html
20. https://www.soccerdrills.de/magazin/wissenswertes/artikel/das-grosse-geschaeft-mit-den-kindern-kinderfussball-transfermarkt/
21. http://www.schattenblick.de/infopool/sport/meinung/spmek146.html

22. https://www.zeit.de/sport/2019-02/fc-chelsea-fifa-transfersperre-regelverstoss-minderjaehrige
23. Football Leaks, Rafael Buschmann, Michael Wulzinger, Spiegel Buchverlag, S. 206
24. Football Leaks, Rafael Buschmann, Michael Wulzinger, Spiegel Buchverlag, S. 204
25. https://www.t-online.de/sport/fussball/id_89527026/schockierende-zahlen-ueber-6-500-tote-bei-bauarbeiten-zur-wm-2022-in-katar-.html
26. https://web.archive.org/web/20131113000618/http://www.tagesschau.de:80/ausland/katar-arbeitsmigranten100.html
27. https://www.tagesschau.de/ausland/katar-121.html
28. https://www.zeit.de/sport/2021-04/us-bank-jp-morgan-super-league-finanzierung
29. https://www.sueddeutsche.de/sport/fc-barcelona-schulden-kommentar-1.5188096

2

Die Macht der Spielervermittler

2.1 Die Anfänge

Bereits in den 1970er-Jahren etablierten sich die ersten Spielerberater bzw. -vermittler. Norbert Pflippen (Abb. 2.1), den ich 2004 und in den Jahren bis kurz vor seinem Tod 2011 mehrfach getroffen habe, war ein „verrückter Vogel" – im Benehmen manchmal etwas grenzwertig, aber dennoch liebenswert und mit Sicherheit ohne kriminelle Energie. Ursprünglich bei der Stadt Mönchengladbach in der Bußgeldstelle beschäftigt, erledigte er kleine Dienste für Günter Netzer, Jupp Heynckes und Berti Vogts. Dabei kam der Fußballverrückte auf den Geschmack des Business und ergriff die Chance, viel Geld verdienen zu können. Die ersten Spieler, die er betreute, waren Rekordnationalspieler Lothar Matthäus, Oliver Kahn und Matthias Sammer, später dann Mehmet Scholl, Torsten Frings, Stefan Effenberg, Lukas Podolski, Lars Ricken und Sebastian Deisler. Norbert Pflippen sah sich noch als echten Dienstleister für seine Spieler, und durch seine Bauernschläue erwies er sich als harter, aber geschätzter Verhandlungspartner für die Clubbosse.

Anfang der 1980er-Jahre kam Holger Klemme ins Spiel. Zu seinen Kunden gehörten unter anderem Rudi Völler und die Allofs-Brüder. Der ehemalige BVB-Spieler Wolfgang Vöge, den ich schon sehr lange kenne, arbeitet ebenfalls seriös seit den früheren 1980ern als Berater und betreute bzw. betreut mit seiner Firma Spieler wie Matthias Sammer oder auch Roman Bürki, Yann Sommer und Manuel Akanji. Der Jurist Jörg Neubauer (verstorben Anfang November 2021), Sohn des letzten DDR-Botschafters im Westen und selbst der erste und einzige Pressesprecher des Deutschen Fußball-Verbands der DDR, saß nach der Wende praktisch an der Quelle zu Spielern wie unter

Abb. 2.1 Norbert Pflippen, Spielervermittler, ANS Sport (© Sven Simon/picture alliance)

anderem Stefan Beinlich. Später wurde er zu einem der ganz großen Player und betreute viele Nationalspieler wie Arne Friedrich, Marko Rehmer, Sami Khedira, Jérôme Boateng, Leon Goretzka und Kevin Trapp.

Roger Wittmann, gelernter Klempner und Boss von ROGON-Sportmanagement, traf ich 1999. Er war damals Berater des Mäzens Egon Banghard beim Eishockeyclub Berlin Capitals und später dann Manager des Clubs. Mit dem Fußball hatte er noch nicht viel tun, aber er war clever, grenzwertig geschäftlich aktiv und der Schwager von Nationalspieler Mario Basler. Alles gute Voraussetzungen, um in dem Business Fuß zu fassen. 2001 rettete Dietmar Hopp die Lizenz der Capitals mit einer Zahlung in Höhe von 11 Mio. DM. Der enge Kontakt von Wittmann zu Hopp sorgte vielleicht auch dafür, dass zeitweise überproportional viele Spieler von ROGON nach Hoffenheim transferiert wurden. Zudem wurden durch *Football Leaks* Details bekannt, dass Beteiligungsrechte an ROGON-Spielern, gegebenenfalls auch an Vereinen in Brasilien, mutmaßlich indirekt von Wittmann, aber auch von Hopp gehalten wurden und durch Umgehungsvehikel versucht wurde, diese vor der von der FIFA 2015 verbotenen Praxis des Third Party Ownership (TPO, Beteiligung an Fußballspielern) zu schützen [1].

In den letzten Jahren haben sich in Deutschland teilweise relativ neue, sehr große Spielerberatungsagenturen etabliert: Volker Struth mit SportsTotal und später mit Sports360, mit Spielern wie Toni Kroos, um nur einen zu nennen; PRO Profil von Thomas Kroth, der aber auch schon seit 1995 seriös auf dem Markt ist; die Agentur ISMG, mit Spielern wie Matthias Ginter und Kevin Volland; Dirk Hebel mit Spielern wie Marco Reus und Hannes Wolf. Weiterhin unter anderem die LIAN Sports Group von Fali Ramadani, einem der umstrittensten Berater im Business, auf den ich später nochmals zurückkommen werde, wie auch Global Player wie Jorge Mendes und Co.

Beschäftigen wir uns im Folgenden zunächst kurz mit den Auswirkungen des Bosman-Urteils und anschließend mit der Entwicklung des Berufszweigs der Spielerberater und -vermittler.

2.2 Das Bosman-Urteil

Im Jahr 1995 wurde ein Grundsatzurteil erlassen, dass Profifußballer in der EU nach Ende der Vertragslaufzeit ihren Club ablösefrei verlassen dürfen. Eigentlich gelebte Logik, aber vorher wollten die Clubs – was ein Stück weit nachvollziehbar ist – an steigenden Marktwerten ihrer Spieler auch nach Ablauf der Verträge durch eine Ablösesumme mitverdienen.

Das Urteil war schlecht für die Vereine, aber gut für die Spieler, da sich die Gehälter seitdem ins Unermessliche entwickelt haben und Spieler oft, wenn sie ohne Ablösesumme wechseln können, ein hohes Handgeld vereinnahmen. Mit den seit damals ausufernden Ablösesummen und Gehältern wurde das Geschäft für Spielerbrater natürlich noch interessanter, da die Berater prozentual an den Ablösesummen und Gehältern mitverdienen.

2.3 Wie wird man Spielerberater?

In den 1980er-Jahren war es noch so, dass man bei der FIFA eine Kaution in Höhe von 200.000 Franken hinterlegen musste, wenn man als Spielerberater tätig werden wollte. Dies wurde in den 1990er-Jahren durch die Regelung abgelöst, dass jeder Berater bei den Nationalverbänden eine schriftliche Prüfung ablegen musste. Die Durchfallquote lag bei über 75 %, und das Ganze glich ein wenig einer Lotterie, da der Lernstoff Tausende Seiten von Regularien und Verordnungen umfasste. Zum 01.04.2015 wurde die Prüfung abgeschafft, und seither kann im Prinzip jeder, der ein polizeiliches Führungszeugnis vorlegen kann, Spielerberater/-vermittler werden. Seit einigen Jahren muss aber in die Spielerverträge, die in der Regel auch zur DFL und zum DFB gehen, die Beteiligung und Benennung des Spielerberaters erfasst werden, was zumindest etwas für Transparenz sorgt.

Allein in Deutschland gibt es mittlerweile an die 1000 Spielerberater. Der Erfolg und die Erträge sind aber relativ. Es ist ähnlich wie bei vielen Immobilienmaklern. Meiner Einschätzung nach können von den 1000 Beratern in Deutschland etwa 40 % mit den Einnahmen aus dem Geschäft halbwegs ihr Leben bestreiten, und nur 5 % verdienen das große Geld. Fakt ist aber, dass zwei Dinge gegeben sein müssen: Erstens der Zugang zu einem Spieler, der zumindest irgendwann in einer der obersten drei Ligen spielt, wenn möglich das Talent für die 1. Liga hat; und zweitens benötigt man einen Zugang zu den Vereinen.

Die Spieler werden häufig in jungen Jahren von ihren Familien betreut, was durchaus sinnvoll sein kann, oder auch von Anwälten. Auf die Toptalente aus den Leistungszentren haben die renommierten Berater einen guten Zugriff. Sie haben meist eigene Scouts auf der Payroll, die natürlich hilfreiche Bewertungen abgeben können. Des Weiteren haben die Nachwuchskünstler Kontakt zu den Profis im Verein, und somit kann auch ein Profispieler dem Newcomer mal eben eine Empfehlung aussprechen.

Hinsichtlich Kontakten zu Vereinen ist es ebenfalls sehr schwer, einen Fuß in die Tür zu bekommen. Hat ein Berater bereits einen Profi unter Vertrag, der Begehrlichkeiten weckt, kommt der Verein häufig direkt auf den Berater zu. Manager und Sportdirektoren bekommen in den Transferphasen täglich Hunderte von Angeboten auf dem Tisch, da ist es fast nicht möglich, sich mit jedem Angebot zu befassen und mit jedem Berater in Verbindung zu setzen, weil einfach und salopp gesagt viel „Schrott" dabei ist. Warum? Weil viele Berater in Wirklichkeit kaum Ahnung vom Fußball haben.

Ich spreche da aus Erfahrung, da auch ich zu meiner operativen Zeit Topspieler aus der 1. Liga von Nordmazedonien oder aus Albanien angeboten bekommen habe. Das Niveau dort entspricht einem unteren Level der deutschen Regionalligen.

Sportdirektoren greifen nachvollziehbarerweise gerne auf ihre bewährten Berater zurück, mit denen sie schon gute Erfahrungen gemacht haben. Oder sofern diese – wie unter anderem in Osteuropa und durchaus früher auch bei uns üblich, wenngleich nur vereinzelt – den Clubmanager oder Trainer an der Provision beteiligen. Dazu aber später mehr.

2.4 Das Geschäft

Es ist also nicht leicht für einen neuen Berater oder jemanden, der nur Spieler aus den unteren Ligen unter Vertrag hat, wirklich ein Geschäft zu machen. In den unteren Ligen werden nur selten kleine Provisionen gezahlt, und selbst in der mittlerweile renommierten 3. Profiliga ist nicht das große Geld zu verdienen. Zu meiner Zeit als Manager in der 3. Liga waren zwei Monatsgehälter als Provision Standard. In der 1. Liga haben die Provisionszahlungen durch die teilweise absurden Höhen der Spielergehälter gigantische Ausmaße angenommen.

Der Berater erhält 10–15 % des Spielerjahresgehalts – aber dies über die komplette Vertragslaufzeit! Verdient ein Topspieler bei einem der großen Vereine bei einem Dreijahresvertrag beispielsweise 6 Mio. Euro pro Jahr, so erhält der Berater/Vermittler knapp 3 Mio. Euro Provision. In der 1. und 2. Bundesliga wurden im Jahr 2018 insgesamt 200 Mio. Euro an Berater gezahlt, davon allein 40 Mio Euro von Borussia Dortmund [2]. Jorge Mendes, einer der umstrittensten Berater weltweit, hat 2019 unglaubliche 100 Mio. Dollar an Provisionen erhalten [3].

Die FIFA bemüht sich nun, die Auswüchse etwas zu regulieren. Die Vergütung für den Berater bei der Abgabe eines Spielers soll nach dem Willen der FIFA bei 10 % der Ablösesumme gedeckelt werden. Und Spielerberater sollen höchstens 3 % des Jahresgehalts beim aufnehmenden Verein bekommen.

Nun sollte man meinen, dass die Clubs selbst ein großes Interesse haben, die exorbitanten Kosten einzudämmen, und sei es mittels Absprachen und Commitments. Stellen Sie sich vor, ein Spieler wie Julian Draxler sei ablösefrei auf dem Markt und der Berater verlange von dem Verein, der ihn haben möchte, 15 % Provision für sich plus ein „Handgeld" für sich und den Spieler. Welcher Club sagt da nein, wenn er den ablösefreien Spieler unbedingt verpflichten möchte, zumal sich das Spielerinvestment ja meist aus der Transfersumme und dem Gehalt zusammensetzt und die Transfersumme in diesem Beispiel gespart würde. Die Berater, welche die besten Spieler unter Vertrag haben, können somit viel Druck ausüben und haben damit schon eine große Macht gegenüber den Vereinen.

2.5 Der Job

Die Tätigkeit des Spielerberaters fällt unter den Begriff der Berufsberatung im Sinne von § 30 SGB III. Sie hat sich im Laufe der Zeit von der reinen Spielervermittlung hin zu einer Rundumbetreuung für den Sportler entwickelt. Das Aufgabenfeld eines Spielerberaters ist sehr umfänglich. Er unterstützt seinen Klienten bei Vertragsanbahnung und -verlängerung und berät zu rechtlichen Belangen. Er leistet Hilfestellung bei privaten Problemen, bei finanzieller Planung und Konflikten. Wichtig ist, dass er einen guten Draht zum Trainer hat, denn nur dieser kann bewerten, wie sich sein Klient entwickelt und warum er gerade spielt oder nicht. Der Berater hilft bei medizinischen Problemen, bei der Vermittlung von Werbeverträgen und der Überwachung der Persönlichkeitsrechte. Es ist ein Fulltime-Job, der Berater ist meist 24 Stunden für seinen Klienten erreichbar. Oft muss er jungen Spielern, insbesondere aber deren Eltern, erklären, warum es gerade nicht so läuft. Nicht immer ist daran der Trainer schuld. Der Berater kümmert sich unter Einbeziehung von weiteren Fachleuten und Spezialisten um die steuerliche Beratung, Empfehlungen in der Vermögensverwaltung und natürlich auch um die Karriereplanung nach der aktiven Karriere. Wie man schnell erkennen kann, ist die Tätigkeit sehr aufwendig und anspruchsvoll.

Die Full-Service-Agenturen der größten Berater haben selbst Fachleute im Team, von Fußballlehrern und Scouts über Juristen bis hin zu Marketing- und Social-Media-Spezialisten. Ein sehr großes Problem, gerade für kleinere Berater, ist, dass die Verträge sogenannte Verträge des höheren Rechts und somit trotz Laufzeiten einfacher kündbar sind. Es kommt nicht selten vor, dass Berater junge Talente vom 16. bis 18. Lebensjahr intensiv und kostenlos betreuen, diese dann aber trotz laufendem Vertag kündigen und zu einem der Großen wechseln. Die Durchsetzung von Ansprüchen ist in solchen Fällen äußerst schwierig und meist aussichtslos. So enden dann ganz schnell der vermeintliche Traumjob und die Hoffnung auf das große Geld in Depressionen und im finanziellen Kollaps des Beraters.

2.6 Zeit für Veränderungen

Wie erwähnt, sind die Clubs und auch die DFL natürlich daran interessiert, die Beratertätigkeit zu regulieren und zu kontrollieren – definitiv auch, um seriöse Arbeit aufzuwerten. Es gibt viele Topberater, aber eben auch nicht wenige mit krimineller Energie, die die ganze Branche in Verruf bringen. Bisher agieren die Berater auf einem intransparenten Markt von Absprachen, Dienstleistungen und Zahlungen.

Die Spieler sind meistens aus den Vertragsverhandlungen ausgeschlossen und müssen darauf vertrauen, dass ihre Berater das Beste für sie aushandeln. Joshua Kimmich ist ein prominentes Beispiel, dass man auch ohne Berater arbeiten kann, aber er ist bereits sehr erfahren, clever und einer der besten deutschen Fußballspieler.

Rechtlich besteht zurzeit meist eine Dreiecksbeziehung, die sehr fragwürdig ist, denn der Berater vollbringt eine Dienstleistung für den Spieler, doch bezahlt wird er von dem Verein, der den Spieler verpflichten möchte. Es sind aber nicht nur die Vereine, die einen Systemwechsel anstreben. Einen Impuls hierfür gab unter anderem der Bundesfinanzhof in München, das oberste Bundesgericht für Steuerfragen. Das Problem wurde offenkundig, als die Frage zu klären war, wann ein Profifußballverein die Mehrwertsteuer aus

Rechnungen von Spielervermittlern als Vorsteuer geltend machen kann, da die Leistungen ja nicht nur für den Verein, sondern auch für den Spieler erfolgten.

Ideal wäre meiner Meinung nach, wenn ein Spieler seinen Berater für die laufende Beratung selbst bezahlte, selbst wenn die Provision indirekt in das Gehalt des Spielers inkludiert würde und der Verein nur für die reine Vermittlung 3 % des Gehalts der Erstlaufzeit des Vertrags übernähme. Dies wäre aus meiner Sicht eine faire und saubere Lösung. Die Frage ist nur, ob das die FIFA oder die Verbände in den Ländern wie die DFL wirklich rechtlich regeln könnten – ich meine, dass dies möglich sein müsste.

2.7 Die Auswüchse und kriminelle Strukturen

Um zu veranschaulichen, welche Auswüchse dieses Geschäft annehmen kann, möchte ich von eigenen Erlebnissen berichten, die ich wahrheitsgetreu wiedergebe. Dabei bitte ich um Verständnis, dass ich keine Namen nenne, da ich meine Sicherheit nicht gefährden möchte.

Im Jahr 2009 wurde ich von einem deutschen Investor beauftragt, den Erwerb eines Clubs in Bukarest zu prüfen. Ich war einige Zeit vor Ort und erstellte gemeinsam mit einem Wirtschaftsprüfer eine Due Diligence (Investmentprüfung). Nach Recherchen und Gesprächen vor Ort stellten wir irgendwann fest, dass zwei der teuersten Spieler, für die auch jeden Monat Zahlungen geleistet wurden, real im Club gar nicht existent waren. Für diese Spieler wurden zudem an einen Spielerberater Provisionszahlungen geleistet. Da jeder Spielertransfer im System des Verbands gemeldet werden muss, liegt nahe, dass an dem Betrug auch Leute von Seiten des Vereins beteiligt waren.

Ein weiterer Beratungsauftrag führte mich in eine andere Stadt in Osteuropa. Zeitgleich war ein Trainer, den ich schon lange kannte, bei einem anderen Club in dieser Stadt unter Vertrag genommen worden. Irgendwann sprach mich der mir gut bekannte Sportdirektor des anderen Clubs an und meinte: „Du kennst doch den Trainer ganz gut." Ich bejahte und fragte: „warum?" Er erklärte mir, der Trainer spricht unsere Spieler an, deren Verträge auslaufen, und teilt Ihnen mit, dass der Vertrag nur verlängert werde, wenn sie den Berater wechseln. Wechseln sollten sie zu dem Berater, der auch den Trainer selbst beriet. Der gleiche Trainer wollte einen Spieler von einem Spielerberater verpflichten, der gut mit mir befreundet ist. Irgendwann rief mich der Freund an und meinte: „Bleib' mal dran und höre zu." Zunächst etwas irritiert musste ich schockiert zur Kenntnis nehmen, dass der Trainer meinem Freund eiskalt mitteilte, „ich würde Deinen Spieler gerne nehmen, aber nur unter der Voraussetzung, dass Du die Provision, die Dir mein Club zahlt, mit meinem Berater teilst". Darüber war ich nicht nur entsetzt, es machte mich auch traurig, da ich dem Trainer dieses Verhalten niemals zugetraut hätte.

Fakt ist, dass auch in der Bundesliga zumindest in früheren Zeiten Provisionsbeteiligungen bei der Verpflichtung von Spielern geflossen sind, wenngleich sicher nur an einige wenige Trainer und Sportdirektoren. Mir sind schlüssige und seriöse Aussagen und Zeugnisse über inoffizielle Zahlungen an prominente Trainer und Manager bekannt, aber meist von Leuten, die selbst noch im Business tätig sind und es sich daher nicht leisten können zu intervenieren, da sie dann für immer verbrannt wären. Verstehen Sie mich bitte nicht falsch, es geht mir nicht darum, jemanden oder einen ganzen Berufsstand zu diskreditieren – ich zähle bedingt ja selbst auch dazu. Es ist leider so wie in allen anderen Branchen auch, in denen viel Geld und Provisionen im Spiel sind: Menschen lassen sich verführen und unterliegen ihrer Gier. Mich ärgert nur, dass manchen noch von der Öffentlichkeit ein „Heiligenschein" aufgesetzt wird.

Publik wird nur wenig, wie etwa im Fall des gemütlichen Entertainers Reiner Calmund, dessen Zahlungen an einen Spielerberater zu staatsanwaltlichen Ermittlungen geführt hatten. Gemäß diverser Meldungen im Netz war dies auch ein Grund für seinen vorzeitigen Abschied bei Bayer Leverkusen. Laut Kölner Stadtanzeiger wurde das Verfahren im Jahr 2006 gegen eine Zahlung in Höhe von 25.000 Euro eingestellt [4].

2.8 Extreme Auswüchse

Wie bereits erwähnt, haben die Enthüllungsplattform Football Leaks und die daraus resultierenden Bücher von Rafael Buschmann und Michael Wulzinger unglaubliche Verfehlungen und mafiöse Netzwerke im Fußball offengelegt. Der maßgebliche Whistleblower von Football Leaks, der Portugiese Rui Pinto, wurde 2019 verhaftet. Die einen sehen ihn als mutigen Helden, der den Fußball liebt, die anderen als kriminellen Hacker, der ins Gefängnis gehört. Auch mich wird der eine oder andere aus der Branche nach Veröffentlichung des vorliegenden Buches für einen Teil meiner Aussagen kritisieren. Damit muss ich leben, mir geht es um Gerechtigkeit und einfach darum, dass im Fußball zu viel verklärt wird. Oft dreht sich alles nur noch darum, wie man sich maximal bereichern und den maximalen Profit erzielen kann (Abb. 2.2).

2 Die Macht der Spielervermittler

Abb. 2.2 Maximaler Profit spielt im Fußball eine immer größere Rolle (©DesignIt/Zoonar/picture alliance)

Einige extreme Geschäftsvorgänge von Clubs und Spielerberatern möchte ich nachfolgend kurz zusammenfassen, die geschilderten Fakten wurden unter anderem durch *Football Leaks* veröffentlicht, sind aber auch anderweitig bereits mehrfach publiziert worden.

Einer der ganz großen Player ist der Berater von Cristiano Ronaldo, Jorge Mendes, der, wie bereits erwähnt, allein im Jahr 2018 eine Gesamtprovision in Höhe von ca. 86,7 Mio. Euro für sich vereinnahmt hat [5]. Mino Raiola, ebenfalls sehr umstritten, lag immerhin bei ca. 54 Mio Euro [6]. Raiola hatte 2016 den Spieler Henrich Mchitarjan von Borussia Dortmund unter Vertrag. Im Juli 2016 verkaufte der BVB den Spieler für 42 Mio [7]. Euro an Manchester United [8]. Für diesen Deal erhielt Raiola vom BVB mutmaßlich 2,5 Mio. Euro, zusätzlich von Manchester ca. 1,2 Mio. Euro. Dass sowohl der abgebende als auch der aufnehmende Club an den Berater zahlen, ist schon mehr als ungewöhnlich [9].

Kommen wir zu dem bereits erwähnten cleveren Roger Wittmann. Als 2013 bei Schalke 04 die Vertragsverlängerung für Julian Draxler anstand, war dieser gerade einmal 19 Jahre alt. Wittmanns Agentur ROGON erhielt für die Vertragsverlängerung 1,2 Mio. Euro netto und zusätzlich jedes weitere Jahr einen Betrag in Höhe von 450.000 Euro. Zudem ließ sich ROGON eine Transferbeteiligung in Höhe von 15 % in den Vertrag schreiben, was damals noch offiziell erlaubt war. Im August 2015 wechselte Draxler von Schalke für 36 Mio. Euro zum VfL Wolfsburg. ROGON erhielt davon ca. 5,4 Mio. Euro [10]. Das ergibt in der Summe über zwei Jahre somit einen Ertrag von 7 Mio. Euro, quasi für eine Vertragsverlängerung und einen Vereinswechsel. Nochmals, auch wenn ich mich wiederhole: Es geht mir nicht um Berater-Bashing. ROGON war einfach nur recht clever und schmerzfrei. Es ist das System, das krank und toxisch ist.

Noch gravierender sind die früher legalen Beteiligungen an Spielern, wobei heute teilweise auch noch versucht wird, mit Schattenverträgen in der Schublade das Verbot zu umgehen. Auch in diesen Fällen von *Football Leaks* veröffentlicht und beschrieben, soll beispielsweise der Berater Fali Ramadani mit seiner Agentur LIAN Sports ausschließlich mit Firmen, die in Steueroasen wie den Britischen Jungferninseln beheimatet waren, auf dem Markt tätig gewesen sein. Das Geschäft war recht simpel. Die Agentur hielt die Transferrechte an ihren Spielern. 2014 wechselte beispielsweise der Spieler Lazar Marković für 25 Mio. Euro von Benfica Lissabon zum FC Liverpool. Von diesen 25 Mio. Euro gingen aber nur 12,5 Mio. an Benfica und die andere Hälfte an die Agentur – ohne die Vermittlungsprovision versteht sich [11].

Fußballer sind und waren teilweise Leibeigene auf Zeit – ein Zustand, der den Menschen, aber auch dem Fußball nicht gerecht wird. In den letzten Jahren wurden zeitweise weltweit rund 4 Mrd. Euro an Transferausgaben getätigt. Gigantische Beträge generieren gigantische Provisionszahlungen.

Es wird Zeit, dass die Zahlungen an Berater und Vermittler endlich gedeckelt und transparenter werden. Das Milliardengeschäft Fußball verführt zur Gier. Die Show, der Zirkus und die Nähe des Fußballs zur Macht sind verführerisch und die Grenzen zwischen den entscheidenden Personen der Clubs, der Politik und der Wirtschaft fließend.

Quellen

1. Football Leaks, Football Leaks, Rafael Buschmann, Michael Wulzinger, Spiegelverlag, S. 126f
2. https://www.faz.net/aktuell/sport/fussball/bundesliga/1-und-2-bundesliga-zahlen-200-millionen-euro-an-berater-16213736.html
3. https://www.goal.com/de/listen/berater-raiola-mendes-fussball-gehalt-forbes-liste/qkrbturu7lkm122cgmryvmg1o#cs5fc6f3f1db1790c5

4. https://www.ksta.de/staatsanwalt-jagt-calmund-nicht-mehr-13789830?cb=1626261213875
5. https://www.sportbuzzer.de/artikel/forbes-spielerberater-mino-raiola-jorge-mendeshonorare-geld/
6. https://www.welt.de/sport/fussball/article160167801/Diese-Klausel-kostete-Borussia-Dortmund-Millionen.html
7. https://www.transfermarkt.de/henrikh-mkhitaryan/profil/spieler/55735
8. https://www.welt.de/sport/fussball/article160167801/Diese-Klausel-kostete-Borussia-Dortmund-Millionen.html
9. Football Leaks, Football Leaks, Rafael Buschmann, Michael Wulzinger, Spiegelverlag, S. 234f
10. Football Leaks, Rafael Buschmann, Michael Wulzinger, Spiegelverlag, Seite 236
11. Football Leaks, Football Leaks, Rafael Buschmann, Michael Wulzinger, Spiegelverlag, S. 189–196

3

Die Rolle der Investoren im Fußball

3.1 Auswüchse im internationalen Bereich

Bei der Betrachtung der Bundesliga im Wettbewerb mit den europäischen Ligen erkennen wir im Prinzip eine Vier- bis Fünf-Klassen-Gesellschaft. Da gibt es den völlig ausgearteten Markt, vorrangig in England, Spanien und auch Italien, wo Staaten, Oligarchen und andere Investoren Milliarden in Clubs investiert haben. Weiterhin haben wir die Vereine, die sich durch gute, nachhaltige Arbeit regelmäßig für die Champions League qualifizieren, wie der FC Bayern und Borussia Dortmund, und damit bis zu ca. 50 Mio. pro Saison einnehmen.

Die dritte Klasse bilden Vereine, die alimentiert werden, wie Bayer Leverkusen und der VfL Wolfsburg. Als vierte Klasse zähle ich Vereine mit unterschiedlichen Investorenmodellen, wie RB Leipzig, TSG Hoffenheim, Hannover 96 und Hertha BSC. Wobei ich persönlich Martin Kind und Dietmar Hopp nicht als klassische Investoren sehe, da sie seit Jahrzehnten nicht nur Geld, sondern auch viel „Herzblut" in ihren Verein (Hannover bzw. Hoffenheim) investiert haben.

Die fünfte Klasse kämpft jede Saison mehr oder weniger um das Überleben im Oberhaus. Der SC Freiburg, Borussia Mönchengladbach und auch der

---

Ergänzende Information Die elektronische Version dieses Kapitels enthält Zusatzmaterial, auf das über folgenden Link zugegriffen werden kann [https://doi.org/10.1007/978-3-662-64327-3_3]. Die Videos lassen sich durch Anklicken des DOI Links in der Legende einer entsprechenden Abbildung abspielen, oder indem Sie diesen Link mit der SN More Media App scannen.

Abb. 3.1 Der französische Staatspräsident Macron trifft PSG-Präsident Nasser Al-Khelaifi in Doha (© Balkis Press/ABACA/picture alliance)

FC Augsburg zählen allerdings zu den Vereinen, die vor der Coronapandemie selten hohe Verbindlichkeiten angehäuft haben.

Wie bereits ausführlich in Kap. 1 beleuchtet und erläutert, sind die Investments in Topclubs wie Manchester City, Paris SG, FC Chelsea und einige mehr gigantisch. Nochmals erwähnt sei, weil es eigentlich unfassbar ist: Die Scheichs aus Abu Dhabi haben bisher in Manchester City ca. 1,7 Mrd. Euro, die Herren aus Katar in PSG über 1 Mrd. (Abb. 3.1) und Roman Abramowitsch in den FC Chelsea ca. 1,3 Mrd. investiert. Man sagt zwar oft, „Geld schießt Tore", dass Bayern München aber 2013 und vor allen Dingen 2020 die Champions League gewonnen hat, zeigt jedoch, dass dies mit weniger Geld und hervorragender Arbeit eben ab und zu auch gelingen kann.

3.2 Die 50+1-Regel in Deutschland und Investoren

Auswüchse wie in anderen europäischen Ligen, dass Investoren die Clubs nicht nur mit Geld fluten, sondern in diesen auch die Entscheidungsgewalt haben, sind bei uns in Deutschland nicht zu beobachten und auch nicht gewollt. Dazu aber später mehr.

Am 24.10.1998 hat der 36. DFB-Bundestag beschlossen, dass alle Vereine, die am Spielbetrieb der Lizenzligen teilnehmen, ihre Profiabteilungen in Kapitalgesellschaften umwandeln können [2]. Für den begründeten Antrag zur Beschlussfassung spielten zwei Faktoren eine Rolle: zum einen, die ständige Unterfinanzierung der Vereine durch neue Kapitalflüsse zu beseitigen, und zum anderen die Gratwanderung zwischen wirtschaftlicher Tätigkeit und Gewinnerzielung der Clubs gegenüber der Verpflichtung zur Gemeinnützigkeit.

Nun gibt es unterschiedliche Modelle, um neues Eigenkapital zu generieren: die Veräußerung von Anteilen an einen Finanzinvestor oder die Beteiligung durch strategische Investoren. Dieses Modell hat Bayern München erfolgreich mit Adidas, Audi und der Allianz vollzogen. Ein weiterer Weg ist der Gang an die Börse, wie es der BVB im Jahr 2000 gemacht hat, um damals dem Club schnell und viel Eigenkapital zuzuführen.

In fast allen Clubs der 1. Bundesliga ist in den Folgejahren eine Betriebsaufspaltung erfolgt. Hertha BSC war der Vorreiter mit dem Modell der GmbH & Co. KGaA (Kommanditgesellschaft auf Aktien). Dieses Körperschaftsmodell haben unter anderem Borussia Dortmund, Werder Bremen, der FC Augsburg und auch der 1. FC Köln gewählt. Bayer Leverkusen, TSG Hoffenheim, VfL Wolfsburg und Borussia Mönchengladbach sind reine GmbHs. Der FC Bayern, Eintracht Frankfurt und der VfB Stuttgart sind in einer AG organisiert. Die GmbH ist wie bei der klassischen Variante des eingetragenen Vereins (e. V.) der Lizenznehmer, der zur Teilnahme am Ligabetrieb berechtigt ist. Durch die 50+1-Regel und das Verbot der Mehrfachbeteiligung bleibt dem Verein oder auch dem Komplementär bei der GmbH & Co KGaA der beherrschende Einfluss erhalten.

Bis zum Verkauf von Kapitalbeteiligungen sind alle Anteile im Besitz der Vereinsmitglieder, die immer die Mehrheit haben müssen. Bei einer GmbH & Co. KGaA kann ein Investor an der KG auch die Mehrheit haben, davon bleibt die 50+1-Regel ungefährdet. Das Gleiche gilt für Aktienanteile. Borussia Dortmund hält selbst als Verein nur etwa 6 % aller Aktien.

Wichtig ist jedoch – und das wird immer wieder in der Kommunikation nach außen unrichtig dargestellt oder zumindest so wahrgenommen: Investoren in der Bundesliga, wie Lars Windhorst bei Hertha BSC, haben definitiv keinen direkten Einfluss auf die Geschäftsführung, deren Beschlussfassungen oder Entscheidungen und somit auch nicht direkt auf den Verein. Dies ist in den Ligastatuten geregelt, weiterhin in den Satzungen der Vereine und – ganz wichtig – in den einzelnen Geschäftsordnungen.

Auch in den Beiräten und Aufsichtsräten hat jeder Investor das Recht, eine gewisse Anzahl von Mandaten zu besetzen, hält aber niemals die Mehrheit.

Natürlich kann er sich selbst oder über seine Vertreter in den Gremien oder über die Gesellschafter- und Aktionärsversammlungen einbringen und auch ein Stück weit politischen Druck machen. Dies ist sein gutes Recht. Aber er kann keine Entscheidung quasi gegen den Verein herbeiführen.

Das gilt, wie erwähnt, auch für Aktiengesellschaften. Obwohl der BVB wie angesprochen nur ca. 6 % seiner Aktien selbst hält, kann der Club in seinen Entscheidungen autark geführt werden. Zwar haben sogenannte Investoren bei Vereinen wie 1860 München, 1. FC Kaiserslautern oder KFC Uerdingen Chaos angerichtet oder hinterlassen, aber nur, weil beide Parteien unprofessionell gearbeitet haben und die Vereine mangels sportlichem Erfolg noch mehr Geld benötigten und dadurch vielleicht ein Stück weit ausgeliefert waren.

Bei allem Respekt gegenüber den Menschen aus Uerdingen, ein seriöser, strategisch denkender Investor benötigt meines Erachtens in jedem Fall die Perspektive, mittelfristig sportlichen Erfolg in der 1. Bundesliga zu haben. Des Weiteren ist eine starke Marke oder zumindest eine hochinteressante Destination erforderlich. Beides ist meiner Meinung nach in Uerdingen, wie bei den meisten Erst- bis Drittligisten, nicht gegeben.

3.3 Börsengang, Kommanditisten oder strategische Partner

Einem Investor geht es in der Regel vorrangig um eine Rendite und mittel- bis langfristig um Return on Investment (ROI, Kapitalrentabilität). Seine Investitionen orientieren sich an einer positiven Wertentwicklung des Clubs.

Diese gewünschte positive Entwicklung geht einher mit dem sportlichen Erfolg und der Markenentwicklung. Die Markenentwicklung wiederum ist weitgehend abhängig vom sportlichen Erfolg. Letzterer unterliegt jedoch extrem vielen Variablen und ist nur bedingt planbar. Fußball ist hinsichtlich der Ergebnisse häufig der ungerechteste Mannschaftssport. Warum? Weil im Gegensatz etwa zum Handball nur wenige Tore fallen. So hat der „Underdog" immer eine Chance, wenn er denn noch das nötige Spielglück auf seiner Seite hat.

Ein extremes Beispiel, was den langen Weg zum maximalen Erfolg angeht, sieht man bei Manchester City. Wie in Kap. 1 erwähnt, wurden in diesen Club in den letzten Jahren ca. 2 Mrd. Euro investiert, dennoch hat er 20 Jahre benötigt, um ins Finale der Champions League zu kommen. Der Hamburger SV spielt trotz der Millionen seines Investors Kühne nun seit Jahren in der

2. Liga, und auch Hertha BSC hat mit über 300 Mio. Euro von Lars Windhorst sicherlich einige sportliche Fehlentscheidungen in der Vergangenheit getroffen. Insofern ist das Investment für den Investor salopp formuliert nicht immer vergnügungssteuerpflichtig.

Ein klassischer strategischer Investor setzt vorrangig auf Synergie- und Cross-Effekte wie einen Imagegewinn durch eine starke Marke, wie z. B. Bayern München. Die Marke FC Bayern wirkt sich auf die Artikelverkäufe und das Marketing bei Adidas ebenso aus wie bei Audi und der Telekom. Die strategischen Partner entsenden Topführungskräfte aus dem eigenen Unternehmen in die Aufsichtsräte der Kapitalgesellschaften, um im Rahmen des Möglichen ihren Einfluss zu sichern. Der Club profitiert durch die Reputation und das Know-how dieser Persönlichkeiten.

Einen weiteren Weg der schnellen Kapitalbeschaffung hat der BVB bestritten. Die Borussia Dortmund GmbH & Co. KGaA hat als einziger Club in der Bundesliga den Gang an die Börse realisiert. Durch die Aktienverkäufe und Emissionserlöse an der Börse kann die Clubkapitalgesellschaft ihr Eigenkapital erhöhen. In einem solchen Fall muss man eine starke Marke vorweisen, bereits bewiesen haben, dass man Erfolg hatte oder hat, und vor allen Dingen mit einem guten Management und einer Zukunftsstrategie nachhaltig aufgestellt sein. Die große emotionale Wirkung des BVB, insbesondere durch seine großartigen Fans, war sicherlich mit maßgeblich dafür, dass der BVB im Jahr 2000 150 Mio. Euro und später durch Kapitalerhöhungen weitere Gelder einsammeln konnte [2].

Für die Aktionäre ist dies bisher noch kein Geschäft, da die Aktie verglichen zum Ausgabekurs zumeist nur noch für die Hälfte gehandelt wurde. Aus meiner persönlichen Sicht ist der Weg an die Börse für einen Club nicht ideal, und ich bin mir mehr als sicher, dass der BVB dies heute, als sportlich und wirtschaftlich gut aufgestellter Club, nicht mehr in der Form machen würde.

Warum nicht? Zum einen ist der BVB als börsennotiertes Unternehmen, zu *Ad-hoc*-Mitteilungen verpflichtet. Diese sofortige Publizitätspflicht bei besonderen Ereignissen führt beispielsweise dazu, dass Transfers, die man aus strategischen Gründen vielleicht gerne noch etwas geheim gehalten hätte, veröffentlicht werden müssen. Gravierender ist aber die Unterbewertung. Zum Vergleich: Der BVB wurde 2014 an der Börse mit nur ca. 235 Mio. Euro bewertet [3]. Im Kommanditistenmodell von Hertha BSC GmbH & Co. KGaA wird Lars Windhorst, Stand Mai 2021, für 66,6 % Anteile im Wert von 374 Mio. Euro zeichnen bzw. diese halten [4]. Diese Summe ist nicht am Biertisch oder virtuell entstanden, sondern wurde angeblich nach seriösen Marktbewertungen ermittelt.

Nimmt man die Beteiligungssumme – den Anteil, den Lars Windhorst mit seiner Firma Tennor Holding hält – als Maßstab für die Anteile von 33,4 %, die noch bei Hertha BSC liegen –, sind diese ca. 188 Mio. Euro wert. Dadurch ergibt sich ein Gesamtmarktwert bzw. eine Bewertung in Höhe von rund 562 Mio. Euro. Der reale Marktwert des BVB wird aber auf ca. 1,9 Mrd. Euro geschätzt [5]. Man kann davon ausgehen, dass sich so schnell nichts an der Aktienbewertung des BVB ändern wird. Damit sich der Kurs verdreifacht, müsste der BVB schon Mbappé und Neymar verpflichten, wenn möglich auch noch ablösefrei, und zusätzlich die Champions League gewinnen. Der Fairness halber muss man aber sagen, dass der BVB im Jahr 2000 unter großem finanziellem Druck stand und sich der Markt der Private Equity (außerbörsliches Beteiligungskapital) positiv vergrößert hat. Zudem ist das Investment von Lars Windhorst keine Benchmark, d. h., unter den gegebenen Umständen der 50+1-Regel in Deutschland gibt es nicht so viele Investoren mit einem solchen Mut und solchen Visionen. Für Hertha BSC war der Deal ein absoluter Glücksgriff.

Jetzt fragen Sie sich als Leser*in, aber es fragt sich auch das kritische Vereinsmitglied oder der Fan: Wo liegt der Haken? Es investiert doch niemand so viele Millionen, wenn er nicht das Sagen hat. Ich kann nur aus meiner Sicht antworten: Doch, das tut er.

Nun ist Fußball-Deutschland nicht England oder Spanien, aber mal zum Vergleich: Der Wert von Real Madrid und des FC Barcelona wird jeweils auf ca. 5 Mrd. Dollar geschätzt – der Wert des FC Bayern München auf immerhin über 4 Mrd. Dollar (Tab. 3.1). Fakt ist aber, dass sich diese Bewertungen vorrangig auf die Markenwerte der Clubs stützen und nicht auf die gewinnorientierte Wertschöpfung. Hertha BSC wird bei aller Wertschätzung auch in

Tab. 3.1 Geschätzter Wert der wertvollsten Clubs 2021 in Mio. US-Dollar

1	FC Barcelona	Spanien	4760
2	Real Madrid	Spanien	4750
3	FC Bayern München	Deutschland	4215
4	Manchester United	England	4200
5	FC Liverpool	England	4100
6	Manchester City	England	4000
7	FC Chelsea	England	3200
8	FC Arsenal	England	2800
9	Paris Saint-Germain	Frankreich	2500
10	Tottenham Hotspur	England	2300
11	Juventus Turin	Italien	1950
12	Borussia Dortmund	Deutschland	1900

Quelle: https://de.wikipedia.org/wiki/Liste_der_wertvollsten_Fu%C3%9Fballvereine#Rangliste_2021

den nächsten Jahren nicht seinen Wert verzehnfachen, aber warum nicht verdreifachen. Insofern ergibt das Investment meines Erachtens schon Sinn, gerade in einer Weltstadt wie Berlin und neben sicherlich anderen Gründen, wie Spaß und im Idealfall auch mehr PR und Imagetransfer.

3.4 Warum der Fußball für den klassischen Investor eigentlich nicht interessant ist

Aus meiner Sicht ist das größte Hindernis für den Einstieg eines Investors nicht die 50+1-Regel, sondern das besondere Wettbewerbssystem im Fußball, das eine gute Rendite und Gewinnausschüttung kaum zulässt. Gegenüber einem klassischen Wirtschaftsunternehmen, in dem es um Gewinnmaximierung geht, ist ein Fußballclub vorrangig an der Maximierung seines sportlichen Erfolgs interessiert. Während beim klassischen Wettbewerb in der Wirtschaft, wie etwa zwischen Porsche, Mercedes oder BMW, auch mehrere gleich erfolgreich sein können, ist das im Fußball nur bedingt gegeben.

Eine Änderung der Situation auf den Tabellenplätzen, die für die Champions League qualifizieren, geht immer mit der Verschlechterung eines anderen Bundesligisten einher. Der Positionswettbewerb der Fußballunternehmen ist somit ein Stück weit ein Nullsummenspiel. In der Regel gilt: Je höher der sportliche Erfolg ist, desto höher sind die Einnahmen und desto höher ist im Idealfall die Rendite. Ein gleichzeitiger großer wirtschaftlicher Erfolg vieler Unternehmen nebeneinander wie in anderen Branchen kommt im Fußball nur selten vor.

Der zweite Knackpunkt ist die geringe nachhaltige Wertschöpfung im Fußball. Überschüsse werden zumeist wieder in den Kader investiert, und die Spieler schöpfen die Gewinne quasi schon im Vorfeld ab – da bleibt nicht mehr viel übrig zur Ausschüttung an den Investor. Die mit einem nachhaltigen sportlichen Erfolg verbundene Steigerung der Markenstärke sorgt für eine bessere Bewertung des Clubs und der Kapitalanteile. Hohe Renditen beim Verkauf von Clubanteilen mögen in Zukunft bei einigen wenigen Clubs möglich sein, diese Renditen stützen sich dann aber auf den virtuellen Markenwert und nicht auf den Ertragswert des Unternehmens.

Grundsätzlich gibt es für die Clubs nicht nur einen einzigen „Königsweg," das müssen jeder Verein und seine Mitglieder selbst entscheiden, da es sich um ein hochsensibles Thema handelt, gerade auch bei den Fans. Ganz entscheidend ist jedenfalls, man muss als Club seine Mitglieder und Fans frühzeitig in der Kommunikation und Transparenz miteinbeziehen.

3.5 Ausnahmen der 50+1 Regel bei Bundesligavereinen

Bayer Leverkusen, der VfL Wolfsburg und auch die TSG 1899 Hoffenheim bilden Ausnahmen bezüglich der Beteiligungsverhältnisse. Im Jahr 2011 hat das Schiedsgericht des DFB das Urteil gefällt, dass unter Berücksichtigung bestimmter Gegebenheiten private Investoren die Möglichkeit haben, die Mehrheit an den ausgegliederten Kapitalgesellschaften zu erhalten, wenn sie den Mutterverein länger als 20 Jahre maßgeblich gefördert haben. Bisher trifft dieses nur auf Bayer Leverkusen und den VfL Wolfsburg zu. Martin Kind von Hannover 96 versucht seit Jahren vergeblich, ebenfalls diesen Status zu erhalten. Die beiden Vereine aus Leverkusen und Wolfsburg sind in ihrer Entstehung nach „Werksclubs". Der Bayer AG gehören 100 % Anteile an der Bayer 04 Leverkusen Fußball GmbH, und auch die VfL Wolfsburg-Fußball GmbH ist eine 100 %ige Tochter des VW-Konzerns. Bei der TSG 1899 Hoffenheim hält Dietmar Hopp 96 % an der TSG 1899 Hoffenheim Fußball-Spielbetriebs GmbH. Die Bayer AG in Leverkusen alimentiert nach Schätzungen den Werksclub jährlich mit ca. 25 Mio. Euro [6]. Sollte diese Summe stimmen, bleibt festzustellen, dass 25 Mio. zwar viel Geld sind, aber im Milliardengeschäft Fußball mehr als überschaubar. Beim VfL Wolfsburg sieht es schon anders aus, dort lagen die Schätzungen der Subventionen bei bis zu 90 Mio. Euro pro Saison [7]. Sportlich hat sich das in den letzten Jahren bis auf die jüngste Entwicklung nicht unbedingt widergespiegelt. Ein finanzieller Wettbewerbsvorteil gegenüber den anderen Bundesligisten ist aber durchaus gegeben.

3.6 Die sogenannte Ummantelung und bedingte Umgehung

Die Hannover 96 Sales & Service GmbH & Co. KG mit dem Geschäftsführer Martin Kind hält die Anteile an der Hannover 96 GmbH & Co. KGaA, an welche die Lizenzspielerabteilung aus dem eingetragenen Verein – Hannoverscher Sportverein von 1896 e. V. – ausgelagert ist. Die Hannover 96 Management GmbH ist Komplementärin der KGaA, Geschäftsführer ist auch hier Martin Kind. Die Stadiongesellschaft Hannover 96 Arena GmbH & Co. KG ist ebenfalls eine 100 %ige Tochter der Sales & Service GmbH & Co. KG. Bei der Betrachtung dieser Firmenkonstruktion wird relativ schnell klar, dass augenscheinlich eine Abhängigkeit von Martin Kind gegeben ist. Letztendlich muss man aber auch entgegenhalten, dass Martin Kind sich seit vielen, vielen Jahren für den Club engagiert. Allerdings ist die Anerkennung seiner jahrzehntelangen Beteiligung im Rahmen der 50+1-Ausnahmeregelung des DFB im Jahr 2018 in der Entscheidung ausgesetzt worden. Als einer der Gründe wurde angeführt, dass er nur etwa 20 Mio. Euro und nicht, wie nach seiner eigenen Darstellung, rund 46 Mio. Euro in den Club investiert hatte [8].

Ein weiterer maximaler Grenzfall ist RasenBallsport (RB) Leipzig. Der Verein wurde 2009 gegründet – nach eingehender Standortsuche in Sachen Infrastruktur und verwaister Fußballzielgruppe. Initiator war der Milliardär Dietrich Mateschitz, Gesellschafter des Brausegetränkeherstellers Red Bull. Durch Übernahme des damaligen Oberligisten SSV Markranstädt sicherte man sich die Spiellizenz. Seitdem wurde der Verein in einem atemberaubenden Tempo als Champions-League-Teilnehmer in der Bundesliga etabliert. Wie bereits an anderer Stelle erwähnt, man muss den Club und das Konzept als Fußballfan nicht mögen, sportlich wurde aber eindrucksvoll gezeigt, dass mit dem richtigen Personal, in diesem Fall mal wieder der von mir hoch geschätzte Ralf Rangnick, und einer klaren Spielidee Erfolg durchaus planbar ist.

Nun kommt allerdings das „Aber". Die RasenBallsport GmbH hält das Lizenzrecht für den Ligabetrieb. Die Red Bull GmbH hält 99 % der Anteile an der RB Leipzig GmbH und der Verein nur 1 %. Wie kann das gehen? Im Rahmen der Pflicht zur notwendigen Stimmenmehrheit durch den Verein wurde dies im Gesellschaftervertrag so geregelt, dass der Verein diese (*pro forma*) trotz nur 1 % Anteil übertragen bekommt und somit ausführen kann.

Es gibt aber noch einen weiteren Grenzfall. Normal lebt jeder Verein von seinen Mitgliedern. Die Mitglieder haben ein Stimmrecht und wählen in der Regel das Präsidium und den Aufsichtsrat des Vereins. Das ist gut so, bindet aber im klassischen Vereinsleben enorme Ressourcen, weshalb sich ein Verein trotz Ausgliederung der Profiabteilung nie so geschmeidig managen lässt wie ein herkömmliches Wirtschaftsunternehmen. Laut Statuten kann jedes Vereinspräsidium aber auch Anträge zu Mitgliedschaften ablehnen, was im Normalfall aber nur bei Verstößen und nicht gegebener persönlicher Eignung passiert. Erschwerend hinzu kommt die Tatsache, dass eine Mitgliedschaft bei RB Leipzig ca. 1000 Euro im Jahr kostet. Der durchschnittliche Mitgliedsbeitrag bei anderen Vereinen beträgt hingegen nur etwa 80 Euro im Jahr. Somit schafft sich der Club ein Lean Management, d. h., er kann kosteneffizient durchregieren, anders als bei den klassischen Vereinen mit vielen Gremien und größerem Einfluss der Mitglieder. Neben den beschriebenen Umgehungstatsachen ist die Marke Red Bull natürlich im kompletten Marketing präsent.

Von den RB-Flügeln im Logo über die Namensrechte am Stadion bis hin zum Fanshop, der „Red Bull Shop" heißt – die Marke ist allgegenwärtig.

3.7 Was bringt die Zukunft

Seit Jahren streiten Wettbewerbsrechtler darum, ob die 50+1-Regel nicht gegen europäisches Recht verstößt. Sei es der Verstoß gegen die Kapitalverkehrsfreiheit oder der Verdacht der kartellähnlichen Ligastruktur. Durchgeklagt hat dies bisher noch niemand. Martin Kind hatte zwar einen Anlauf unternommen, dann aber einen Rückzieher gemacht. Über die Gründe oder Absprachen möchte ich nicht spekulieren. Andererseits kann es meiner Ansicht nach eigentlich nicht sein, dass Clubs wie der VfL Wolfsburg, Bayer Leverkusen, TSG Hoffenheim und RB Leipzig seit Jahren Vorteile im finanziellen Wettbewerb haben. Das ist auch gerade bei der DFL in der Diskussion. Ich meine, sofern es so bliebe, müsste man diese Clubs entsprechend reglementieren, sei es durch eine Minderung der ihnen zufließenden TV-Gelder oder auch durch Einzahlungen in einen Fonds für den Amateur-, Jugend- und Mädchenfußball. In Sachen der 50+1-Regel möchte ich vorab betonen, dass ich komplett und aus absoluter Überzeugung dagegen bin, diese in Deutschland vollständig zu kippen. Ich möchte nicht, dass unser Fußball wie in England oder Spanien im Turbokapitalismus verkommt.

Andererseits sage ich aber auch ganz deutlich, dass es so, wie es bisher läuft, mittelfristig nicht weitergehen kann. Allerdings ist dieses Thema zwischen Mitgliedern, Fans sowie den Bossen der Clubs und der Liga viel zu sehr aufgeheizt. Wie zu Beginn dieses Kapitels erläutert, haben wir eine Fünf-Klassen-Gesellschaft im Fußball, aber nicht nur gegenüber den Topclubs im Ausland, sondern auch innerhalb der Bundesliga. Unabhängig von der 50+1-Regel kommt heute kein Club mehr an einer Betriebsaufspaltung, d. h. an der Auslagerung der Lizenzspielabteilung in eine Kapitalgesellschaft, vorbei. Ein Club wie Schalke 04 kann nicht wie in den Vorjahren mit einem Jahresumsatz von über 300 Mio. Euro als gemeinnütziger Verein geführt werden. Das ist eigentlich ein Unding.

Für ein modernes und zeitgemäßes Management braucht es die entsprechenden Rahmenbedingungen. Es ist meines Erachtens aber nicht in Ordnung, wie seit Jahren, zumindest in Wolfsburg, Hoffenheim, Hannover und in Leipzig, die 50+1-Regel konterkariert wird. Es geht auch um Vereinskultur und Tradition. Es kann mir aber keiner erzählen, dass diese beim BVB nicht gelebt werden, obwohl der Club an der Börse ist, oder bei Hertha trotz ihres Investors. Clubs wie der SC Freiburg, Schalke 04 oder auch der Hamburger SV würden sicherlich ihre Vereins- und Fankultur nicht verlieren, wenn sich Investoren mit Mehrheitsbeteiligungen an dem jeweiligen Club beteiligten. Nochmals: Es geht mir hier nicht um die Komplettkommerzialisierung, den Verlust des Mitspracherechts der Mitglieder und der Kontrolle des Vereins.

Sollte es eine Reform der 50+1-Regelung geben, dann aber mit klaren Reglementierungen, von denen ich mir z. B. folgende vorstellen könnte: eine vorgegebene Erstlaufzeit von zehn Jahren und dementsprechendem Verkaufsverbot der Anteile; oder mit Rückfallrechten zum ursprünglichen Nominalwert bei Verstoß gegen die Vereinbarungen und gegen die Geschäftsordnung; vielleicht als erster Schritt eine 25+1-Regel, die bei erforderlichen wichtigen Beschlüssen eine Dreiviertelmehrheit voraussetzt; die Einsetzung einer Art Schiedsgericht, falls bei wichtigen Entscheidungen keine Einigkeit herrscht; klare Ethikregeln, die bestimmte Investoren erst gar nicht zu lassen; eine maximale Einbindung der Mitglieder und Fans, gegebenenfalls bis hin zu einem Sitz für einen Fanvertreter in den Bei- und Aufsichtsräten.

Das sind alles nur kleinere Diskussionsvorschläge. Die maßgeblich handelnden Personen aus der Branche sind diesbezüglich viel kompetenter und mehr mit der Materie befasst, sodass es eigentlich möglich sein müsste, für alle tragfähige Lösungen zu finden. Der FC Bayern München, Borussia Dortmund mit dem Börsengang wie auch Hertha BSC mit Lars Windhorst haben gezeigt, dass es auch ohne eine Aufweichung der 50+1-Regel geht, ein stabiles Eigenkapital zu gewährleisten.

Es gibt keine Blaupause für mögliche Veränderungen, und die Diskussionen darüber werden sehr emotional geführt. Die massive Kritik und das Misstrauen der Fans sind durchaus nachvollziehbar. Das ewige „Ihr" und „Wir" müssen aber überwunden werden, die oftmalige, obschon vielleicht nicht beabsichtigte, Arroganz der Macht hemmt die Kommunikation mit den Fans. Allerdings müssen auch die Fans und Mitglieder zumindest zu einer offenen Diskussion bereit sein und nicht nur bestimmten Dogmen unterliegen. Die DFL hat ein Konzeptpapier entwickelt zur Zukunft der Profifußballs (Kap. 12), vielleicht entwickeln sich auch daraus neue Ansätze, die aber nach Möglichkeit alle Parteien einbeziehen sollten.

Wir sind uns, so glaube ich, alle einig, dass sich alles weiterentwickelt, das gilt auch für die Rahmenbedingungen im Fußball. Es sollte doch irgendwie gelingen, den Wettbewerb und das finanzielle Überleben der Vereine innerhalb der Bundesliga zu vereinfachen und fairer zu gestalten, ohne unsere geliebten Vereins- und Fantraditionen zu verlieren.

Interview mit Lars Windhorst, Investor bei Hertha BSC

Investor Lars Windhorst (© Andreas Gora/dpa/picture alliance)
(▶ https://doi.org/10.1007/000-4t1)

Lieber Herr Windhorst,

vorab kurz zum Protokoll: Sie sind Investor bei Hertha BSC, ich bin im Aufsichtsrat des Vereins. Das Interview führe ich als Autor und quasi privat als Klaus Brüggemann, selbstverständlich nicht im Zusammenhang mit meinem Aufsichtsratsmandat.

Hertha BSC und alle Hertha-Sympathisanten können sich glücklich schätzen, Sie als Investor gewonnen zu haben, auch wenn man leider nicht immer den Eindruck hat. Der FC Barcelona, Real Madrid, der FC Liverpool, aber auch der FC Bayern sind mittlerweile jeweils ca. 4 Mrd. Euro wert. Was war Ihre Hauptmotivation, bei Hertha einzusteigen, eine langfristig hohe Wertsteigerung?

Natürlich erhoffe ich mir als Investor langfristig auch einen Gewinn aus meinem Investment. Meine Hauptmotivation für das Engagement war eher emotional: Es war die Hauptstadt Berlin, für die ich große Sympathien hege. Mit meinem Einsatz möchte ich einem historischen Verein wie Hertha BSC helfen, in der Zukunft zu einem der führenden Vereine in Deutschland und Europa zu werden. Fußball in der Hauptstadt ist mehr als nur der Sport, er ist etwas Kulturelles, Soziales, er verbindet Menschen. Ich bin davon überzeugt, dass Berlin als spannende und kreative Stadt die richtige Bühne für einen erfolgreichen Fußballverein bietet, der seine Tradition nicht vergisst, aber eben auch an die Moderne anknüpfen kann.

Die Satzung und der Gesellschaftervertrag lassen Ihnen wenig Spielraum und Mitspracherecht. Sie sind als Macher anderes gewohnt. Ist es schwer für Sie, dies auszuhalten, wenn es wie in der letzten Saison nicht gerade optimal für den Verein läuft?

Natürlich ist es ungewohnt und eine Herausforderung. Wir sind es bei unseren anderen Engagements, bei denen wir viel Kapital investiert haben, gewohnt mitzusprechen. Mir war dieser Unterschied bei Hertha aber von Anfang an klar, und ich habe mich bewusst dafür entschieden. Die letzten 18 Monate waren nicht unbedingt erfolgreich, aus Gründen, auf die wir keinen Einfluss hatten. Aber ich lasse mich dadurch nicht aus der Ruhe bringen, da es ein langfristiges Projekt ist. Ich bin nach wie vor fest davon überzeugt, dass Hertha BSC eine Erfolgsgeschichte wird.

Ich finde, in Teilen der Berichterstattung kommen Sie bezüglich Ihres Investments bei Hertha BSC oftmals zu schlecht weg. Woran liegt das? Gegebenenfalls an en grundsätzlichen Vorbehalten gegenüber Investoren im deutschen Fußball oder an der Neidkultur in Deutschland?

Man sollte nicht verallgemeinern. Es ist nicht so, dass die Mehrheit der Mitglieder und Fans Probleme mit unserem Investment hat. Ich habe da viele positive Rückläufe, besonders in den sozialen Medien. Dem klugen Investor ist doch klar, dass er ohne Unterstützung und Hilfe von Mitgliedern und Fans keinen Erfolg haben kann. Nach meiner Erfahrung liegen Vorbehalte eher beim Establishment eines Vereins, bei Funktionären. Die engagieren sich meistens sehr, manche sind aber oft auch froh und stolz, einen Posten im Verein zu haben, der ihnen zu Einfluss und Bedeutung verhilft. Als Investor, der neu dazu kommt, sehr viel Geld investiert und nachhaltig Erfolg für den Verein haben will, muss man den einen oder anderen aus seiner Ecke holen, in der er sich im Laufe der Jahre eingerichtet hat. Das ist manchmal nicht so einfach und ruft Widerstand hervor. Wenn man als Investor behutsam und nachhaltig in einen Verein einsteigt, übrigens auch mit persönlichem Risiko, wird das nach meiner Erfahrung von sehr vielen Fans und Mitgliedern geschätzt. Der überwiegende Teil möchte den Erfolg des Vereins, insofern stehen wir da im Einklang miteinander.

Die Pandemie hat allen Vereinen bis Juni 2021 jeweils Verluste zwischen 80 und 130 Mio. Euro eingebracht. Einige Vereine kämpfen um ihre Existenz. Auch Hertha hätte sicherlich ohne Ihr Investment massive Probleme, was, so glaube ich, dem einen oder anderen gar nicht klar ist. Zeigen aber die pandemiebedingten Turbulenzen nicht auch auf, dass das Eigenkapital vieler Vereine einfach zu niedrig angelegt ist?

Die Pandemie hat gezeigt, dass die finanziellen Rücklagen mancher Vereine nicht ausreichend sind. Es sind aber nicht nur die entgangenen Einnahmen aus Ticketverkäufen und Sponsoring. Auch der Transfermarkt hat stark gelitten. Die meisten Spieler haben massiv an Wert verloren.

Aus meiner Sicht kommen die meisten Vereine trotz der 50+1-Regel nicht an einem strategischen Partner vorbei, um international konkurrenzfähig zu bleiben. Den passenden Partner zu finden ist aber schwer. Liegt das nur an der

50+1-Regel? Ich meine nicht, wenn man sieht, dass z. B. der BVB auch 2 Mrd. Euro wert ist, wenngleich er durch seine Börsenplatzierung massiv unterbewertet ist. Sie haben mittlerweile einen guten Einblick in das Fußballbusiness. Wo sehen Sie als kompetenter Wirtschaftsfachmann die größten Schwächen in dem Business Profifußball bzw. was müssen die Clubs tun, um für Finanzpartner interessant zu werden?

Meine Meinung ist, Vereine und Funktionäre müssen aufhören, Investoren als Bedrohung zu sehen. Sie müssen sich grundsätzlich für neue Wege öffnen, die man ja übrigens auch regulieren kann, wenn man irgendwo Gefahren oder Risiken sieht. Wenn man professionell und mit Mut zur Zukunft darangeht, warum sollte das nicht funktionieren?

Was ist ihr größer Wunsch an den Profifußball, gegebenenfalls auch an Hertha BSC, für die Zukunft, was Innovation, Veränderungsbereitschaft und andere Dinge angeht?

Mein Wunsch ist es, dass es einen Kulturwandel, ein neues Denken, gibt. Das braucht Zeit, kann nicht über Nacht entstehen. Carsten Schmidt, der ehemalige CEO von Hertha BSC, hat es ja richtig gesagt: Wir müssen uns von einem Ausbildungsverein zu einem Angreiferverein entwickeln. Dafür benötigt man eine Kultur des unbedingten Wollens, des Angreifens, des Erfolgs und eben nicht der Zufriedenheit im Mittelmaß. Es ist ein Kulturwandel nach innen und nach außen nötig, das haben die Mitglieder übrigens schon sehr früh erkannt. Ich bin sicher, dass das gelingen wird, und ich freue mich sehr darauf.

Quellen

1. https://www.bisp-surf.de/Record/PU200404001055
2. https://www.sueddeutsche.de/geld/borussia-dortmund-zehn-jahre-an-der-boerse-schwarz-gelber-abstieg-1.1016565
3. https://www.derwesten.de/sport/fussball/bvb/die-aktie-des-bvb-ist-unterbewertet-id9437632.html
4. https://m.facebook.com/ZDFsport/photos/a.381252193534/10158579647823535/?type=3
5. https://www.kicker.de/neuer-spitzenreiter-die-20-wertvollsten-fussballklubs-der-welt-802097/slideshow
6. https://www.faz.net/aktuell/sport/fussball/bundesliga/leverkusen-erhaelt-jedes-jahr-25-millionen-von-bayer-13427259.html
7. https://www.horizont.net/marketing/nachrichten/VW-Budget-gekuerzt-Kuenftig-nur-noch-60-bis-70-Millionen-fuer-VfL-Wolfsburg-146070
8. https://www.tagesspiegel.de/sport/501-regel-maerchenstunde-bei-hannover-96/21092688.html

4

Internationale Vermarktung

4.1 Eine kleine Zeitreise

1963, nach der Gründung der Bundesliga, gab es noch keinen Live-Fußball im Fernsehen. Fans gingen ins Stadion oder hörten im Radio den Live-Schaltungen zu. Ich kann mich noch gut an die Übertragungen des WDR in meiner Kindheit erinnern, die selbst ohne Bild manchmal dramatischer und spannender erschienen als heute mit Bild. In der Sportschau und im Aktuellen Sportstudio gab es dann eine Zusammenfassung der wichtigsten Spiele. Am 28.06.1972 fand die erste Live-Übertragung eines Bundesligaspiels im Fernsehen statt, Bayern gegen Schalke, aber nur beim Bayerischen Rundfunk [1].

Am 11.12.1984 war es dann so weit, zum ersten Mal wurde ein Bundesligaspiel, Borussia Mönchengladbach gegen Bayern München, deutschlandweit ausgestrahlt. 1988 erwarb erstmals der Privatsender RTL die Übertragungsrechte für 40 Mio. DM. 1991 startete der Pay-TV-Sender Premiere, mit gerade einmal einem Spiel pro Spieltag – daran kann man sich kaum noch erinnern! 1992 kam Leo Kirch ins Spiel, die ISPR (Internationale Sportrechteagentur) erwarb damals für spektakuläre 700 Mio. DM die TV-Rechte für die Bundesliga. Mit ran von Sat.1 entstand gleichzeitig ein neues Fußballformat im Free-TV. Aber erst ab dem Jahr 2000 wurden alle Spiele der 1. und

---

Ergänzende Information Die elektronische Version dieses Kapitels enthält Zusatzmaterial, auf das über folgenden Link zugegriffen werden kann [https://doi.org/10.1007/978-3-662-64327-3_4]. Die Videos lassen sich durch Anklicken des DOI Links in der Legende einer entsprechenden Abbildung abspielen, oder indem Sie diesen Link mit der SN More Media App scannen.

2. Bundesliga live im Pay-TV gezeigt. Der Bezahlsender Sky kam 2009 ins große Spiel, und ab der Saison 2013/14 lagen die Erträge aus den TV-Rechten bereits bei 628 Mio. Euro. 2019 ergänzte der Streamingdienst DAZN das Angebot, und die Übertragungsrechte für die Spiele der DFL-Ligen stiegen auf über 1 Mrd. pro Saison [2].

Waren in den 1980er-Jahren von der Austragung des Europapokals der Landesmeister stets nur ausgesuchte Spiele der jeweiligen Länder zu sehen, begeisterten ab dem Jahr 1992, nach der Gründung der Champions League, bereits einige Übertragungen europäischer Spiele mehr bei Premiere und RTL die Fans; später dann auch im Free-TV beim ZDF.

Wie man aus dem kurzen zeitlichen Rückblick folgern kann, standen bis Mitte der 1990er-Jahre vorrangig nur die Spiele bei Europameisterschaften und Weltmeisterschaften im weltweiten Markt im Fokus. Heute kann sich der Fußballfan und Konsument, wenn er denn möchte, jeden Tag Spiele aus fast allen Ligen weltweit im Pay-TV anschauen. Im Jahr 2009 saßen bereits 109 Mio. Zuschauer beim Champions-League-Finale zwischen dem FC Barcelona und Manchester United vor dem Fernseher [3].

Im Jahr 2015 folgte der nächste Meilenstein in Sachen weltweiter Präsenz und Internationalisierung. Das Bundesligaspiel FC Bayern München gegen Borussia Dortmund schauten sich 900 Mio. Menschen aus 207 Ländern an. Fast 1 Mrd. Zuschauer bei einem Bundesligaspiel machen deutlich, wie der Fußball zum Teil der Globalisierung geworden ist und weltweit neue Märke geschaffen hat [4].

4.2 Die internationalen Märkte und die Markenstärkung

Für die großen Clubs wird der Markt allein in Asien auf ca. 1 Mrd. Fans geschätzt, Nordamerika, Indien und der Nahe Osten stellen zusätzliche Zielmärkte für die Zukunft dar. Weltweit liegt die Anzahl der Fußballfans schätzungsweise bei über 4 Mrd. Menschen. Weil der Fußball Fans auf der ganzen Welt hat und besonders für viele Menschen in sozioökonomisch armen Ländern Licht und Freude in den sonst so tristen und manchmal traurigen Alltag bringt, ist der Fußballkonsum interessanterweise von der Wirtschaftslage teilweise abgekoppelt. Zudem entwickeln sich in vielen Schwellenländern, aber auch im Megamarkt China, die Volkswirtschaften und der private Konsum zunehmend. Somit wächst das Fußballmarktpotenzial weltweit kontinuierlich und bietet den großen populären Clubs zukünftig weitere Umsatz- und Imagechancen.

Voraussetzung für eine erfolgreiche Internationalisierung eines Clubs ist zweifellos, dass dieser Club auch einen internationalen „Brand" hat. Der FC Liverpool, der FC Barcelona, Real Madrid, aber auch der FC Bayern München und Borussia Dortmund sind mittlerweile globale Marken. Der VfL Wolfsburg beispielsweise hat zwar auch schon lange ein Vermarktungsbüro in Peking, ist jedoch weltweit, wenn überhaupt, eher durch seinen Hauptsponsor und seine Muttergesellschaft VW präsent.

Der Brand und das Markenmanagement sind für international operierende Unternehmen feste Bestandteile ihrer Unternehmenskommunikation. Im Mittelpunkt des Markenmanagements steht immer das Ziel, die eigene Marke erfolgreich von der Konkurrenz abzuheben. Aus diesem Grund ist es für jeden großen Club wichtig, eine eigene Identität und damit die Einzigartigkeit der eigenen Marke am Markt nachhaltig zu platzieren. In der Bundesliga gibt es aber nur sehr wenige Clubs mit einer klaren Markenpositionierung wie Zweitligist FC St. Pauli, der SC Freiburg vielleicht und natürlich die beiden Branchenführer, der FC Bayern und der BVB. „Echte Liebe", der Leitsatz des BVB, ist nicht nur ein Claim, sondern ein Markenversprechen, das nicht käuflich ist. Fußball lebt von der Emotionalität der Marke, von der Zugehörigkeit zu einer Markensubstitution mit multiplen Zielgruppen. Genau das aber macht es einer Vereinsführung natürlich nicht leicht, eine starke Marke zu entwickeln und einzuführen.

Was Marken wie Apple, Mercedes oder Siemens angeht, müssen die Unternehmen ebenfalls gut performen. Umsatzsteigerungen und Erfolg sind zwar auch dort keine Selbstläufer, aber sicherlich besser zu prognostizieren als im Fußball. Die Marke eines Clubs mit weltweiter Reflexion und somit auch ein Stück weit die Internationalisierung sind abhängig vom fußballerischen Erfolg, und der ist eben nur bedingt planbar.

International sind viele Vereine, speziell aus den europäischen Ligen, gefragte Marken. In Deutschland waren der BVB und der FC Bayern, wie so oft, auch Vorreiter in Sachen Internationalisierung. Bayern München eröffnete bereits 2014 ein Büro in bester Lage in New York, der BVB im gleichen Jahr sein erstes Auslandsbüro in Singapur. Schalke 04 und Eintracht Frankfurt eröffneten Repräsentanzen in China, der FC Bayern, Borussia Mönchengladbach und auch der BVB weitere Büros in Shanghai.

4.3 Internationale Strategien

Wie erfolgen die Markteintritte? Vorrangig natürlich durch die weltweiten TV-Übertragungen, jedoch – wie beschrieben – immer abhängig von der sportlichen Performance. Weiterhin sind die strategischen Ziele durch die Generierung und Implementierung adäquater Strategien zu erreichen. Verschiedene Unternehmensstrategien zur Internationalisierung sind Wachstums-, Diversifikations-, Portfolio- und Kooperationsstrategien. Durch Akquisition neuer Käufergruppen oder auch eine länderabhängige Differenzierung medialer Übertragungsrechte lassen sich mittels bestehender Leistungen neue Auslandsmarktsegmente erschließen. Das gilt insbesondere bei Wettbewerbsvorteilen gegenüber Konkurrenten aus anderen Ligen. Im Zuge von Diversifikationsstrategien entstehen durch Internationalisierung neue Märkte oder Marktsegmente, beispielhaft ist hierfür die Einführung von eigenen internationalen Sport-TV-Formaten oder Streamingdiensten wie Real Madrid TV oder BVB World TV.

Kooperationsstrategien im Bereich von Lizenzen, Merchandising, Clubkooperationen, Fußballakademien, Marketingreisen mit dem Team für Freundschaftsspiele, auch mit sogenannten Legendenteams – es gibt unzählige Möglichkeiten. So starten manche Clubs im Sommer regelmäßig auf große Tour durch die USA oder Asien, um sich vor Ort ihren Fans zu präsentieren.

Viele Clubs haben mittlerweile prominente Ex-Spieler als weltweite Markenbotschafter gewonnen, wie der BVB Karl-Heinz „Kalle" Riedle (s. Interview am Ende dieses Kap.). Merchandising und PR-Maßnahmen sind weitere Multiplikatoren, welche die Internationalisierung im Profifußball vorantreiben. Viele Vereine nutzen die Möglichkeit, ihre Merchandising-Artikel weltweit über ihre mehrsprachigen Homepages zu vertreiben. Zudem erfolgt die Verpflichtung von Spielern aus dem Ausland nicht immer ausschließlich aus sportlichen Gründen.

Vor allem Spieler aus dem asiatischen Raum werden gerne von Vereinen verpflichtet, wenn es sportlich passt, da sie in ihrem Land als Superstars und oftmals als begehrte Werbebotschafter für die ansässigen Unternehmen gelten. So war Shinji Kagawa vom BVB einer der ersten japanischen Spieler, die auf dem japanischen Markt für große Aufmerksamkeit sorgten und den Club dort bekannt machten (Abb. 4.1). Je prominenter die Spieler sind, desto so höher sind natürlich die Kommunikationswerte. Zur WM 2018 in Russland wurden die Social-Media-Aktivitäten des deutschen Teams auf ca. 240 Mio. Follower-Kontakte geschätzt. Zum Vergleich: Der Kommunikationswert von

4 Internationale Vermarktung

Abb. 4.1 Borussia-Dortmund-Fanshop am Todoroki-Stadion in Kawasaki. Japanische BVB-Fans präsentieren voller Stolz ein Trikot von Shinji Kagawa (© Masahide Tomikoshi/Sven Simon/picture alliance)

Cristiano Ronaldo allein lag zu der Zeit bei ca. 200 Mio. Followern [5]. Ein Club wie der FC Bayern profitiert bei der internationalen Vermarktung natürlich enorm von seinem Weltfußballer Robert Lewandowski; der BVB zurzeit von Erling Haaland, und die Clubs von Messi, Ronaldo, Neymar und Co. natürlich noch umso mehr.

Durch Cross Marketing und Kooperationen agieren die Vereine und große Sponsoren auch international gemeinsam, um auf den regionalen Wachstumsmärkten Vermarktungssynergien zu erzielen. Viele Unternehmen aus Bereichen wie Finanzdienstleistungen, Telekommunikation, Automobilindustrie oder auch Energieversorgung – wie beim FC Bayern die Allianz-Versicherung, die Deutsche Telekom und Audi oder beim BVB Evonik – engagieren sich bei Vereinen der Bundesliga auch mit dem Ziel, international neue Kundengruppen zu erschließen.

4.4 Strategische Partner

Nicht jeder Markt ist für Unternehmen im Rahmen eines angestrebten internationalen Wachstums ohne Probleme und im Alleingang zu erobern. Der Club wie auch der Sponsor oder strategische Partner haben Interesse daran, neue internationale Märkte und Geschäftsfelder zu erschließen oder die Marke in anderen Regionen bekannter zu machen. Die Markt- und Konsumentenwirkung des Clubs sind stark emotional besetzt und damit für die strategische Kooperation des Unternehmens maßgeblich bei der Realisierung von Erfolgspotenzialen. Der Club profitiert häufig von der bereits bestehenden Marktpräsenz des Partners, von dessen Infrastruktur und der internationalen Markenpolitik.

Verbände und Clubs, die meist über ihre Vermarkter ihre Werbepartner suchen, etwa für die Bandenwerbung im Stadion, profitieren dabei auch von der internationalen Präsenz sowie von vielen technischen Innovationen. Im Bereich der virtuellen Werbung können heute durch Digital Overlays bei einem Spiel mehrere Zielgruppen, Länder und Kontinente angesprochen werden (Abb. 4.2). Somit sind ein Mehrfachverkauf von vorhandener Werbefläche und damit zusätzliche Einnahmenpotenziale möglich. Weiterhin zielgruppenspezifische Einsatzmöglichkeiten gemäß regionaler Konsum-

Abb. 4.2 Digital Overlays und mehrere TV-Signale ermöglichen bei einem Spiel unterschiedliche Werbebotschaften an unterschiedliche Zielgruppen; hier bei einem Spiel der Fußballbundesliga, Saison 2020/2021, VfB Stuttgart vs. TSG 1899 Hoffenheim am 14.03.2021 (© Pressefoto Baumann/Alexander Keppler/picture alliance)

gewohnheiten und Markenpräferenzen; dadurch können landesspezifische medien- und werberechtliche Besonderheiten exakt berücksichtigt werden.

4.5 Internationale Vermarktung der Verbände

Verbände wie die DFL (Deutsche Fußball Liga), der DFB (Deutscher Fußball-Bund) oder die FIFA (Fédération Internationale de Football Association) kooperieren weltweit ebenfalls mit anderen Verbänden, aber auch mit Sponsoren. Gegenwärtig ist der DFB mit verschiedenen Nationalverbänden partnerschaftlich verbunden. Dazu gehören etwa der englische Fußballverband (The FA), der Fußballverband Japans (JFA) sowie seit September 2019 auch der niederländische Fußballverband (KNVB). Eine besondere Rolle kommt der strategischen Partnerschaft zu, die der DFB 2016 mit China geschlossen hat. Ziel der Kooperationen mit dem chinesischen Fußballverband (CFA) und dem chinesischen Bildungsministerium, die von der Bundesregierung und der Regierung der Volksrepublik China unterstützt werden, ist das Schaffen von Nutzen und Wissen, sowohl für den Partnerverband und die Fußballinstitutionen vor Ort als auch für den deutschen Fußball. Darüber hinaus unterhält der DFB auch eine Partnerschaft mit dem Fußballverband Shanghais (SFA).

Bei der Auswahl der Partnerschaften strebt der Bereich „Internationale Beziehungen und strategische Projekte" des DFB Kooperationen und strategische Partnerschaften „auf Augenhöhe" an, zum Nutzen des jeweiligen Partnerverbands wie auch des DFB [6].

Die Sponsoreneinnahmen der FIFA bei Fußballweltmeisterschaften sind ein Milliardengeschäft. Zu den ständigen Werbepartnern der FIFA gehören Adidas, Coca-Cola, Wanda, Hyundai, Qatar Airways und Visa. Neben Kooperationen in vielen Ländern werden jedoch über Stiftungen durchaus auch viele soziale Projekte gefördert. (Mehr zur FIFA in Kap. 6.)

Die DFL ist als Branchenvertreter für die Bundesligaclubs für deren Auslandsvermarktung zuständig. Ziel der internationalen TV-Vermarktung ist es, Fans in Ländern zu generieren, in denen die Fußballvereine nicht regelmäßig spielen, und diese für die Bundesliga und die Clubs als Konsumenten zu gewinnen. Hierbei treten immer noch gewaltige Unterschiede zwischen der deutschen Bundesliga und anderen internationalen Ligen zutage. Die Premier League generiert im Vergleich zur Bundesliga im Bereich der TV-Auslandsvermarktung ein Vielfaches an Umsatz pro Jahr.

Als problematisch erweisen sich Zeitverschiebungen, aufgrund derer in anderen Kontinenten zwangsläufig nur bedingt Live-Spiele geschaut werden können. Die Fans in Deutschland lehnen aber, anders als in anderen Ländern wie England, eine noch weitere Zersplitterung der Spieltage ab und sorgten bereits durch ihre Proteste für die Abschaffung der Montagsspiele in der 1. Bundesliga. Ebenfalls dem Wunsch der Umsatzsteigerung geschuldet, aber nicht umsetzbar, sind Ideen der FIFA, das Champions-League-Endspiel in Dubai oder anderswo auszutragen.

4.6 Ökonomische Dimensionen

Kommen wir nochmals auf die internationale Vermarktung von Fußballclubs zurück: Die Motive für eine Internationalisierung von Profifußballvereinen sind grundsätzlich ökonomischer Natur und auf Umsatz- und Gewinnerzielung sowie wachstumsorientiert ausgerichtet. (Nicht-ökonomische Motive sind die Verbesserung eines nachhaltigen Images und Markenstärkung.) Somit müssen die relevanten Auslandsmärkte systematisch erschlossen und besetzt werden. Während ein Regionalligist einen lokalen bis regionalen Markt hat, ein Drittligist vorrangig einen erweiterten regionalen Markt und ein Zweitligist den deutschen Markt, bewegen sich die meisten der Erstligisten im weltweiten Markt. Fußball hat also schon lange eine globale ökonomische Dimension eingenommen. Die 20 größten Fußballclubs erzielten allein im Jahr 2017 ca. 8 Mrd. Euro Umsatz [7]. Fußball ist Emotion pur, das fußballerische Niveau in den großen europäischen Ligen ist weltweit am höchsten. Fußball generiert maximale Freude und Abwechslung für den Fan und Zuschauer und für große Wirtschaftsunternehmen zusätzliche Konsumenten.

Von der „schönsten Nebensache der Welt" ist Fußball zu einem globalen Business geworden. Spieler, Vereine, Verbände, Sponsoren, Sportartikelhersteller und Medien sind weltweit präsent. Immer höhere Umsätze auf dem internationalen Transfermarkt, im Sponsoring und Merchandising und auch bei den TV- und Vermarktungsrechten sowie die dementsprechend steigenden Zuschauerzahlen dokumentieren die zunehmende weltweite wirtschaftliche Bedeutung des Fußballs.

Interview mit Carsten Cramer, Geschäftsführer von Borussia Dortmund

Carsten Cramer, Geschäftsführer von Borussia Dortmund (▶ https://doi.org/10.1007/000-4t3)

Lieber Carsten Cramer,

Sie verantworten unter anderem den gesamten Marketing- und Sales-Bereich beim BVB. Der BVB ist mittlerweile global aufgestellt. Um mal einen Eindruck zu bekommen, wie groß der BVB mittlerweile ist: Wie viele Mitarbeiter sind für den BVB weltweit tätig?

Insgesamt sind inklusive Teilzeitkräfte ca. 850 Mitarbeiter für uns tätig – über Dortmund von Düsseldorf bis Shanghai und Singapur. Insbesondere seit dem Champions-League- und Weltpokalsieg in den 1990ern haben wir gemerkt, dass wir durchaus international eine Rolle spielen. Durch die erfolgreiche Ära unter Jürgen Klopp und das Champions-League-Finale in Wembley wurden wir als der „hottest Club in Europe" wahrgenommen, und das war mit unsere Initialzündung, uns international breiter aufzustellen.

Was sind die vorrangigen Ziele, doch sicher nicht nur Merchandising, sondern auch Lizenzen und TV-Märkte?

Die Märkte sind vielschichtig. Aufgrund der zentral vermarkteten TV-Verträge sollte es auch der Job der Clubs sein, international präsent zu sein, und es hilft, wenn der BVB, oder auch Bayern München wie in den letzten Jahren in den USA und in Fernost auf Tour sind. Zudem ist es aber auch im Interesse der Sponsoren, wie bei uns Puma oder Evonik, dass wir in den internationalen Märkten stark präsent sind. Wir sind zusätzlich mit unserer BVB-Akademie international vor Ort vertreten und gewinnen somit unter anderem Kinder als neue BVB-Fans.

Dieses Jahr konnten Sie ja pandemiebedingt nicht auf USA- oder Asien-Tour gehen. Was haben Sie sich einfallen lassen, um die Fans vor Ort dennoch zu erreichen?

Eine reale Tour der Mannschaft ist definitiv digital nicht zu ersetzen. Dennoch sind wir dieses Jahr wieder weltweit mit einer virtuellen Tour für unsere Fans unterwegs, das ist unterhaltsam und vor allem sehr interaktiv.

Stichwort Digital Overlays: Der BVB-Fan sieht im deutschen Fernsehen die Werbung von Bauhaus, Flyeralarm und Co., der Fan in Tokio aber Werbepartner aus Japan. In kurzen Worten: Wie funktioniert das zeitgleich beim selben Spiel?

Wir produzieren mittlerweile fünf Signale, d. h., wir können somit neben dem Heimatmarkt vier weitere Zielmärkte bedienen und unterschiedliche Werbung platzieren. Dadurch können wir über die Signale Botschaften für den heimischen Markt, in den USA englische Werbebotschaften und in China solche in Mandarin transportieren. Wir können somit zielgerichteter kommunizieren und haben den weiteren Effekt, im heimischen Stadion für weniger Entfremdung zu sorgen.

Wo sehen Sie noch Zielmärkte in der Zukunft?

Unsere internationalen Märkte sind, wie erwähnt, die USA, China und Südostasien. Wir haben auch mal spezieller auf den großen Markt Indien geschaut, da aber Indien sehr schwer von der Pandemie getroffen wurde, muss man mal schauen, wann und wie sich das alles erholen wird.

Interview mit Karl-Heinz „Kalle" Riedle, Fußballweltmeister und Markenbotschafter des BVB

Karl-Heinz Riedle bringt den Champions-League-Pokal ins Stadion (© Markus Ulmer/ Pressefoto ULMER/picture alliance) (▶ https://doi.org/10.1007/000-4t2)

Kalle, Du hast alle Titel gewonnen, hast unter anderem in Rom und bei den beiden für mich besten Clubs der Welt gespielt, beim BVB und FC Liverpool. Wo war es am schönsten?

Sportlich war sicher der BVB die beste Zeit, wird sind damals zweimal Meister geworden und haben die Champions League gewonnen. Drei Titel in vier Jahren, das war schon großartig. Wir hatten eine überragende Mannschaft zu der Zeit. Liverpool war ja eher zum Ende meiner Karriere, aber an der Anfield Road im Stadion zu spielen ist ja schon fast legendär und eine unglaubliche Erfahrung. Lazio Rom, ich kam ja damals aus Bremen, war aber auch eine wichtige Station für mich, dort bin ich als Spieler so richtig gereift. Wir hatten dort eine wunderbare Zeit, wenn man allein an das Lebensgefühl denkt, ist Rom natürlich eine wunderschöne Stadt.

Bitte erkläre doch mal kurz, was ein Markenbotschafter ist und wo Dein Hauptaufgabenfeld liegt.

Ich mache das nun ja auch schon seit fünf Jahren, und es macht großen Spaß. Ich helfe faktisch, den Brand, die Marke BVB, im Ausland zu repräsentieren. Wir waren unter anderem in den USA, in China und Vietnam. Speziell bei Sponsoren-Deals vertrete ich den BVB im Rahmen der Pressekonferenzen und auf den vielen Social-Media-Kanälen.

Nun bin ich ja selbst an der Stadtgrenze zu Dortmund geboren und mit dem BVB ausgewachsen. Die BVB-Botschaft „Echte Liebe" ist ja nicht nur ein Marketing-Claim, sondern wird seit Generationen in der Stadt und der Region gelebt. Nicht nur Hochglanz und Show, sondern auch ganz viel Bodenständigkeit. Wie lassen sich solche Werte international transportieren?

Natürlich vertreten wir auch international unsere Werte und das, wofür der BVB steht, aber man muss da nicht darum herumreden, auch in Südostasien möchte man den sportlichen Erfolg des BVB erleben. Man benötigt im Idealfall eine Balance zwischen Tradition und sportlichem Erfolg.

Ich weiß, der Fußball will nicht politisch sein, aber zum Thema Katar, Russland, China etc. – das sind alles keine Demokratien. Muss man, der Wirtschaftlichkeit und dem Business geschuldet, Kompromisse machen, was Werte und Leitbild angeht, oder sieht man Akquisitionen und Kampagnen in diesen Ländern eher als Botschaft zur mehr Demokratie bzw. Diplomatie?

Es ist manchmal nicht so einfach, und man muss auch nicht alles mitmachen, aber ich denke, Engagements in diesen Ländern müssen langfristig angelegt sein, und man muss immer wieder versuchen klarzumachen, dass wir als BVB für Demokratie und westliche Werte stehen.

Die Scheich- und Oligarchenclubs mit ihren Superstars haben international Kommunikationswerte, die man allein mit sportlichem Erfolg niemals erreichen kann. Ich habe ja in diesem Buch provokativ die These aufgestellt, warum nicht – wie vor Wochen geplant und vorerst gescheitert – eine Super Entertainment League, quasi als TV-Format. Wer Mbappé, Messi und Co. sehen will, mit Zaubertechnik und viel Bling-Bling, soll das tun können. Die anderen Topclubs leben Tradition und die Liebe zum Fußball. Hältst Du das für Quatsch oder mittelfristig für realistisch?

Ich sehe das komplett anders. Wir benötigen alle Clubs und auch die Superstars in einem Wettbewerb, und ich war sehr froh, dass die Fans europaweit sich erfolgreich gegen den Vorstoß der betreffenden Clubs gestellt haben. Der Fußball ist für alle da.

Welche internationalen Märkte hältst Du besonders relevant für die Zukunft?

Indien ist ein sehr großer Markt mit der Masse der Menschen, die auch alle total fußballbegeistert sind. Die USA haben ebenfalls noch ein großes Potenzial, da Soccer gerade erst so richtig wahrgenommen wird.

Der BVB ist mit seiner Kaderplanung und Talentfindung wahrscheinlich der beste Ausbildungsverein der Welt. Ich denke, um nachhaltig erfolgreich zu sein, ob in der Meisterschaft oder in der Champions League, benötigt man primär fertige Spieler und ein paar Talente und nicht umgekehrt. Wie siehst Du das?

Ich denke, der BVB hat in der jüngsten Vergangenheit mit z. B. Reus und Witsel als erfahrenen Spielern einerseits und mit Haaland, Reyna und Sancho als Toptalenten andererseits schon eine gute Mischung gehabt. Fakt ist aber auch, dass die ganz großen Weltklassespieler da spielen, wo es das meiste Geld gibt, und das ist dann nicht immer der BVB.

Lieber Karl Heinz, lieben Dank für das kurze Interview.

Quellen

1. https://www.ran.de/fussball/bundesliga/bildergalerien/ran-bundesliga-is-back-die-geschichte-der-bundesliga-tv-uebertragung
2. https://www.iwd.de/artikel/milliardenbetraege-fuer-fussball-im-fernsehen-519718/
3. https://www.spiegel.de/sport/sonst/tv-einschaltquoten-champions-league-schlaegt-super-bowl-a-688476.html
4. https://www.welt.de/sport/fussball/article147169334/Auf-das-Duell-Bayern-gegen-BVB-schaut-die-Welt.html
5. https://www.kom.de/medien/cristiano-ronaldo-knackt-instagram-rekord/
6. https://www.dfb.de/internationales/internationale-beziehungen/
7. https://www.sueddeutsche.de/sport/fussball-spitzenvereine-umsatz-studie-1.4311957

5

Sponsoring: Aufgaben und Macht der Vermarkter

5.1 Die Anfänge

1995/96 hatte Hertha BSC über 10 Mio. DM Schulden und Probleme, die Lizenz zu bekommen. Die Verantwortlichen der UFA, damals noch eine Bertelsmann-Tochter, – Rolf Schmidt-Holtz, Bernd Schiphorst (späterer Präsident von Hertha BSC und noch heute im Aufsichtsrat) und der Fußballbereichsleiter Bernd Hoffmann (später CEO und Präsident beim HSV) – hatten damals den Mut, aber auch die richtige Vision, und retteten die Hertha mit 4,5 Mio. DM, zunächst in Form eines Darlehens, vor dem finanziellen Kollaps [1].

Damit wurde der erste echte Vermarktungsvertrag mit einem Fußballclub geschlossen, wenn auch anfänglich mit fast als unsittlich zu bezeichnenden Konditionen, da die Provisionsabgaben extrem hoch waren. Keiner ahnte damals, wie schnell sich aus der Fußballvermarktung ein Milliarden-Business entwickeln würde. Die Vereine realisierten damals rasch, dass professionelle Vermarktung mehr ist als der Verkauf von ein paar Werbebanden, und die ersten Vermarktungsagenturen erkannten die unermesslichen Geldquellen.

Wie schnell man in der Branche Karriere machen kann, wenn man zielorientiert arbeitet und clever ist, zeigen die Beispiele von Martin Bader, nach SPORTFIVE und Hertha BSC Manager in Nürnberg, Hannover und Kaiserlautern, und Philipp Hasenbein, seit langen Jahren CEO bei Lagardère Sports

---

Ergänzende Information Die elektronische Version dieses Kapitels enthält Zusatzmaterial, auf das über folgenden Link zugegriffen werden kann [https://doi.org/10.1007/978-3-662-64327-3_5]. Die Videos lassen sich durch Anklicken des DOI Links in der Legende einer entsprechenden Abbildung abspielen, oder indem Sie diesen Link mit der SN More Media App scannen.

bzw. SPORTFIVE. Beide waren damals Praktikanten bei SPORTFIVE und auch meine ersten Ansprechpartner und Mitstreiter bei Hertha, als wir unter anderem 1996 den Hertha-BSC-Förderkreis gegründet haben.

Die Erfolgsgeschichte der UFA begann bereits 1988, als der Ligaausschuss des Deutschen Fußball-Bundes (DFB) ein Angebot der UFA zur Vermarktung der Fernsehrechte der Bundesliga annahm und damit den TV-Markt öffnete. 1997 wurde zudem die DFB-Zentralvermarktung von Fernsehübertragungen von Europapokalspielen aufgehoben. Der erste Pay-TV-Sender Premiere etablierte sich, und Agenturen wie UFA Sports, ISPR, SportA und auch der Filmrechtehändler Michael Kölmel endeckten den Fußballmarkt für sich. Die ISPR (Internationale Sportrechte-Verwertungsgesellschaft) wurde 1991 gegründet, die Gesellschafter waren der Axel Springer Verlag und die Kirch-Gruppe mit je 50 % der Anteile.

Die ISPR vermarktete weltweit TV-Rechte an der 1. und 2. Fußballbundesliga. Interessanterweise war die SportA Sportrechte- und Marketing Agentur GmbH ursprünglich eine 100 %ige Tochter der öffentlich-rechtlichen Sender ARD und ZDF. UFA Sports, ursprünglich eine Tochtergesellschaft von Bertelsmann, später dann von RTL, wurde zu der Zeit schnell ein Big Player im Fußballbusiness. Nach der Fusion mit einer großen französischen Rechteagentur im Jahr 2001 erfolgte die Umbenennung in SPORTFIVE. Die Agentur SPORTFIVE, die zwischendurch viele Jahre wie ihr Mutterkonzern Lagardère hieß, entwickelte sich über die Jahre zu dem größten und mächtigsten Vermarkter in der Bundesliga und in Europa. Die Sportmarketing-Gruppe vermarktet Sportrechte vom Handel mit internationalen Fernsehrechten bis zu Komplettpaketen für Vereine, nicht nur im Fußball und für Stadionbetreiber: von der Bandenwerbung über Trikotsponsoring, Hospitality-Pakete und -Rechte, Naming-Right-Deals bis hin zu Lizenzen – ein *All-inclusive*-Geschäft für die Vereine und Vertragspartner. SPORTFIVE hat in den deutschen Ligen nur wenige Mitbewerber, zu den wenigen Etablierten gehören die Agentur Infront Sports & Media und noch UFA Sports. UFA Sports wurde 2008 von der RTL-Gruppe und ehemaligen SPORTFIVE-Managern neu gegründet.

Laut Wikipedia [2] und Brancheninformationen hielt Lagardère/SPORTFIVEdie Hospitality-Rechte in Europa für die FIFA-Fußballweltmeisterschaft 2010 in Südafrika oder die TV- und Medienrechte in Europa für die Olympischen Winterspiele 2014 und die Olympischen Sommerspiele 2016 – SPORTFIVE hat sich zu einem globalen Player entwickelt. Insgesamt vermarktet die Gruppe mehr als 30 Fußballverbände, 250 internationale Vereine und zehn Ligen. In Deutschland ist SPORTFIVE zurzeit verantwortlich für die Gesamtvermarktung von fünf Bundesligavereinen (Borussia Dortmund, Bayer 04 Leverkusen, FC Augsburg, Hertha BSC und Arminia Bielefeld), von fünf Vereinen aus der 2. Bundesliga (1. FC Nürnberg, Karlsruher SC, Hamburger SV, Hannover 96 und Dynamo Dresden) sowie von den Drittligisten 1. FC Kaiserslautern und MSV Duisburg [2].

Auch in anderen europäischen Fußballligen haben sich Vereine für die Zusammenarbeit mit Lagardère Sports bzw. SPORTFIVE entschieden. In der französischen Ligue 1 sind dies unter anderem Olympique Lyon, Paris Saint-Germain, AJ Auxerre und AS Monaco, in der italienischen Serie A Atalanta Bergamo, Sampdoria Genua und Juventus Turin. In Deutschland war der Vermarkter an der Namensrechtevergabe des Volksparkstadions in Hamburg, der Commerzbank-Arena (Waldstadion) in Frankfurt, des Westfalenstadions in Dortmund und anderen beteiligt [2].

Warum die Vermarkter bei den Clubs so begehrte und mächtige Partner wurden – zumindest bis zu der sensationellen Erhöhung der TV-Rechte in der Bundesliga in der Saison 2017/18 in Höhe von 1,16 Mrd. Euro [3] –, dazu vorab ein paar Erklärungen zum Sponsoring und zur Vermarktung.

5.2 Sponsoring und Vermarktung

Die Entstehung des heutigen Sponsorings lässt sich aus dem Mäzenatentum herleiten. Im Gegensatz zum Mäzenatentum, das idealistisch geprägt ist, dient das Sponsoring dem Zweck, dass zwei Partner jeweils eine Leistung und Gegenleistung erbringen. Die Leistung des Sponsors besteht dabei meistens aus der finanziellen Unterstützung oder der Aufwendung von Sach- und Dienstleistungen (Barter-Geschäfte). Der Gesponserte verpflichtet sich im Gegenzug, je nach Vertrag und Umfang, seine kommunikativen Aktivitäten dem Sponsor zur Verfügung zu stellen. Die Ziele des Sponsors sind vorrangig, Bekanntheit zu erlangen und die Kommunikation von Marken oder Botschaften.

Es gibt Dutzende unterschiedliche Möglichkeiten, Werbepartner/Sponsor eines Clubs zu werden, natürlich auch abhängig von der Höhe des jeweiligen Budgets. Sie erlauben dem Sponsor, entweder inhouse die Zuschauer und VIP-Kunden im Stadion zu erreichen, außerhalb von TV-Kamera-Positionen, und damit vorrangig den lokalen Markt; oder durch TV-Sichtfelder den nationalen und internationalen Markt.

Aber auch Imagetransfers können für beide Seiten eine große Rolle spielen. Es steht außer Frage, dass Premiummarken, wie z. B. Mercedes oder auch Allianz, jedem Verein gut zu Gesicht stehen. Natürlich gibt es neben dem Sportsponsoring weitere Formen des Sponsorings wie Kultursponsoring, Public Sponsoring und Mediensponsoring. Das Sponsoringvolumen im Sport in Deutschland liegt bei ca. 3,8 Mrd. Euro jährlich [4]. Somit sind eine sehr starke Marketing- und Medienkompetenz im Sport unumgänglich.

Viele Laien und nicht sonderlich an Sport Interessierte assoziieren mit Sponsor „mein Sponsor", also Mäzen, was in den meisten Fällen nicht zutreffend ist. Es geht in der Regel immer um Kommunikationswerte und gegenseitige Leistungen, daneben sicherlich auch um Eitelkeiten und Image.

Sportsponsoring ist Bestandteil des Sportmarketings: Sportmarketing ist die spezifische Anwendung der Marketing-Prinzipien und -Prozesse auf Sportprodukte und Sportdienstleistungen im Sinne der marktorientierten Unternehmensführung. Sportmarketing umfasst dabei sowohl die Vermarktung von Sportprodukten durch Sportorganisationen („Marketing von Sport") als auch das Marketing von sportnahen und sportfernen Produkten und Dienstleistungen durch Unternehmen mittels der Verwendung des Sports („Marketing mit Sport") [5].

Ziel des Gesponserten ist die Vermarktung von Rechtepaketen zu möglichst hohen Preisen unter Berücksichtigung der langfristigen Bindung und Optimierung von Beziehungen und Image. In der Bundesliga liegt der Anteil von Sponsoring und Werbung ohne die TV-Rechte bei ca. 23 % des Gesamtumsatzes, d. h. bei knapp unter 1 Mrd. Euro. In der Spielzeit 2019/20 lagen die Gesamterlöse der 1. Bundesliga bei ca. 3,8 Mrd. Euro [6, 7, 8].

In der englischen Premiere League betrug in der Spielzeit 2019/20 der Gesamtumsatz 5,8 Mrd. Euro [9]. Erwähnt werden muss auch, dass die FIFA allein bei der Fußballweltmeisterschaft in Russland Einnahmen durch Sponsoring in Höhe von ca. 1,45 Mrd. Dollar erzielte [10]. Der Sponsoringmarkt ist ein gigantischer Markt (Abb. 5.1). Ob psychologische Ziele wie Marken-

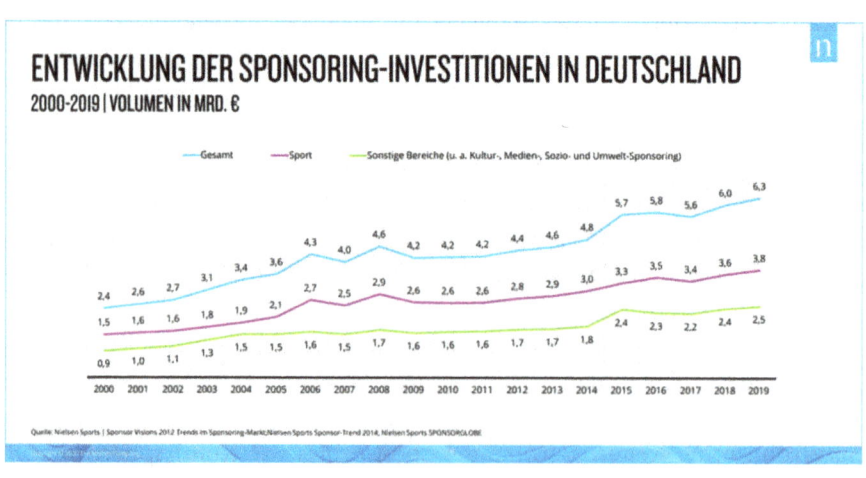

Abb. 5.1 Entwicklung der Sponsoring-Investitionen in Deutschland 2000–2019. Veröffentlicht am 27. Oktober 2020, Sportsponsoren in Deutschland 2019/2020 (© Nielsen Sports Deutschland GmbH)

stärkung oder ökonomische Ziele wie Absatz- und Umsatzerhöhung – Sportsponsoring ist im Idealfall für Club und Kunde eine Win-win-Situation.

5.3 Die Macht der Vermarkter

Schauen wir uns die direkten Aufgabenfelder der Vermarkter an. Neben der klassischen Bandenwerbung, die sich heute vorrangig digital darstellt, geht es je nach Vertrag unter anderem um das Ticketing, Naming Rights, Lizenzen, Trikotsponsoring, manchmal Merchandising und das komplette Feld der Hospitality. Der Begriff Hospitality kommt aus dem Englischen und bedeutet Gastfreundschaft. In der deutschen Sprache hat sich der Begriff als Bezeichnung für die Nutzung der exklusiven VIP-Plätze, Logen und Business Seats in den Stadien etabliert. Besonders zu der FIFA-WM 2006 in Deutschland präsentierten sich viele Stadien und somit auch Vereine mit zum Teil wunderschönen neuen Hospitality-Bereichen.

Allein im Berliner Olympiastadion hat das Atrium mit ca. 3500 qm ein Fassungsvolumen von bis zu 1700 Personen. Mit exklusiven Loungen, 52 Einzellogen, 4413 Business Seats bis hin zu einer Kapelle ist das Stadion nicht nur für den Fußball, sondern auch für Konzerte und Firmenveranstaltungen interessant.

In einigen Fällen, wie etwa bei Schalke 04, beim FC Bayern und bei Borussia Dortmund, gehören den Clubs die Stadien, in anderen Fällen sind es meist kommunale Eigentümer. Wenn ein Stadion zu den Spieltagen von den Stadionbetriebsgesellschaften angemietet werden muss, zahlen diese dafür eine Miete. Des Öfteren hat der Vermarkter des Vereins dann noch einen separaten Vertrag mit dem Stadionbetreiber, ähnlich wie auch der Stadion-Caterer.

Die Hospitality-Einnahmen der Vereine haben sich mit zu den wichtigen Einnahmequellen entwickelt. Untermauert hat dies Uli Hoeneß (Abb. 5.2) mit seinem legendären „Ausraster" auf der Jahreshauptversammlung des FC Bayern München im Jahr 2007. Er machte emotional, aber schlüssig klar, dass die günstigen Eintrittspreise für die allgemein zugänglichen Tribünenbereiche nur aufgrund der extrem hohen Preise aus den Businessbereichen konstant auf niedrigem Niveau gehalten werden können.

Erwähnt sei bei dieser Gelegenheit, dass ein Hospitality-VIP-Ticket für ein Bundesligaspiel inklusive einem guten Sitzplatz, Essen, Getränken und Parkgebühren durchschnittlich 300 Euro pro Person kostet.

Abb. 5.2 Der ehemalige FC-Bayern-Manager Uli Hoeneß bei einem Telefonat inmitten von T-Com-Werbebanden (© Sven Simon/picture alliance)

5.4 Vermarktungsvertrag mit dem Club

Durchgesetzt haben sich bei der Vermarktung Komplettpakete. Davon ausgespart bleibt manchmal aber die Vermittlung des Ausrüsters, des Haupt- bzw. Trikotsponsors oder auch der Namensrechte (Naming Rights) am Stadion, wobei dies die größten Umsatzquellen für den Verein, aber auch für den Vermarkter sind. Für die einzelnen Vermarktungsprodukte zahlt der Vermarkter eine Provision in Höhe von durchschnittlich 20 %; zusätzlich oft ein „Signing Fee", dazu aber später mehr.

Selten gibt es einen Garantieumsatz aus der Vermarktung, aber immer ein „Von-bis-Budget", woran sich dann eine zum Teil garantierte Umsatzeinnahme für den Club ergibt. Die Umsatz- und Provisionshöhen ergeben sich immer ein Stück weit daraus, in welcher Verhandlungsposition sich der Verein gerade befindet. Ist der finanzielle Druck hoch und benötigt der Verein schnell Geld, z. B., weil die Lizensierung ansteht, ist der Vermarkter in einer besseren Verhandlungsposition. Exakt daraus sind die große Macht der Vermarkter und ihre schnelle Umsatzentwicklung, insbesondere in der Zeit vor der Erhöhung der TV-Gelder im Jahr 2017/18, entstanden. In diesem Zeitraum kam es vermehrt zu der absurden Situation, dass sich Vereine in finanzieller Not, um Liquidität zu erlangen, Provisionen bereits für die Zukunft auszahlen ließen, dann natürlich zu ermäßigten Provisionssätzen. Oftmals war dies auch verbunden mit einer vorfristigen Vertragsverlängerung, manchmal mit völlig überzogenen Vertragslaufzeiten. Weiterhin etabliert haben sich mittlerweile die sogenannten Signing Fees, die bei Vertragsverlängerungen zum Tragen kommen. Diese sind fast immer im Bereich von mehreren Millionen Euro angesiedelt.

Die Vermarkter entwickelten sich dadurch zwischenzeitlich immer mehr zu einer Art Geldverleiher und stärkten damit ihr Standing. Das ist meines Erachtens einerseits ökonomisch und Abhängigkeiten betreffend ungesund für den jeweiligen Club, andererseits der Nachfrage bzw. dem Bedarf geschuldet. Vor der Erhöhung der TV-Gelder und auch der Einnahmemöglichkeiten aus der Champions League konnte man beobachten, dass Vereine wie der FC Bayern nicht unbedingt einen Vermarkter benötigten und vorrangig Eigenvermarktung betrieben – primär aus dem Grund, weil sie es sich leisten konnten.

Der Fairness halber muss man aber eingestehen, dass Topvermarkter wie SPORTFIVE absolute Vollprofis sind und vieles einfach besser umsetzen können als die Vereine, da Vermarktung ihr Kerngeschäft ist. Sie gehen auch ins Kostenrisiko, unter anderem beim Staff vor Ort in den Vereinen. Nicht selten erledigen 30 bis 50 Mitarbeiter außerhalb der Zentrale vor Ort bei den Vereinen ihren Job. Insofern bleibt festzuhalten, dass es für einen Verein viele gute Gründe gibt, sich für einen Vermarkter zu entscheiden.

5.5 Die Stadion-Caterer

In Ergänzung zu den Ausführungen zum Hospitality-Geschäft möchte ich einen weiteren wichtigen Partner im Fußballbusiness vorstellen, den Stadion-Caterer. Ich kann mich noch an die Angebote Ende der 1990er-Jahre in der Ehrenhalle des Berliner Olympiastadions erinnern. Dies war neben der Coubertin-Halle der einzige VIP-Bereich im Stadion. Serviert wurden, wenn auch mit viel Liebe, Schnittchen, Wurst und gutes Bier. Wenn man heute durch die VIP-Bereiche läuft, hat man das Gefühl, in der Feinschmeckeretage des KaDeWe zu sein. Gleiches vollzieht sich im Außenbereich: Von der automatischen Bierzapfsäule bis zum Spießbraten hat sich vieles in den Angebotsformen und der Vielfalt verändert. Das Catering im VIP-Bereich und im sogenannten Public-Bereich ist ebenfalls zu einem blühenden Wirtschaftszweig geworden.

Der größte Anbieter auf dem Markt ist Aramark. Gegründet 1936 als Firma im Automatenservice, etabliert als einer der größten Betreiber von Betriebsgastronomie, einer Weiterentwicklung der Kantinen, hat sich das Unternehmen in den letzten 20 Jahren zu einem großen Player im Stadion-Catering entwickelt. Zu meiner Zeit 2004 im Berliner Olympiastation war ich selbst in die Vertragsgestaltung bezüglich des Caterings im neuen Stadion involviert. Auch im Rahmen meiner Tätigkeit als Operationsmanager zur FIFA-WM 2006 war Aramark neben vielen anderen Premium-Caterern einer unserer Partner für das Stadion-Catering.

Wie funktioniert im Allgemeinen die Zusammenarbeit mit den Vereinen und Stadionbetreibern? Im Vordergrund steht natürlich das Kerngeschäft. Der Caterer bespielt die Außenbereiche, von den Bierständen bis zu den Verpflegungsstationen. Teilweise werden auch Unterlizenzen für Spezialisierungen im Sortimentsangebot vergeben. In den meisten Fällen deckt der Caterer auch weitgehend die VIP-Bereiche ab. Der Verein oder der Stadionbetreiber erhält eine Provision für die Umsätze im Außenbereich, die bei etwa 12–20 % liegt. Die sehr aufwendigen Verpflegungsangebote in den VIP-Bereichen werden oft pauschal pro VIP-Gast vergütet. Die Summen liegen bei ca. 50 Euro pro VIP-Gast. Die Provisionen fallen durchaus unterschiedlich aus. Warum? Weil die Caterer sich in den letzten Jahren ähnlich wie die Vermarkter zu einem finanzinstitutähnlichen Partner entwickelt haben, der helfend einspringt, wenn der Verein wieder einmal Liquiditätsengpässe hat.

Bei der Vertragsunterschrift wird durch den Caterer nicht nur in die Gastro-Ausstattung des Stadions investiert, mitunter in Höhe von weit über 10 Mio. Euro, sondern es wird zu Vertragsbeginn auch ein Signing Fee gezahlt, durchaus in Millionenhöhe. Auch bei einer Vertragsverlängerung wird dieses bisweilen gezahlt. Ähnlich wie bei den Vermarktern und Ausrüstern wurde in der Vergangenheit auch schon mal ein Vertrag gegen eine Finanzspritze vorfristig verlängert, oder es wurden Provisionszahlungen auf die Zukunft vorfinanziert.

Stadion-Catering ist ein großes Business geworden. Warum gibt es aber so wenige Firmen, die sich darauf spezialisiert haben? Das Ganze ist ein schwieriges Geschäft, mit Kalkulationen im Cent-Bereich, und es erfordert eine Menge Know-how. Insofern muss man die Leistungen der großen Caterer absolut anerkennen.

5.6 Naming Rights

Ein weiteres großes Thema sind Naming Rights (Namensrechte) bei der Vermarktung von Vereinen und Sportstätten. Ich selbst durfte in den Jahren 2007 und 2008 für die Deutsche Kreditbank (DKB) die Namensrechte des

Tab. 5.1 Ausgesuchte Naming-Right-Deals der Bundesligasaison 2019/20

Stadion	Club	Eigentümer	Betreiber	Summe pro Jahr in Mio. Euro
Allianz Arena	FC Bayern München	FC Bayern	Allianz Arena GmbH	6
SIGNAL IDUNA PARK	Borussia Dortmund	BVB Stadion GmbH	BVB GmbH & Co. KGaA	5,8
Red Bull Arena	RB Leipzig	Red Bull GmbH	Red Bull Leipzig GmbH	3
BayArena	Bayer 04 Leverkusen	Bayer 04 Immobilien	Bayer 04 Fußball GmbH	3
PreZero Arena	TSG 1899 Hoffenheim	TSG Fußball GmbH	TSG Fußball GmbH	3

Quelle: https://www.sponsors.de/news/themen/arena-namensrechte

damaligen Ostseestadions, der Spielstätte von Hansa Rostock, mit umsetzen (der neue Stadionname lautete DKB-Arena). Ebenso in Oberhof die Umbenennung der Wintersportstätten am Rennsteig in DKB-Ski-Arena. Wir haben damals in Rostock allerdings alle nicht geahnt, dass Hansa Rostock einen direkten Durchmarsch von der 1. Liga in die 3. Liga vollzieht.

Naming-Right-Deals mit und an den Stadien sind das Hauptfinanzierungsmittel bei Stadionneubauten (Tab. 5.1). Mit 5 Mio. Euro an Einnahmen für die Namensrechte für ein Stadion pro Jahr könnte man bereits rund 100 Mio. Euro Baukosten kapitalisieren. Daran erkennt man die Dimensionen dieser Art des Sponsorings.

5.7 Trikotsponsoring

Eine weitere ganz große Einnahmequelle der Vereine neben dem klassischen Sponsoring im B2B-Geschäft (B2B steht für Business-to-Business) sind die Einnahmen durch den Trikotsponsor (Tab. 5.2). Diese Art des Sponsorings ist ein teures, aber gutes Mittel der Unternehmenskommunikation. Auf der Trikotbrust ist immer der Hauptsponsor vertreten. Auf dem Ärmel ein weiterer Premiumsponsor. Die Sponsoringpakete umfassen neben der Präsentation des Unternehmenslogos noch weitere Leistungsinhalte wie die Logodarstellung auf Topbanden, auf allen Printprodukten, auf Pressewänden, auf der Website und weiteren Kommunikationskanälen, sowie eine Anzahl der besten VIP-Karten und weitere Tickets. Der Hauptsponsor ist in der Kommunikation überall mit an Bord und profitiert enorm von der Reichweite, dem

Tab. 5.2 Einnahmen durch Trikotsponsoring in der Bundesliga in der Saison 2017/18

Mannschaft	Sponsor	Laufzeit	Mio. Euro/Saison
FC Bayern München	Telekom	bis 2023	35
VfL Wolfsburg	Volkswagen	unbefristet	25
Borussia Dortmund	Evonik	bis 2025	20
RB Leipzig	Red Bull	unbekannt	12
Borussia Mönchengladbach	Postbank	bis 2020	9

Quelle: https://fussball-geld.de/die-trikotsponsoren-1-bundesliga-saison-20172018/

Imagetransfer, der Markenstärkung und in der Summe durch eine indirekte Zunahme seiner Unternehmensumsätze.

Für Vereine, die nicht regelmäßig in der Champions League vertreten sind, gestaltet sich die Suche nach einem passenden Hauptsponsor äußerst schwierig. Einerseits gibt es nicht so viele Unternehmen, die für eine Saison in der Bundesliga mal eben 5–20 Mio. Euro in die Hand nehmen und überdies, das ist ganz entscheidend, auch vom Image her zum Verein passen. Vereine wie der FC Bayern, der VfL Wolfsburg oder RB Leipzig generieren erheblich höhere Umsätze im Bereich Hauptsponsor, da ihre Partner gleichzeitig strategische Partner oder Gesellschafter sind.

5.8 Das Megageschäft der Ausrüster

Kommen wir zu weiteren ganz großen Playern im Fußballbusiness: den Ausrüstern. Ganz groß im Geschäft sind in den Clubs und Verbänden Nike und Adidas, was die Ausrüstung wie Trikots und Schuhe betrifft und darüber hinaus auch Merchandising und Werberechte. Dabei herrscht ein knallharter Konkurrenzkampf, und es geht um astronomische Summen. Der weltweite Umsatz von Nike lag im Jahr 2020 bei ca. 44,5 Mrd. Euro [11]. Adidas liegt bei ca. 21 Mrd. jährlich [12]. Je größer die Strahlkraft und Popularität der Clubs und Spitzensportler sind, desto größere Summen sind im Spiel.

Der FC Chelsea, weder der beste noch der größte Club der Welt, wechselte 2016 von Adidas zu Nike. Dafür zahlt Nike an den Club bis zum Jahr 2032 fast 1 Mrd. Euro [13]. Ähnliche Summen sind beim FC Liverpool im Spiel.

Bayern München ist auch bei den Ausrüstern der Platzhirsch in der Bundesliga und erhält von Adidas bis zum Jahr 2030 ebenfalls fast 1 Mrd. Euro (900 Mio.) [14]. Real Madrid bekommt als Branchenprimus jährlich unglaubliche 125 Mio. Euro von Adidas. Der FC Barcelona schloss im Jahr 2016 mit Nike einen Vertrag über zehn Jahre ab mit der unglaublichen Summe in Höhe von 1,35 Mrd. Euro [15]. Neben den Clubs als Partner werden auch Topstars wie Lionel Messi oder Cristiano Ronaldo und ebenso viele Trainer wie Jürgen Klopp mit einem Ausrüstervertrag ausgestattet.

Der Kampf um den richtigen Ausrüster und die besten Spieler beschränkt sich aber nicht auf die Topstars, sondern zielt auch schon auf junge Nachwuchsspieler ab. Aufstrebende Talente werden schon früh mit Ausrüsterverträgen ausgestattet, um langfristig von diesen Werbebotschaftern (Testimonials) zu profitieren. Ihre ersten Ausrüsterverträge unterschreiben junge Fußballspieler bzw. ihre Erziehungsberechtigten oft schon im Alter von 15 Jahren. Die Familie von Neymar unterzeichnete bereits einen Vertrag mit Nike, als dieser erst 13 war. Dieser Vertrag brachte dem Spieler bisher rund 105 Mio. US-Dollar ein. Auch das Talent Youssoufa Moukoko vom BVB unterzeichnete bereits mit 15 Jahren einen Vertrag mit Nike.

Durch das Unterzeichnen solcher Ausrüsterverträge verpflichten sich die Spieler grundsätzlich, die Marke medienwirksam zu vertreten. Das kann mitunter, wie in Kap. 1 erwähnt, zu massiven Irritationen beim Ausrüster des Vereins führen, wie im Fall Mario Götze. Der Ausrüster erhält das Recht, mit dem Spieler weltweit zu werben. Ein weiteres Recht, das sich viele Sportartikelhersteller in den Ausrüsterverträgen zusichern lassen, ist das sogenannte Matching Right. Diese spezielle Klausel greift immer dann, wenn der Ausrüstervertrag ausläuft. Die Matching-Right-Klausel gewährt dem Ausrüster das Recht, nach Ablauf des Vertrags die Angebote der konkurrierenden Sportartikelhersteller einsehen und mitbieten zu dürfen. Macht der bisherige Ausrüster von seinem Matching Right Gebrauch, kommt ein Folgevertrag zwischen dem Spieler und dem bisherigen Ausrüster zustande.

Kommen wir zu einem weiteren Beispiel der exorbitanten Auswüchse in diesem Geschäft. Gemäß einem Schriftstück aus dem Jahr 2016, welches laut *Football Leaks* dem *Spiegel* als Entwurf vorliegt, wurde der Vertrag mit Cristiano Ronaldo von Nike bis zum Jahr 2026 verlängert. Demnach soll Ronaldo bis dahin eine Summe in Höhe von 162 Mio. Euro bekommen [16]. Das Bemerkenswerte daran ist: Dann ist Ronaldo 41 Jahre alt. Man muss allerdings auch sehen, dass über die gesamte Karriere von Ronaldo allein Trikots zu einem Wert in Höhe von knapp 1 Mrd. Euro verkauft wurden.

Wie erläutert, geht es im Ausrüstergeschäft aber nicht nur um einen knallharten Konkurrenzkampf und sehr hohe Summen. In der Vergangenheit befand sich der Ausrüster bei einigen Clubs, ähnlich wie die Vermarkter und bedingt auch die Caterer, in der Poleposition, wenn es zu Liquiditätsengpässen bei den Clubs kam. Oft wurden Verträge vorfristig verlängert oder Provisionshöhen gemindert, wenn im Gegenzug dazu eine benötigte Liquiditätsspritze geleistet wurde.

Wie sich an den Ausführungen unschwer erkennen lässt, nehmen vor allem Vermarkter und Ausrüster nicht nur in ihrem Kerngeschäft eine maßgebliche Position ein, sondern es kommt ihnen durchaus auch eine beachtliche Stellung im Gesamtgefüge bei der Finanzierung von Clubs, Vereinen und Verbänden zu.

Interview mit Hendrik Schiphorst, Geschäftsführer SPORTFIVE Deutschland

Hendrik Schiphorst, Geschäftsführer SPORTFIVE Deutschland
(▶ https://doi.org/10.1007/000-4t4)

Lieber Herr Schiphorst,
SPORTFIVE ist der Branchenführer in Sachen Vermarktung in Deutschland. Wie viele Clubs haben Sie unter Vertrag, und wie viele Mitarbeiter arbeiten für SPORTFIVE?

Wir vermarkten in Deutschland 21 Clubs, davon 17 Fußballvereine und drei Handballvereine, und wir vermarkten auch den Deutschen Skiverband. In Frankreich sind es fünf Vereine. In Deutschland arbeiten für uns ca. 500 Mitarbeiter, weltweit sind es ca. 1000 Mitarbeiter. Wir haben weltweit Büros, unter anderem in Asien, in den USA und vorrangig in Europa.

Welcher ist ihr Lieblingsclub bzw. auf welche Kooperationen sind Sie besonders stolz?

Persönlich ist der HSV mein Lieblingsclub. Auf die Zusammenarbeit mit Hertha BSC sind wir natürlich stolz, da diese mittlerweile über Jahrzehnte läuft, aber auch der BVB ist für uns natürlich ganz wichtig, da es der Topclub in Deutschland ist, mit dem wir intensiv zusammenarbeiten. Wir haben uns vor Jahren mit dem BVB ein Umsatzziel von 100 Mio. Euro pro Saison aus Sponsoring-Erlösen als Ziel gesetzt, dieses Ziel haben wir im letzten Jahr trotz der Pandemie erfüllt.

Vor der exorbitanten Erhöhung der TV-Gelder vor drei Jahren sind die Vermarkter ja oft quasi als Schattenbanken aufgetreten und haben den finanzklammen Clubs gerne Liquiditätsspritzen zugeführt. Als Gegenleistungen gab es dann Vertragsverlängerungen oder Provisionserhöhungen. Sehen Sie durch die pandemiebedingten Verluste in Zukunft da wieder mehr Bedarf?

Es stimmt, in der Vergangenheit konnten wir dem einen oder anderen Verein vorfristig mit Liquidität helfen, wo bei man sagen muss, dass vorweggenommene Zahlungen auf zukünftige Leistungen und Erlöse nicht optimal sind. Uns ist lieber – und so war es auch in der jüngsten Vergangenheit –, dass mit uns Verträge verlängert werden aufgrund unserer Expertise. Wir haben in den letzten Monaten mit zehn Vereinen neue Verträge abgeschlossen bzw. verlängert, aus den primären Gründen unserer Kernleistung in Sachen Vermarktung von Sponsoring und Hospitality-Rechten.

Bei den Vermarktern geht es ja nicht nur um den neuen Trikotsponsor, Werbebanden, Hospitality-Rechte und Naming Rights, sondern auch um Lizenzrechte: Wo sehen Sie die Schwerpunkte für die Zukunft, Stichwort Digital Overlays in der Vermarktung, für die Vermarkter, aber auch für die Clubs?

Wir sind in der Liga der erste und einzige Partner, der bereits virtuelle Werbung anbieten kann. Beim BVB wird beispielsweise jedes Heimspiel auf unterschiedliche Signale in der Welt produziert, und die Bestandskunden können zielgerichtet ihre Werbung in die einzelnen Märkte einspielen, d. h., im asiatischen Markt sieht der Endkunde andere Werbebotschaften als der Zuschauer in Deutschland. Im Bereich der Digitalisierung gibt es sicherlich bei den Clubs zukünftig noch weiteres Potenzial, um sich im Marketing und Sales breiter aufzustellen. Auch das Thema Daten muss noch vermehrt genutzt werden. Die Vereine sitzen auf großen Datenschätzen, und es gibt viele ungenutzte Datenströme, die man zusammenführen und nutzen kann. Unsere Vision als Vermarkter ist, wir möchten der datengetriebene Vermarkter sein und den Kunden noch passgenauere Lösungen anbieten.

Thema Nachhaltigkeit und Thema CSR: Achten Sie dabei in Zukunft noch mehr auf ihre Vertragspartner bzw. auf diese Themen?

Nachhaltigkeit wird das bestimmende Thema in der Sportbranche in den nächsten Jahren sein. SPORTFIVE hat kürzlich eine repräsentative Studie unter 995 Fußballinteressierten – von der Business- sowie Fanseite – veröffentlicht:

Die Ergebnisse sind unter anderem:

79 % der Fußballinteressierten geben an, großes Interesse am Thema Nachhaltigkeit zu haben (Anstieg um 69 % in den letzten fünf Jahren).

Nachhaltigkeit ist neben der sportlichen Performance ihrer Lieblingsmannschaft das zentrale Zukunftsthema für Fußballfans im nächsten Jahrzehnt.

Bei 46 % der Befragten würde die Verbundenheit zum eigenen Lieblingsverein sinken, wenn dieser sich nicht innerhalb der nächsten Jahre nachhaltiger positioniert, in der Zielgruppe unter 25 sind es sogar 57 %.

An Nachhaltigkeit führt bei den Fans also kein Weg vorbei. Für viele Sponsoren ist das Thema schon seit Jahren unabdingbar, um weiterhin erfolgreich zu sein. Viele Sponsoren durchleuchten ihre Partnerschaften bereits jetzt hinsichtlich Nachhaltigkeitskriterien. Wie können Nachhaltigkeitsaspekte in Sponsoring-Partnerschaften und Produkte involviert werden? Hier ist SPORTFIVE als Vermarktungspartner gefragt:

Wir wollen Sportsponsoring als Multiplikator für nachhaltige Kommunikationsthemen und Aktivierungsthemen etablieren. Hier gibt es jedoch keine kurzfristigen Lösungen. Alles, was nur auf eine schnelle Vermarktung unter dem Deckmantel der Nachhaltigkeit ausgelegt ist, durchschauen die Fans sofort. Gerade die jüngere Gen Z würde sich perspektivisch abwenden. Wichtig sind hier glaubwürdige, authentische und langfristige Partnerschaften.

Auch bei Vereinen und Rechtehaltern wird das Thema Nachhaltigkeit immer wichtiger. Diese Entwicklung ist nicht neu, sie wurde durch Corona aber noch beschleunigt. Noch liegt die Sportbranche beim Thema Nachhaltigkeit und CSR hinter ihren Möglichkeiten und Ansprüchen zurück. Unser Ziel ist es, gemeinsam mit Rechtehaltern und Partnern klare Handlungsfelder in den Bereichen soziales Engagement, nachhaltiges Wirtschaften, ökologische Verantwortung zu erarbeiten, darauf aufbauende Ziele zu definieren und so den Transformationsprozess in unserer Branche aktiv mitzugestalten.

Thema Hospitality und VIP-Ticketing: In manchen Stadien passt aus meiner Sicht das Preis-Leitungs-Verhältnis nicht mehr ganz hinsichtlich dessen, was der Kunde für eine 300 Euro teure VIP-Karte bekommt. Müssen die Vereine wie auch die Vermarkter gegebenenfalls die Leistungen und auch die Angebote teilweise verfeinern oder upgraden? In Berlin beispielsweise gibt es viele Event Hopper, die eine große Auswahl an Konkurrenzangeboten haben.

Ich glaube, die Angebote bzw. Pakete müssen besser segmentiert werden, d. h., ich muss für unterschiedliche Zielgruppen entsprechend passgenau Angebote bereitstellen. Gerade im Berliner Olympiastadion mit den vielen Loungen bietet es sich an, zielgenau unterschiedliche Produkte anzubieten. Es muss die richtige Businessplattform zur Verfügung gestellt werden. Wir haben eine Hospitality Journey aufgesetzt, in die Ansätze mit einfließen, was macht der Kunde eigentlich sieben Tage vor dem Spiel und sieben Tage nach dem Spiel, um den Community-Gedanken besser aufzunehmen. Ich muss in der Zukunft dem Kunden und dem

Unternehmen einen größeren Mehrwert anbieten, dabei werden die digitalen Tools sicher helfen.

Quellen

1. https://www.welt.de/print-welt/article637642/Ewige-Liebe-ewiger-Hass-je-nach-Tabellenplatz.html
2. https://de.wikipedia.org/wiki/Sportfive
3. https://www.dfl.de/de/vermarktung/dfl-uebersprіngt-erstmals-milliarden-marke-bei-nationalen-medien-rechten-pro-saison-durchschnittlich-1-16-milliarden-euro-ab-2017-18/
4. https://de.statista.com/statistik/daten/studie/167709/umfrage/ausgaben-fuer-sponsoring-in-sport-und-kultur/
5. Nufer, G., Bühler, A. (2013) Sportmarketing: Einführung und Perspektive. In: Nufer, G. Bühler, A. (Hrsg.): Marketing im Sport – Grundlagen und Trends des modernen Sportmarketing. 3., völlig neu bearb. Aufl., Erich Schmidt Verlag, Berlin, S. 8
6. https://media.dfl.de/sites/2/2021/03/D_DFL_Wirtschaftsreport_2021_M.pdf
7. https://www.iwd.de/artikel/milliardenbetraege-fuer-fussball-im-fernsehen-519718/
8. https://de.statista.com/statistik/daten/studie/167709/umfrage/ausgaben-fuer-sponsoring-in-sport-und-kultur/
9. https://de.statista.com/themen/5944/premier-league/#dossierKeyfigures
10. www.ispo.com/trends/das-millionengeschaeft-mit-der-wm-2018-fifa-sponsoren-verbaende
11. https://de.statista.com/statistik/daten/studie/158744/umfrage/umsatzentwicklung-von-nike-weltweit-seit-2004/
12. https://de.statista.com/themen/177/adidas/#dossierKeyfigures
13. https://www.sport1.de/news/internationaler-fussball/premier-league/2016/10/partnerschaft-mit-nike-fc-chelsea-nimmt-fast-1-milliarde-euro-ein
14. https://www.welt.de/sport/fussball/bundesliga/fc-bayern-muenchen/article140239658/FC-Bayern-kassiert-von-Adidas-900-Millionen-Euro.html
15. https://www.sportbuzzer.de/artikel/1-35-milliarden-barcelona-macht-mega-deal-mit-nike-perfekt/
16. Football Leaks 2, 2019, Rafael Buschmann, Michael Wulzinger, Spiegelverlag, S.212

6

Die UEFA und FIFA unter Infantino und die Rolle der Verbände

6.1 Macht und Geld verderben nicht den Charakter – sie machen ihn nur für alle sichtbar

Diesen Spruch der Abschnittsüberschrift habe ich mal irgendwo aufgeschnappt. Sicherlich trifft er nicht generell zu. Ich kenne persönlich einige Menschen mit relativ viel Macht und relativ viel Geld, aber diese handeln trotzdem verantwortungsvoll, sind von Empathie geprägt und haben einen großartigem Charakter. Man hat jedoch das Gefühl, dass dieser Spruch im Fußball und insbesondere in den Verbänden leider doch sehr häufig zutrifft. Nachfolgend habe ich diverse Fakten zu den Themen UEFA, FIFA und Infantino aus verschiedenen Presseartikeln und Online-Publikationen, unter anderem *aus Football Leaks 2* und Wikipedia, zusammengefasst. Insofern gebe ich damit nur Dinge wieder, welche sich zigfach im Netz abrufen lassen.

Ende 2015 sperrte die FIFA ihren damaligen Präsidenten Joseph Blatter und den damaligen UEFA-Boss Michel Platini. Es ging unter anderem um eine Zahlung von 1,8 Mio. Euro, die Platini 2001 von Blatter für strittige Beratungsleistungen bekommen hatte [1]. Weitere Gründe waren Amtsmissbrauch und mehrfache Verstöße gegen den FIFA-Ethik-Code, wie Vorteilsannahmen, Interessenkonflikte und mangelnde Loyalität. Im März 2021 wurde die Strafe für Blatter aufgrund neuer Ermittlungen und Erkenntnisse um sechs Jahre und acht Monate verlängert. Weiterhin wurde eine Strafzahlung über 1 Mio. Schweizer Franken verhängt [2].

In den USA wurden Dutzende von FIFA-Funktionären wegen Bestechlichkeit angeklagt und teilweise verurteilt [3]. Das FBI schätzte die Bestechungssummen auf rund 150 Mio. Euro. Insgesamt richtete sich die Anklageschrift gegen 42 Personen. Die Schmiergeldvorwürfe stünden im Zusammenhang mit Marketingrechten für Fußballturniere in Lateinamerika und WM-Qualifikationsspiele, teilte das US-Justizministerium mit. Den Beschuldigten wurden organisiertes Verbrechen, Geldwäsche und Betrug vorgeworfen. Auch gegen den früheren Chef des brasilianischen Fußballverbands Ricardo Teixeira wurde Anklage erhoben. Teixeira ist pikanterweise der ehemalige Schwiegersohn des früheren FIFA-Präsidenten João Havelange. Ebenfalls strafrechtlich verfolgt wurden Rafael Callejas, der von 1990 bis 1994 Präsident von Honduras war, und über ein Dutzend weitere Spitzenfunktionäre.

2017 wurden die ersten Urteile gefällt, unter anderem gegen den ehemaligen Präsidenten des brasilianischen Fußballverbands José Maria Marin und gegen den Paraguayer Juan Ángel Napout, der der südamerikanischen Fußballkonföderation CONMEBOL vorstand. Marin soll 6,5 Mio. Dollar, Napout 10,5 Mio. Dollar Schmiergeld angenommen haben [4]. Mehrere andere hochrangige Ex-Funktionäre der FIFA wie Nicolás Leoz aus Paraguay, Jack Warner aus Trinidad und Tobago oder auch der erwähnte Brasilianer Ricardo Teixeira wehren sich bis heute erfolgreich in ihren Heimatländern gegen die Auslieferung in die USA [5].

In Sachen Vergabe der Fußballweltmeisterschaften nach Brasilien, Russland und Katar ist mittlerweile bekannt, dass Schmiergelder geflossen sind, und es wurde ausführlich darüber berichtet. Am 27.05.2015 wurde die FIFA-Zentrale in Zürich durchsucht. Der Verdacht lautete, dass in den Jahren 1991 bis 2015 ca. 150 Mio. US-Dollar an Schmiergeld an die FIFA und einzelne Funktionäre geflossen sein sollen [6]. Laut *Sunday Times* sollen die Vertreter von Tahiti und Nigeria bei der Vergabe der Fußballweltmeisterschaft an Katar (Abb. 6.1) ihre Stimmen zum Verkauf angeboten haben. Des Weiteren soll der frühere Spitzenfunktionär Mohamed bin Hammam 1,7 Mio. US-Dollar für Stimmen aus Asien bezahlt haben. Im September 2014 dokumentierte der Chefermittler der FIFA, Michael J. Garcia, dass es bei der Vergabe der Weltmeisterschaften nach Russland und Katar Unregelmäßigkeiten bezüglich der Vergabe gegeben habe. Jack Warner, bis 2011 Vizepräsident der FIFA, wurde im Mai 2015 vor einem Bundesgericht in New York wegen Betrugs und Geldwäsche angeklagt. Am 25.09.2015 wurde Warner von der FIFA wegen des Verdachts der Korruption bei der Vergabe der Fußball-WM an Russland und Katar lebenslang gesperrt [6, 7].

6 Die UEFA und FIFA unter Infantino und die Rolle der Verbände

Abb. 6.1 Eingang zum Legacy Pavilion, dem interaktiven Ausstellungsraum für die FIFA-Fußballweltmeisterschaft in Katar 2022 (© Anke Waelischmiller/SvenSimon/picture alliance)

6.2 Die Rolle des FIFA-Präsidenten Infantino

Nach den Skandalen, Verhaftungen und Sperren gegen diverse Fußballfunktionäre und der Neuausrichtung der Ethikkommission hätte man eigentlich davon ausgehen sollen, dass der 2016 neu gewählte FIFA-Präsident Gianni Infantino nicht nur den verfilzten FIFA-Apparat bereinigt und neu aufstellt, sondern vor allen Dingen selbst sensibilisiert, transparent und mit gutem Beispiel vorangeht. Bereits nach wenigen Monaten im Amt wurde jedoch deutlich, dass die Lust an der Macht und Dekadenz auch für Infantino zu verführerisch sind. Schnell wurde bekannt, dass ein Trip mit der ganzen Familie zum Papst im Privatjet eines Oligarchen [8] im Wert von ca. 100.000 US-Dollar, nicht dazu geeignet sind, neue Moral und Compliance zu leben [9].

Letztendlich wird offensichtlich, dass Infantino durch sein Handeln und seine Anweisungen Aufklärung, Transparenz, Compliance und Ethik konterkariert. Wie in diversen seriösen Pressepublikationen und auch in Wikipedia dokumentiert [10], handelt es sich um mehr als nur um Mutmaßungen. Beim FIFA-Kongress im Mai 2016 wurde auf Infantinos Vorschlag beschlossen, dass der Rat bis zum kommenden Jahr alle Mitglieder des Audit- und Compliance-Komitees, der Ethikkommission, der Disziplinarkommission und der neuen Governance-Kommission selbst bestimmen und entlassen kann [10]. Das ist unglaublich! Noch am gleichen Tag trat der Leiter des Audit- und

Compliance-Komitees der FIFA, Domenico Scala, von seinem Amt zurück [10].

Laut FIFA-Ratsmitgliedern soll Infantino angeblich bei der Council-Sitzung im März 2018 in Bogotá ein Milliardenangebot für den Verkauf von Veranstaltungen (Spiele und Turniere) präsentiert haben, dessen Inhalt er wegen einer Verschwiegenheitsvereinbarung aber nicht nennen wollte. Das Council soll wegen der Geheimverhandlung konsterniert gewesen sein. Aufgrund mangelnder Informationen wurde das Angebot abgelehnt und darüber diskutiert, ob es zwischen Infantino und dem Rechtepartner persönliche Absprachen gibt [10].

Nach Aktenlage wollte Infantino in den Entscheidungsprozess für die WM 2026 eingreifen. Er versuchte, die Zuständigkeit vom FIFA-Kongress an eine kleine Task Force aus eigenen Leuten zu übertragen, damit diese entscheiden können, ob die Kandidaten alle Bedingungen erfüllen, um im Juni wählbar zu sein. So hätte Infantino vorab verhindern können, dass Marokko den Zuschlag für die WM 2026 bekommen kann. Ein möglicher Grund hierfür könnte sein, dass sich Infantino von einer WM in den USA mehr Einnahmen versprach. Jedoch haben Asiaten, Europäer und der afrikanische Verband CAF, der hinter der Bewerbung Marokkos steht, Infantino verdeutlicht, dass sie einen vorzeitigen Ausschluss Marokkos nicht akzeptieren werden [10].

Ende Juli 2020 eröffnete die Schweizer Staatsanwaltschaft aufgrund von Infantinos Treffen mit dem gegen ihn ermittelnden Schweizer Bundesanwalt Michael Lauber ein Strafverfahren gegen Infantino. Auch gegen den an den Treffen teilnehmenden Walliser Oberstaatsanwalt Rinaldo Arnold, einen Schulfreund Infantinos, wurde ein solches Strafverfahren eingeleitet, ebenso gegen Lauber nach Aufhebung seiner Immunität. Der eigens eingesetzte Sonderstaatsanwalt sieht Anzeichen für ein strafbares Verhalten wie Amtsmissbrauch (Art. 312 StGB), Verletzung des Amtsgeheimnisses (Art. 320 StGB) und Begünstigung (Art. 305 StGB) bzw. bei Infantino Anzeichen für die Anstiftung zu diesen Tatbeständen [10].

6.3 Wieder einmal: PSG und Manchester City

Betrachten wir nun die Zeit, als Infantino noch Generalsekretär der UEFA war. Wie in dem Buch *Football Leaks 2* ausführlich beschrieben, geht es hierbei mutmaßlich um die Umgehung des Financial Fairplay (FFP), zu dem sich die Vereine der UEFA verpflichten mussten. Die Regeln des FFP besagen, dass Zahlungen transparent sein müssen und Eigenkapitalunterdeckungen nicht verschleiert werden dürfen. Weiterhin darf in drei Saisons hintereinander das Defizit nicht mehr als kumuliert 30 Mio. Euro betragen. Verstöße sollten mit dem Ausschluss von der Champions-League-Teilnahme geahndet werden. Nackte Theorie und Wunschvorstellungen aus heutiger Sicht. 2014 wurde gegen diverse Clubs, etwa Paris Saint-Germain im Besitz des Emirats Katar und Manchester City im Besitz der Scheichs aus den Vereinigten Emiraten, wegen Verstößen gegen das FFP ermittelt. Bei PSG wurde festgestellt, dass die Katarische Tourismusbehörde QTA (Quatar Tourism Authority) bereits 2012 mit dem Club eine Sponsoringvereinbarung über fünf Jahre abgeschlossen hatte, die dem Verein über 200 Mio. Euro jährlich garantieren sollte. Zum Vergleich: Der Hauptsponsor vom VFB Stuttgart, die Mercedes Benz Bank, zahlt dem VFB gerade einmal 10 Mio. Euro pro Saison [11].

Es ist offensichtlich, dass mit den insgesamt ca. 1 Mrd. Euro an Sponsoringgeldern die besten Spieler der Welt finanziert werden und das Nation Branding vorangetrieben werden sollte. Durch die Verwässerung der Bilanzen sollte das FFP umgangen werden. Die rechtsprechende Kammer der UEFA kann grundsätzlich nach Abschluss einer Untersuchung bzw. eines Verfahrens ein Strafmaß und Urteile verkünden oder einen Vergleich, ein sogenanntes Settlement, vereinbaren. Weder der Präsident der UEFA noch irgendein anderer Funktionär darf darauf Einfluss ausüben. Die von der UEFA beauftragte Wirtschaftsprüfungsgesellschaft stellte fest, dass bei den Sponsoringbeträgen ein krasses Missverhältnis von Leistung und Gegenleistung bestand.

Die Ermittler standen kurz davor, ihren Abschlussbericht an die obersten Kammern der UEFA weiterzuleiten [12]. Mitarbeiter der UEFA hielten den Bericht aber auf Anweisungen hin zurück, und es kam zu einem streng geheimen Treffen zwischen den Clubvertretern aus Katar, dem damaligen Generalsekretär Infantino und dem damaligen UEFA-Präsidenten Platini. Im Zuge dieser skandalösen Gespräche und Absprachen wurden die exorbitanten Sponsoringbeträge angeblich auf neue Partner, auch aus Katar, verteilt, sodass mit dem folgenden Settlement zwischen der Kammer der UEFA und dem Club Sperren und andere weiter gehende Strafen vermieden werden konnten. Gemäß dem Settlement zahlte PSG eine Strafe in Höhe von nur 20 Mio. Euro – eine Farce in der Verhältnismäßigkeit zu den Summen, den Jahresfehlbeträgen und Verschleierungen.

Wer meint, diese Loyalitäten und Mauscheleien seien eine Ausnahme, der wird enttäuscht. Wie sich fast erahnen lässt, ging es bei dem zweiten Scheichclub Manchester City ähnlich zu [13]. Wie bei PSG wurden auch hier die Absichten, das FFP in Sachen Sponsoringverträge zu umgehen, mehr als deutlich. Der Club hatte allein in den Jahren zuvor [14] fast eine halbe Milliarde erwirtschaftet (in Deutschland bei unserem Steuer- und Strafrecht undenkbar).

Der Versuch des Clubs, mit diversen hohen Sponsoringverträgen, alle aus den Vereinigen Emiraten, die FFP-Auflagen zu umgehen und Bilanzierungen zu verwässern, wurde durch die beauftragten Wirtschaftsprüfer aufgedeckt. Die Vertreter des Clubs versuchten nun massiven Druck auf Platini und Infantino auszuüben, im Kern, um diese mittels einer Klageflut wegen Amtsmissbrauchs zu stürzen. Letztendlich erhielt auch Manchester City nur ein im Grunde lächerliches Strafmaß in Höhe von 20 Mio. Euro [15].

Die vergleichsweise niedrigen Geldstrafen hielten die beiden Clubs nicht davon ab, in den Folgejahren zusammengenommen fast 2 Mrd. Euro in Spieler zu investieren. Im Einzelnen beliefen sich die Investitionen von der Saison 2015/16 bis heute laut transfermarkt.de bei PSG auf 871 Mio. Euro [16] und bei Manchester City auf 1,1 Mrd. Euro [17].

6.4 Macht es der DFB besser?

Gehen wir zurück ins Jahr 2004. Ich war damals als Event- und Marketingmanager im Stadion des WM-Finales 2006, dem Olympiastadion Berlin, tätig. Zu dieser Zeit kam mir außerhalb meines Arbeitsverhältnisses zu Ohren, dass – streng geheim – André Heller im Station gewesen sei, da dieser mit einer großen Eröffnungsveranstaltung beauftragt worden war, die letztlich nie stattfand. 2015 wurde im Rahmen der Ermittlungen zum „Sommermärchen" veröffentlicht, dass der DFB an die FIFA 6,7 Mio. Euro zurückgezahlt hat, die ursprünglich von dem verstorbenen ehemaligen Adidas-Vorstand Robert Louis-Dreyfus an Franz Beckenbauer, den Präsidenten des Organisationskomitees der WM, als Darlehen gezahlt wurden. Als etwaiger Grund wurde eine Vorausfinanzierung der erwähnten nicht stattgefundenen Eröffnungsveranstaltung genannt. Diesbezügliche Verfahren gegen die damaligen DFB-Funktionäre Theo Zwanziger, Horst R. Schmidt und Wolfgang Niersbach wurden Anfang 2020 eingestellt [18].

2019 ließ sich der damalige DFB-Präsident Reinhard Grindel von einem ukrainischen Oligarchen eine Luxusuhr schenken und trat nach dem Bekanntwerden zurück [19]. Sicherlich im Grunde eine Farce im Vergleich zu den Millionenbeträgen, mit denen in anderen Verbänden jongliert wird, aber letztendlich nicht in Ordnung und darüber hinaus auch mehr als ungeschickt. Im Herbst 2020 durchsuchte die Staatsanwaltschaft Frankfurt wegen des Verdachts der Steuerhinterziehung medienwirksam die DFB-Zentrale und die Privatwohnungen von DFB-Funktionären [20].

Im September 2019 wurde Fritz Keller – ehemaliger Präsident des SC Freiburg, wo er über Jahre hervorragende Arbeit geleistet hat, und beruflich als Spitzengastronom und Winzer tätig – mit dem Versprechen an die DFB-Spitze gewählt, endlich aufzuklären und zu reformieren. Keller, ein Patenkind von Fußballlegende Fritz Walter, als Unternehmenspatriarch eigentlich geschult in Durchsetzungskraft und Entscheidungsfähigkeit, war leider nicht in der Lage, alle Funktionäre und das gesamte Team des DFB zu einen und auf eine Linie einzuschwören.

Dringende Innovationsprozesse beim Verband wurden nicht forciert, und die extrem wichtigen Landesverbände mit Millionen von Fußballamateuren wurden ebenfalls nicht befriedet und „mitgenommen". Die Machtkämpfe und Streitigkeiten innerhalb der DFB-Führung konnte er in seiner Amtszeit nicht bewältigen. Ein Dauerstreit mit dem Generalsekretär Friedrich Curtius, von Eitelkeiten und Machtsicherung geprägt, lähmte in mancher Hinsicht den Verband ein Stück weit über eine längere Zeit. Endgültig „ins Abseits" stellte sich Präsident Keller im April 2020, als er seinen Vizepräsidenten Koch bei einer Präsidiumssitzung nach übereinstimmenden Berichten mit Nazi-Richter Roland Freisler verglich. Es ist immer wieder erstaunlich, wie intelligente Menschen, in diesem Fall Fritz Keller, so an der Macht hängen und über zwei Wochen benötigen, um endlich am 11.05.2021 zurückzutreten [21].

Seinem Stellvertreter Rainer Koch, der seit Jahren im Verband die Strippen zieht, wäre aus meiner Sicht anzuraten, ebenso zeitnah zurückzutreten und den Weg für „unverbrauchte" Fachleute freizumachen. Generalsekretär Friedrich Curtius hat sicher für sich richtig entschieden, er wird seinen Arbeitsvertrag auflösen.

Der DFB ist mit 24.500 Fußballvereinen und über 7 Mio. Mitgliedern der größte Sportverband der Welt. Man sollte meinen, dass so ein großer Verband mit so umfangreicher Macht in Sachen Chancenmanagement und Innovation bis hin zur Transformation zeitgemäß wie ein Spitzenunternehmen geführt wird. Ähnlich wie bei den politischen Parteien gelingt dies aber nur in Einzelfällen. Die ganze Misere ist meines Erachtens einerseits der gemeinnützigen Struktur geschuldet, andererseits der Mitgliederstruktur. Die Mitglieder sind die mächtigen Regional- und Landesverbände und die DFL, in der die 1. und 2. Bundesliga organisiert sind. Die Landesfürsten bewegen sich in ihren Komfortzonen und sind die stimmberechtigten Vertreter der Regional- und Landesverbände – zumeist alles Menschen im Ehrenamt oder mit einer Aufwandspauschale und mit einem ausgesprochen hohen Durchschnittsalter.

Der DFB hat im Jahr 2019 ca. 400 Mio. Euro Umsatz getätigt [22]. Die DFL hat sich mit dem Topmann Christian Seifert an der Spitze modernisiert und fachlich hoch kompetent aufgestellt. Es kann doch eigentlich nicht angehen, dass für die neue DFB-Spitze wieder Personen bzw. Namen wie Philipp Lahm, Steffi Jones oder – nicht ganz im Ernst – Angela Merkel genannt werden. Verstehen Sie mich nicht falsch: Alles anerkannt gute Leute, aber der DFB benötigt eine/n Spitzenmanager/in und ein Team mit zeitgemäßen, internationalen Managementerfahrungen.

Die Aktion im Mai 2020 von diversen Fachfrauen mit Katja Kraus an der Spitze, für mehr Frauenpower beim DFB, in den Regionalverbänden und Vereinen, ist zu begrüßen. Katja Kraus verfügt über die notwendigen Managementerfahrungen und wäre sicher eine gute Präsidentin. Quotenregelungen und auch überhöhtes „Gendern" sind aus meiner persönlichen Sicht allerdings nicht der richtige Weg, um Mehrheiten und die notwendige Akzeptanz zu bekommen. Ich denke, persönliche und fachliche Ausstrahlung sind in der Regel zielführender, um eine schwerfällige und übersättigte Institution aufzubrechen. Es ist eben nicht damit getan, nur Personen auszutauschen. Man benötigt eine klare Strategie zum Kulturwandel in den Verbänden. Was die Bereitschaft zu Erneuerungen und die Geschwindigkeit der Entscheidungen betrifft, gleicht der DFB strukturell eher einem Tanker und nicht einem Schnellboot.

Wir leben in und von unserer Vereinskultur. Ohne die 7 Mio. Mitglieder, ohne die Amateure, ohne die Vereinsmitglieder, ohne die zigtausend Ehrenämter und letztendlich ohne die Millionen Vereinsfans wären der deutsche Fußball und das, was ihn ausmacht, tot.

Wichtig ist mir jedoch – und dies ist keine Randnotiz: Die FIFA, die UEFA und der DFB mit seinen Verbänden existieren unter anderem, weil Tausende von loyalen und engagierten Mitarbeitern hervorragende Arbeit leisten. Das darf man nicht außer Acht lassen, sie können nichts für die Verfehlungen Einzelner, insbesondere auf Führungsebene.

Somit bleibt festzuhalten: Die Struktur muss vereinfacht, verjüngt und professioneller werden. Das Miteinander muss verstärkt werden, und – auch wenn es schwierig ist – die Eitelkeiten der handelnden Personen dürfen nicht, wie so oft, im Vordergrund stehen. Ich kann mich nur wiederholen: Das, was wir alle so lieben, der Fußball, muss immer im Vordergrund stehen.

6 Die UEFA und FIFA unter Infantino und die Rolle der Verbände

Interview mit Martin Einsiedler, Sportjournalist, unter anderem beim Spiegel und Tagesspiegel

Sportjournalist Martin Einsiedler

Seit gefühlt Jahrzehnten gibt es immer wieder Diskussionen bei der FIFA, ob es um Sepp Blatter geht oder um Gianni Infantino. Viele behaupten, die FIFA habe fast mafiöse Strukturen. Liegt es an den Personen oder an der Struktur des Verbands?

Es liegt an beidem. Ein Problem ist, dass jedes FIFA-Mitglied gleich stimmberechtigt ist. Das heißt, dass beispielsweise die Stimme von Gibraltar im Weltfußball genauso gewichtet wird wie jene von Deutschland. Gibraltar hat knapp 30.000 Einwohner, allein der Deutsche Fußball-Bund über 7 Mio. Mitglieder. Wer im Weltfußball Macht haben und ausbauen will, kann das am ehesten über die vielen kleinen Nationen machen. Es hat sich in der Vergangenheit besonders in den kleinen Nationen (aber nicht nur da) immer jemand finden lassen, der für Gefälligkeiten empfänglich war. Korruption war und ist wohl immer noch ein Problem im Weltfußball. Und natürlich hängt es auch mit den Personen an der Spitze des Verbands zusammen. Ich denke da vor allem an Juan Antonio Samaranch und Joseph Blatter. Beide akzeptierten nicht nur die grassierende Korruption im Weltfußball, sie förderten sie auch. Gianni Infantino würde ich nicht mit ihnen vergleichen. Ich mag nicht, wie er den Fußball weiter kapitalisieren will, für korrupt halte ich ihn aber nicht.

Russland, Katar – was kommt als Nächstes? Gibt es in Zukunft ein Umdenken bei der Vergabe von Turnieren?

Ich bin mir sicher, dass ein Umdenken stattfinden wird. Das hat auch die jüngste Europameisterschaft gezeigt, die trotz der Pandemie quer verstreut auf dem Kontinent ausgetragen wurde. Die Kritik war groß. Überhaupt nimmt die Sensibilität nicht nur der Presse und der Anhänger, sondern auch der Akteure des Fußballs zu. Spieler scheuen sich nicht mehr, ihre Haltung zu politischen Themen zu zeigen. Man hat das Gefühl, dass das teilweise von innen kommt. Sicher sind aber auch viele auf ein gutes Image bedacht. So oder so: Der Druck auf die Verbände wächst, Turniere zu veranstalten, mit denen Fans wie Spieler keine Probleme haben. Die Sportverbände können nicht mehr weiter behaupten, dass Sport und Politik getrennt zu betrachten sind. Das funktioniert nicht. Das zeigten und zeigen die Debatten rund um die Weltmeisterschaften in Russland, Katar oder die jüngste Europameisterschaft.

England, Spanien, Deutschland und auch Frankreich sind mit die führenden Fußballnationen. Dies spiegelt sich aus meiner Sicht aber nicht in der UEFA oder FIFA wider.

Ich denke, dass sich der Einfluss der FIFA-Mitglieder an der Größe der jeweiligen nationalen Verbände orientieren sollte. Sonst kommt man aus dem Dilemma nicht heraus, dass die Funktionäre es allen recht machen wollen. Dies ist im Übrigen auch einer der Gründe, weshalb sämtliche Wettbewerbe aufgebläht werden und es obendrein auch noch Veranstaltungsformen wie die sogenannte EURO 2020 mit vielen Ausrichtern gibt. Jeder soll ein Stück vom Kuchen Fußball abbekommen. Die Leidtragenden sind die Fans.

Ist das System an sich noch zeitgemäß?

Das System ist natürlich nicht zeitgemäß. Aktuell aber befindet sich die FIFA immerhin formell in einem Transformationsprozess. Demokratischere Strukturen werden – langsam – eingeführt. Die FIFA-Exekutive mit gerade einmal 25 Personen wurde durch den FIFA-Rat mit 36 Mitgliedern ersetzt, dieser hat zudem nicht mehr ganz so viele Befugnisse. Formell wirken im Hintergrund auch Kontrollorgane wie die Ethikkommission. Doch deren Unabhängigkeit wird immer wieder angezweifelt. Ich denke, die FIFA tut nach all den Skandalen alles dafür, um zumindest öffentlich den Wandel im Fußballweltverband darzustellen. Wirklich gelebt wird die vermeintlich neue FIFA noch nicht so sehr. Es tut sich aber was. Vor allem Gianni Infantino hat begriffen: Will die FIFA überleben, muss sie mit der Zeit gehen.

Was den DFB angeht, fände ich beispielsweise Katja Kraus als Präsidentin nicht schlecht. Ich persönlich bin allerdings ein Gegner von Quoten und Überhöhung bei Genderfragen. Meine Sie, eine Frau an der Spitze des DFB hat die Chance, sich inhaltlich wie auch persönlich durchzusetzen?

Im Moment hat eine Frau wohl kaum Chancen, sich beim DFB durchzusetzen. Auf der Ebene der Landesverbände – die diesbezüglich ein entscheidendes

Wörtchen mitreden – herrschen fast ausnahmslos Männer. Der DFB ist immer noch eine Art männerbündische Veranstaltung. Zumindest auf der Ebene der Entscheider. Das ist schade und auch unklug. Immer mehr Mädchen und Frauen spielen Fußball. Das muss sich endlich auch in der Besetzung von einflussreichen Positionen im Verband niederschlagen. Ich bin in diesem Fall ein Verfechter einer Frauenquote im DFB. Von allein kommen die Herren beim DFB hier nicht aus dem Quark.

Wo sehen Sie die Verbände und somit den Fußball in zehn Jahren?

Die Verbände werden natürlich weiter alles daran setzen, viel Geld mit dem Fußball zu verdienen. Ich denke aber, dass sie es klüger machen werden. Sie werden den Fußball nicht mehr plump an den Meistbietenden verkaufen. Sie werden mehr auf das Image achten, als das bisher der Fall war. Auch werden die Führungspositionen in den Verbänden etwas heterogener besetzt sein. Der Fußball wird sich dem gesellschaftlichen Wandel anpassen.

Quellen

1. https://www.spiegel.de/sport/fussball/joseph-blatter-und-michel-platini-wegen-betrugs-angeklagt-a-2735e858-084c-46b8-bfd2-7d5cf5622087
2. https://www.augsburger-allgemeine.de/sport/Fussball-Sunday-Times-Weitere-Korruptionsvorwuerfegegen-Katar-id30126627.html
3. https://www.deutschlandfunk.de/us-strafverfolgung-wir-zeigen-der-fifa-die-rote-karte-100.html
4. https://www.zeit.de/sport/2017-12/fifa-korruption-jose-maria-marin-juan-angel-napout
5. https://www.nzz.ch/sport/die-us-justiz-beziffert-erstmals-schmiergelder-bei-der-vergabe-einer-fussball-wm-ld.1550814
6. https://de.wikipedia.org/wiki/Korruption_in_der_FIFA
7. https://www.stern.de/sport/fussball/fussball-mohamed-bin-hammam-lebenslang-fuerverbandstaetigkeiten-geperrt-3052194.html
8. https://www.srf.ch/news/international/infantino-droht-ungemach-wegen-einer-reise-zum-papst
9. https://www.bild.de/sport/fussball/gianni-infantino/hat-aerger-46141912.bild.html
10. https://de.wikipedia.org/wiki/Gianni_Infantino
11. https://www.ispo.com/unternehmen/sponsoren-der-bundesliga-clubs-2021/22-alle-trikots-alle-einnahmen
12. Football Leaks 2, Rafael Buschmannm Michael Wulzinger, Spiegel Buchverlag, Seite 448
13. Football Leaks 2, Rafael Buschmann, Micahel Wulzinger, Spiegel Buch Verlag, Seite 450-454

14. https://www.t-online.de/sport/fussball/international/id_69292278/financial-fairplaymanchester-city-und-psg-wohl-hart-bestraft.html
15. Football Leaks 2, Rafael Buschmann, Michael Wulzinger, Spigel Buchverlag, S. 443–454
16. https://www.transfermarkt.de/fc-paris-saint-germain/startseite/verein/583
17. https://www.transfermarkt.de/manchester-city/alletransfers/verein/281
18. https://www.wiwo.de/finanzen/steuern-recht/geschenk-eines-oligarchen-luxusuhr-kostet-dfb-praesident-grindel-denjob/24172112.html
19. https://www.wiwo.de/finanzen/steuern-recht/geschenk-eines-oligarchen-luxusuhr-kostet-dfb-praesident-grindel-den-job/24172112.html
20. https://rp-online.de/sport/fussball/razzia-beim-dfb-verdacht-der-schweren-steuerhinterziehung_aid-53899161
21. https://www.srf.ch/sport/fussball/internationale-ligen/nach-nazi-vergleich-dfb-praesident-keller-tritt-zurueck
22. https://www.kicker.de/dfb_erzielt_fuer_2019_ueberschuss_von_19_5_millionen_euro-778970/artikel

7

Die Fußballbasis von 7 Mio. Vereinsmitgliedern in Deutschland

7.1 Fakten und unglaublich hohe Zahlen

In Deutschland engagieren sich ca. 1,6 Mio. Menschen ehrenamtlich im Fußball. Neben den positiven Sozialeffekten für die Gesellschaft hat der DFB im Dezember 2020 eine Sozialrendite in Höhe von 13,9 Mrd. Euro im Bereich des Amateurfußballs benannt [1]. Nun sollte man denken, dass einer Institution bzw. in diesem Fall einem großer Teil der Gesellschaft bei dieser gigantischen Wertschöpfung maximale Anerkennung und Förderung widerfahren, dies ist aber leider nicht vollumfänglich gegeben. In den 21 Landesverbänden des DFB sind etwa 25.000 Vereine mit rund 7,1 Mio. Mitgliedern organisiert. In den Vereinen spielen ca. 31.000 Mannschaften in über 2200 Ligen. Pro Saison werden von der E-Klasse bis zu den Herren- und Damenklassen ungefähr 1,5 Mio. Spiele ausgetragen [1].

7.2 Herausforderungen für den Amateurfußball

In den Fußballvereinen an der Basis ist der Fußball zu Hause und verkörpert die Seele dieses Sports. Exakt dort wird die Begeisterung für den Fußball gelebt und damit die Voraussetzung für den professionellen Spitzenfußball ge-

---

Ergänzende Information Die elektronische Version dieses Kapitels enthält Zusatzmaterial, auf das über folgenden Link zugegriffen werden kann [https://doi.org/10.1007/978-3-662-64327-3_7]. Die Videos lassen sich durch Anklicken des DOI Links in der Legende einer entsprechenden Abbildung abspielen, oder indem Sie diesen Link mit der SN More Media App scannen.

schaffen. Wer sich heute nicht um den Fortbestand der Fußballvereine an der Basis und die Talentförderung in jungen Jahren kümmert, gefährdet langfristig den Erfolg des gesamten deutschen Fußballs. Profifußball und Amateurfußball hängen somit voneinander ab, weshalb ein solidarisches Miteinander ganz entscheidend ist. Amateur- und Jugendfußball werden, teils bis in den Profibereich hinein, von weit über 1 Mio. Freiwilligen getragen, die sich kostenfrei oder für eine Ehrenamtspauschale engagieren. Für die Zukunft besteht die große Sorge, dass dieses unterstützende System und seine Strukturen durch den Verlust an freiwilligen Unterstützern gefährdet werden [2].

Was sind die Gründe hierfür? Schlechte Rahmenbedingungen, Werteverschiebung, die Menschen sind stärker ichbezogen, verfolgen mehr ihre eigenen Interessen und weniger die des Gemeinwesens, Überforderung durch das Amt sowie die Verschiebung zu mehr Freiheit und Freizeit mit stärkerer Selbstgestaltung.

Eine der großen Gefahren sehe ich weiterhin darin, dass gerade junge Leute ihr Freizeitverhalten immer weiter beschleunigen und verändern und zumindest in den größeren Städten weniger Interesse an klassischen Vereinen und dem damit einhergehenden Vereinsleben haben.

7.3 Wie ist der Amateurfußball strukturiert?

Vorrangig über die Landesverbände werden die über 25.000 Vereine zentral gesteuert und die Ligen organisiert. Spielpläne, Trainerausbildungen, das Schiedsrichterwesen und vieles mehr werden gemanagt und Spielerlaubnisse und Spielerpässe geprüft und ausgestellt. Die Verwaltung des Spielbetriebs erfolgt über das DFB-eigene System DFBnet und Fussball.de. Die Regionalverbände arbeiten föderal und richten sich nach den Beschlüssen des DFB-Bundestags. Es gibt die „Landesfürsten" als Präsidenten, die ehrenamtlich tätig sind, sowie die Präsidiumsmitglieder und diverse Ausschüsse wie Schiedsrichterwesen, Frauenfußball, Inklusion etc. Zudem gibt es eine hauptamtliche Struktur mit einem Geschäftsführer und seinem Team und den entsprechenden Abteilungen.

Wie bei vielen Vereinen werden in dieser demokratischen Struktur die maßgeblichen Entscheidungen von Ehrenamtlichen getroffen und nicht von Profis mit Erfahrungen aus dem Tagesgeschäft. Ohne diese Ehrenamtlichen gäbe es den Fußball in der bestehenden Form jedoch nicht. Die getroffenen Entscheidungen, aber besonders die Wege zu diesen Entscheidungen, sind nicht immer zeitgemäß und nicht von Pragmatismus und moderner Managementkultur geprägt. Der Amateurfußball findet als Wettbewerbs-

und Freizeitfußball unter dem Dach von Verbänden in den Bezirken, Kreisen und den entsprechenden Klassen statt – vom Kinder-, Jugend- und Erwachsenenfußball bis zum Profifußball. Die Regionalverbände sind aber nicht nur für die Amateurbereiche zuständig, sondern für alle Vereine und somit auch bedingt für die Profivereine in ihrer Region.

Das Aufgabenspektrum der Verbände ist wie in den Vereinen sehr groß. Tag für Tag und Wochenende für Wochenende sorgen fußballbegeisterte Menschen als Platzwarte, Trainer*innen, Betreuer*innen, Zeugwarte, Kinderbetreuer*innen, Fahrer*innen, Jugendleiter*innen, Schiedsrichter*innen und noch vieles mehr dafür, dass die Rahmenbedingungen für die Spiele und das Miteinander funktionieren.

Die Kommunen sind eng mit dem Amateurfußball verknüpft, da sich die meisten Vereins- und Trainingsflächen in kommunalem Besitz befinden. Den Sportämtern obliegen die Organisation und Verwaltung der Plätze und Sportstätten sowie in der Regel auch die Instandsetzung und -haltung. Die Schulämter befinden sich ebenfalls an den Schnittstellen, was die Platzbelegung angeht, aber auch in Sachen Jugendförderung.

7.4 Die gesellschaftliche Kraft des Amateurfußballs

Die gesellschaftliche Kraft des Amateurfußballs ist sehr groß. Integration, Fairplay, Wertevermittlung, Respekt, Gewaltprävention, Sozialkompetenz und vieles mehr prägen das Miteinander [3]. Die Fußballfamilie bietet für viele eine Ersatzfamilie. Amateurfußball ist werteorientiert und schafft Gemeinschaftserlebnisse. Gerade in Zeiten der Digitalisierung, der Reizüberflutung und nachlassender sportlicher Aktivitäten bei Kindern und Jugendlichen bietet der Fußball große Chancen und Möglichkeiten. Fehlende Bewegung kann auch durch den Sportunterricht in Schulen meist nicht adäquat ausgeglichen werden, und so bieten Sportvereine die Möglichkeit, zumindest einige Kinder und Jugendliche zu mehr Bewegung und Sport zu aktivieren – das gilt natürlich auch für Erwachsene. Die Jugendlichen lernen Teamfähigkeit und Regelakzeptanz, und sie lernen, mit Siegen und Niederlagen umzugehen. Im Idealfall können der Fußball und seine Sozialkompetenzen zu Multiplikatoren für andere Lebensbereiche werden.

Integration findet kaum irgendwo besser statt als auf dem Fußballplatz. Ob Mehmet, Kevin, James oder Lee, auf dem Platz zählt der gemeinsame Erfolg, und jeder ist für den anderen da. Die Popularität des Fußball führt zusammen,

Spieler*innen, Eltern, Trainer*innen, aber auch Förderer und Sponsoren. Der Amateurfußball hat zudem eine enorme Wirtschaftskraft.

7.5 Wie finanziert sich der Amateurfußball?

Vorrangig finanziert sich der Vereinsfußball nach wie vor über seine Mitgliedsbeiträge. Die Bewirtschaftung von Vereinsgastronomie und Verkaufsständen am Spieltag, Trikotverkauf und Bandenwerbung sowie Spenden sind weitere Einnahmequellen. Mehrspartenvereine haben es durch eine größere Zahl von Mitgliedern und Veranstaltungen einfacher als reine Fußballvereine. In ländlichen Gegenden und kleineren Städten findet das gesellschaftliche Leben und damit die Freizeitgestaltung mehr in den Vereinen statt als in der Vielfalt und Anonymität der Großstadt. Kommunen und Länder wie auch die Regionalverbände und der DFB unterstützen die Vereine mit Fördergeldern und Abgaben. Auch die Profilclubs leisten indirekt über die Ticketeinnahmen Abgaben an die Verbände, die wiederum auch dem Amateurbereich zugutekommen.

Der DFB und seine Verbände investieren jährlich insgesamt ca. 120 Mio. Euro in den Amateurfußball [2]. Im ersten Moment erscheint dies als eine gewaltige Summe, aber rechnet man diese auf jedes einzelne Mitglied um, so sind das *per anno* nur 16,90 Euro pro Mitglied. Da sich die Profivereine selbst finanzieren, hat sich der DFB als weltgrößter Sportverband seinen Mitgliedern und damit der Basis verpflichtet; dennoch entsprechen die 120 Mio. Euro weniger als 30 % des Jahresumsatzes des DFB in Höhe von ca. 400 Mio. Euro. Da viele Amateurvereine enorme finanzielle Schwierigkeiten haben, obwohl die Aufgabenbewältigung mehrheitlich über freiwillige ehrenamtliche Tätigkeiten erfolgt, muss man feststellen, dass der Amateurfußball durch den DFB noch stärker alimentiert werden müsste.

7.6 Chancen und notwendige Erneuerungen

Grundsätzlich erhalten der komplette Jugend- und Amateurbereich zu wenig Wertschätzung in der Gesellschaft und auch in der Politik. Es muss allerdings auch gegenüber den Mitgliedern und Familien besser kommuniziert werden, dass für einen Monatsbeitrag von z. B. 8 Euro nicht gleichzeitig Freizeitgestaltung, gesellschaftliche Aufgaben und Talentförderung zu bewerkstelligen sind. Der Jugend-und Amateurbereich erfüllt nicht nur gesellschaftliche Aufgaben, durch Freizeitgestaltung und Integration, sondern bringt, nach wie vor,

Talente in die Profiligen. Gerade sozial schwache Familien sind auf eine für sie erschwingliche Freizeitgestaltung angewiesen und können keine hohen Mitgliedbeiträge zahlen. Der DFB wie auch die Profivereine müssen sich stets vor Augen führen, dass auch ein Toni Kroos oder Bastian Schweinsteiger in kleinen Vereine das Kicken erlernt haben.

Auch Amateurvereine müssen sich mehr professionalisieren, selbst wenn dies ohne entsprechendes Budget schwierig ist. In fast jedem Verein gibt es jedoch gut situierte Eltern oder Unternehmer, die man als Förderer gewinnen kann. Betrachten wir als Beispiel die Vermarktung: Die Sportplätze sind zumeist im Besitz der Kommunen, aber als bespielender Verein hat man schon die Möglichkeit der Einflussnahme. So sind beispielsweise Namensrechte auch auf kleinen Anlagen umsetzbar – zumal, wenn Emotionen, Stolz und vielleicht auch Eitelkeiten von Förderern oder Vätern im Spiel sind. Warum nicht auch bei einer kleinen Sportanlage die Umbenennung in „Autohaus-Müller-Sportplatz" oder „Gartencenter-Meier-Sportgelände"?

Weiterhin bietet die Vereinsführung Möglichkeiten zur Professionalisierung, sei es durch Kooperationen oder beispielsweise durch Studierende der Sportökonomie im Dualsystem oder als Werkstudent*innen. Eine Eventisierung kann sich ebenfalls positiv auswirken, z. B. mittels zusätzlicher Angebote am Spieltag, welche die ganze Familie und Freunde ansprechen. So könnte man z. B. gegen eine Gebühr Soccergolf anbieten, also einen Geschicklichkeitsparcours, bei dem mit dem Ball Hindernisse zu bewältigen sind. Zeitgemäße neue Sparten wie Beachsoccer, Fußballtennis oder E-Sports können zumindest für mehr Aufmerksamkeit sorgen.

7.7 Der Masterplan Amateurfußball des DFB

Der DFB hat einen dringend notwendigen Masterplan für den Amateurfußball entwickelt. Die nahe Zukunft wird zeigen, ob die notwendige Erneuerung erfolgen wird und der Amateurfußball die Aufmerksamkeit, Unterstützung und Wertschätzung erhält, die er verdient.

Nachfolgend Auszüge von der DFB-Website [4]:

Was ist der Masterplan Amateurfußball?
Der Masterplan 2024 ist ein Maßnahmenpaket, das die Vereinsqualität verbessern und den Vereinsfußball an der Basis stärken soll, unter anderem durch eine gezielte Ergänzung der bisherigen Verbandsangebote für Vereine. Die Erarbeitung und Ausgestaltung durch die Steuerungsgruppe Amateurfußball

erfolgten unter enger Einbindung von Vereinsvertretern*innen aus zahlreichen Amateurvereinen.

Der Masterplan folgt den Empfehlungen des 3. DFB-Amateurfußball-Kongresses 2019. In regelmäßigen Schwerpunkt-Workshops mit Vereinen wurden nach dem Kongress Maßnahmen entwickelt, besprochen und auf ihre mögliche Wirksamkeit an der Basis überprüft. Die Beteiligung von Vertreter*innen aus Amateurklubs soll auch in der Phase der Weiterentwicklung und Umsetzung in den kommenden Jahren konsequent fortgesetzt werden.

In Abstimmung mit den Fachgremien, Landesverbänden und Vertreter*innen von Amateurklubs wird verstärkt mit Pilotprojekten gearbeitet, die evaluiert und bei positivem Ergebnis flächendeckend ausgerollt werden. Ein Beispiel ist die Intensivierung der neuen Spielformen im Kinderfußball, der eine umfassende Qualifizierungsoffensive für Kindertrainer*innen folgen soll. Weitere Pilotprojekte sind unter anderem die Club-Berater*innen, die Vereinsmanager-C-Lizenz, das DFB-Staffelleiter*innenzertifikat sowie der DFB-JUNIOR-Referee und DFB-JUNIOR-Manager*in.

Der Masterplan bildet den Kern der Zukunftsstrategie Amateurfußball, seine Umsetzung ist gemäß des offiziellen Votums des DFB-Bundestages 2019 und des getroffenen Beschlusses des DFB-Vorstandes aus dem Dezember 2020 für alle 21 Landesverbände verbindlich.

Der Masterplan ist in zwei Phasen unterteilt, in deren Verlauf auf Grundlage der Evaluierungen und gewonnenen Erkenntnisse weitere Anpassungen möglich sind. Die erste Phase läuft bis Ende 2022, die zweite bis 31. Dezember 2025.

Was sind die Ziele des Masterplans?
Übergeordnetes Ziel ist es, das weltweit einzigartige, bundesweit flächendeckende Netz von Fußballvereinen und Klubs mit Fußballangeboten in Deutschland zu erhalten und zu stärken.

Während in den ersten beiden Masterplan-Perioden von 2013 bis 2019 der Schwerpunkt auf der Weiterentwicklung der Verbände in den Themenfeldern Kommunikation, Spielbetriebsangebote und Bildungsangebote lag, richtet sich der Fokus im Masterplan 2024 auf eine wirksame Unterstützung der Vereinsentwicklung in den drei wesentlichen Bereichen Organisation, Mitarbeiter*innen und Spielangebote für Vereinsmitglieder*innen.

Auf Grundlage der beim 3. DFB-Amateurfußball-Kongress priorisierten Handlungsempfehlungen wurden in anschließenden Workshops mit Vertretern*innen aus dem Amateurbereich acht grundsätzliche Teilziele formuliert, welche die messbare Basis für den Masterplan 2024 bilden.

Interview mit Fußballweltmeister Thomas „Icke" Häßler

Fußballweltmeister Thomas Häßler (© Ralf Hirschberger/ZP/picture alliance) (▶ https://doi.org/10.1007/000-4t5)

Lieber Icke,

Du hattest eine tolle Karriere, was waren für Dich Deine schönsten Erlebnisse im Fußball?

Neben der Weltmeisterschaft 1990 sicher noch der Gewinn der Europameisterschaft.

Der Fußball hat sich ja in den letzten Jahren extrem verändert, er ist immer schneller und athletischer geworden. Hätte die 1990er-Mannschaft, wenn sie auf dem Fitnesslevel von heute wäre, auch die Chance, den Titel zu holen?

Zu meiner Zeit hatte man noch viel mehr Zeit, den Ball anzunehmen und zu verarbeiten. Heute muss man viel handlungsschneller sein. Ich denke aber, auf dem Spiel- und Trainingsstand von heute hätten wir sicher auch die Chance, um den Titel mitzuspielen.

Was reizt einen ehemaligen Weltklassespieler daran, eine Amateurmannschaft zu trainieren (Abb. 7.1)?

Mir macht es unglaublich Spaß, wenn ich sehe, dass die Jungs acht Stunden am Tag arbeiten gehen und dann hierher kommen und noch ein ordentliches Training abliefern. Es ist schön zu sehen, dass sich die Spieler verbessern. Ich versuche ihnen

Abb. 7.1 Der ehemalige Fußballnationalspieler Thomas Häßler (links) feuert beim Spiel des Berliner Achtligisten Italia Berlin einen Spieler an (© Paul Zinken/Mascha Tuler/dpa/picture alliance)

Mentalität und Siegeswille zu vermitteln, und wenn das klappt, macht mich das stolz.

Ohne die breite Basis des Jugendfußballs wäre so mancher Bundesligaspieler nicht entdeckt worden. Muss der Profifußball nicht dem Jugend- und Amateurfußball noch mehr zurückgeben bzw. diese mehr unterstützen? Funktionieren die Schnittstellen gut, d. h., haben auch Talente außerhalb der Bundesliga-Nachwuchsakademien überhaupt noch eine Chance, bei einem Bundesligaverein zu landen?

Jugend- und Amateurfußball kommen definitiv zu kurz. Ich habe hier einige Talente, wenn die früh genug gefördert worden wären, hätte der eine oder andere eine ganz andere Chance gehabt. Wir legen noch Wert darauf, gerade im Eins-gegen-eins, dass die Jungs noch etwas die Bolzplatzmentalität leben. Ich bin auch auf dem Bolzplatz groß geworden, und mir hat der Trainer früher immer gesagt, gehe immer Eins-gegen-eins, auch wenn Du neunmal hängen bleibst, beim zehnten Mal klappt es, und dann fällt das Tor. Ich lasse die Jungs machen, und das zahlt sich aus.

Müsste der Profifußball Jugend- und Amateurfußball nicht auch finanziell mehr unterstützen?

Sicher wäre das wünschenswert, wenn Amateurvereine mehr unterstützt würden, z. B. über einen Solidaritätsfonds gerade jetzt in der Pandemie (2021). Ich denke, wichtig wäre aber auch, dass der DFB sich erst einmal selbst wieder besser aufstellt.

Kann der Profifußball von den Amateuren etwas lernen?

Sicher, was die Mentalität angeht, könnte vielleicht der eine oder andere Profi sich bei manchen Amateuren noch etwas abschauen. Nochmals, die Jungs haben fast alle noch einen Job und geben dann fast immer 100 % im Training und im Spiel. Die Mentalität ist heute absolut entscheidend.

Was meinst Du, ist die größte Herausforderung für den Fußball in den nächsten Jahren?

Ich denke, der Fußball ist in seiner Entwicklung schon sehr weit. Aber wir müssen mehr auf die Nachwuchsarbeit schauen, uns gehen etwas die Talente aus, da sind die Franzosen und auch die Engländer mittlerweile besser als wir.

Quellen

1. https://www.dfb.de/news/detail/wertschoepfung-des-amateurfussballs-pro-jahr-139-milliarden-euro-222395/
2. http://www.fussball.de/newsdetail.app/was-wird-eigentlich-fuer-die-amateure-getan/-/article-id/161028#!/
3. https://www.dfb.de/fair-playgewaltpraevention/fair-play/
4. https://www.dfb.de/vereinsmitarbeiter/masterplan-amateurfussball/

8

Operationserfahrungen bei der FIFA-WM 2006 und Nachhaltigkeit bei Sportgroßereignissen

8.1 Mein Einstieg in die FIFA-WM 2006

Im Jahr 2004 war ich als Leiter Events und Marketing im aufwendig sanierten Olympiastadion Berlin tätig. Die damaligen Sanierungskosten lagen bei 240 Mio. Euro – für diesen Betrag hätte man ein neues Stadion bauen können. Insofern war der Umbau eine politische Entscheidung. In seiner Vielfalt und Anmutung ist das Stadion sicher eines der schönsten der Welt, aber leider eigentlich kein Fußballstadion. Im Rahmen meiner Tätigkeit war ich auch Ansprechpartner vor Ort für die anstehende FIFA-WM 2006. Im Herbst 2004 kamen Vertreter der FIFA und des Hospitality-Lizenznehmers iSe-Hospitality zu uns ins Stadion, um testweise für ein paar Tage für die WM-Sponsoren auf etwa 3000 qm ein Showcase aufzubauen, d. h. eine temporäre Hospitality-Stadt im Miniformat. Das Ganze sollte vor dem Stadion auf dem leeren Olympischen Platz erfolgen, quasi auf öffentlichem Gelände. Die Herren mussten aber feststellen, dass die Stadt Berlin für die Genehmigung einige Wochen oder gar Monate gebraucht hätte. Nach kurzer Überlegung schlug ich den Verantwortlichen vor, doch einfach auf den Vorplatz innerhalb des Stadions auszuweichen. Bis auf einige wenige Untergrundprüfungen sollte dies genehmigungsfrei sein. Und siehe da, die provisorischen kleinen Muster-VIP-Bereiche standen bereits nach 14 Tagen fertig zur Ansicht.

Ergänzende Information Die elektronische Version dieses Kapitels enthält Zusatzmaterial, auf das über folgenden Link zugegriffen werden kann [https://doi.org/10.1007/978-3-662-64327-3_8]. Die Videos lassen sich durch Anklicken des DOI Links in der Legende einer entsprechenden Abbildung abspielen, oder indem Sie diesen Link mit der SN More Media App scannen.

© Der/die Autor(en), exklusiv lizenziert an Springer-Verlag GmbH, DE, ein Teil von Springer Nature 2022
K. Brüggemann, *Die Fußballblase*, https://doi.org/10.1007/978-3-662-64327-3_8

Im Frühjahr 2005, ich hatte im Stadion „meine Zelte abgebrochen", um mich neuen Herausforderungen zu stellen, klingelte bei mir das Telefon. Am Apparat war der Hospitality-Chef der FIFA. Er fragte mich, ob ich nicht Lust hätte, zur WM den Job des verantwortlichen Operationsmanagers für Berlin zu übernehmen. Nach kurzer Verhandlung sagte ich gerne zu und freute mich auf eines meiner spannendsten Projekte in meinem Berufsleben. Im Vorplanungsbüro der iSe-Hospitality in Frankfurt war bereits seit über einem Jahr ein Spitzenteam von Architekten und Eventfachleuten mit der Planung für alle WM-Stadien beschäftigt. Für den Endspielstandort Berlin war die größte temporäre Hospitality-Stadt der Welt mit einem Fassungsvermögen für rund 20.000 VIP-Gäste vorgesehen.

8.2 Planung und Bauphase

Die Spiele der FIFA-WM in Deutschland fanden an zwölf Standorten statt, unter anderem in München, Dortmund, Frankfurt und in Berlin. Berlin war mit vier Gruppenspielen, einem Viertelfinale und dem Endspiel der größte Standort. Für alle zwölf Standorte wurde vor Ort eine Crew gebildet, aus Operations- und Venue Managern, Architekten und Eventfachleuten, die mit diversen Fachfirmen mit bis zu 300 Bauarbeitern und bezüglich Großevents erfahrenen Gewerken das Projekt leiteten bzw. umsetzten.

Berlin war zweifellos eine besondere Location. Das Olympiastadion verfügt bereits über eine der größten VIP-Kapazitäten von allen Stadien weltweit. Es umfasst 52 Logen, drei Executive Clubs, diverse Lounges, 13 Skyboxen sowie den Coubertinsaal und die Ehrenhalle. Das Herz des VIP-Bereichs bildet das Atrium. Über vier Etagen erstreckt sich eine separat oder gemeinsam nutzbare Location der Extraklasse. Hinter denkmalgeschützten Stadionwänden warten über 3500 qm modernste Eventfläche für bis zu 1700 Gäste. Die VIP-Bereiche im Stadion wurden im Rahmen der WM vorrangig für die FIFA-Familie, wie Funktionäre, Verbandspräsidenten und deren Gäste, sowie für die Politik, wie Staatspräsidenten und Minister, verplant. Für die zigtausend VIP-Gäste, Großsponsoren und weitere Gäste wurde das 112.000 qm große, direkt ans Stadion angrenzende Maifeld genutzt. Das Maifeld wurde 1936 fertiggestellt und war von den Nationalsozialisten als Platz für die Mai-Aufmärsche und andere propagandistische Veranstaltungen vorgesehen. Auf dieser Fläche – wunderschön, aber eine „grüne Wiese" ohne Infrastruktur, ohne Ab- und Zuwasser, ohne Strom usw. – hatten wir nun sechs Monate Zeit, mit Produktionskosten in Höhe von rund 10 Mio. Euro das gigantische Hospitality Village zu errichten (Abb. 8.1 und 8.2).

8 Operationserfahrungen bei der FIFA-WM 2006 und Nachhaltigkeit ...

Abb. 8.1 Das Maifeld beim Berliner Olympiastadion während der FIFA-WM 2006 (Foto: Klaus Brüggemann)

Abb. 8.2 Hospitality Village in Berlin bei der FIFA-WM 2006 (Foto: Klaus Brüggemann)

Die Zahlen des Berliner Hospitality Village sprachen für sich: Während der sechs in Berlin ausgetragenen Spiele wurden jeweils bis zu 20.000 Gäste erwartet. Für diese wurden auf einer Fläche von 60.000 qm auf drei Feldern ca. 25.000 qm Pavillons zu einem großen Village errichtet. Weiterhin wurden Gärten und Terrassen angelegt, wo sich die Gäste entspannen und austauschen konnten. Für die perfekten Gastgeberqualitäten und maximale Exklusivität kamen am Spieltag bis zu 5000 Arbeitskräfte zum Einsatz, davon allein etwa 3000 Servicekräfte und Hostessen und mehrere Hundert Köche.

Von den Produktionskosten zur Errichtung des temporären Villages und kleinere Umbauten im Stadion in Höhe von rund 10 Mio. Euro entfielen allein etwa 5 Mio. Euro auf Leihgebühren. Warum diese gigantischen Leihgebühren? Primär aus Gründen der Nachhaltigkeit. Weit über 10.000 Stühle und Tische bis hin zu Bäumen und über 1000 Grünpflanzen – alles war Leihware. Sie wurden größtenteils nach der WM wiederverwendet. Das Maifeld wurde geviertelt und mittig im Kreuz mit einer Straße durchzogen. Wir mussten Abwasserrohre verlegen lassen, ein eigenes kleines Kraftwerk bauen und die „grüne Wiese" komplett erschließen. Nach der WM wurde alles zurückgebaut, inklusive der Straßen, und das leere Maifeld wieder übergeben.

Auf den vier Feldern entstand Folgendes: auf einem Feld ein zweistöckiges Village für bis zu 4000 Personen für FIFA-Vertreter und Großsponsoren, auf einer weiteren Teilfläche das sehr exklusive Garden Village für die Hauptsponsoren wie Emirates, Continental etc., mit Bäumen, Teichen und hochwertigen Restaurant- und Barbereichen. Auf den Feldern zwei und drei entstanden die großen Commercial-Bereiche für über 10.000 VIP-Gäste, die sich die Karten für unglaubliche 1000–2500 Euro pro Person und Spieltag gekauft hatten. Das vierte Feld belegten wir mit unseren Containern, ein Staff-Zelt für ca. 2000 Personen, ein Pressezelt für rund 600 Journalisten und Fotografen sowie ein Bereich mit Minikrankenhaus, Erster Hilfe, Feuerwehr und neben dem Stadion zusätzlich zwei Gefängniszellen und einem Leitstand. Alles entstand innerhalb von nur vier Monaten: eine unglaubliche Infrastruktur mit eigenem abhörsicherem Funknetz, Hubschrauberlandeplatz, einem inneren und äußeren Sicherheitsring, automatischen Zugangskontrollen, einem TV-Compound mit Hunderten Übertragungswagen für die weltweiten TV-Signale bis hin zur Sattelitenüberwachung am Spieltag.

8.3 Der Job

Die Monate der Vorbereitung vor Ort waren hart. Bis zum März hatten wir Frost und damit erschwerte Bedingungen für den Straßenbau und die Aufbauten. Aufgrund der knapp bemessenen Vorbereitungszeit hatte unsere

Sechs-Tage-Woche regelmäßig Arbeitstage von ca. 8.00–22.00 Uhr. Unsere Briefings mit dem Servicepersonal vor den Spielen haben wir mit Megafonen durchgeführt. Am Spieltag liefen wir bis 15.30 Uhr noch verschwitzt und in alten Jeans herum, machten uns dann unter „Woodstock-ähnlichen" Bedingungen unter den wenigen Duschen schnell frisch, um ab 16.00 Uhr, noch leicht dampfend, im Anzug oder Kostüm die ersten VIP-Gäste zu empfangen. Pünktlich zum „Sommermärchen" wurde das Wetter sehr warm und brachte nicht nur die Gäste, sondern umso mehr uns zum Schwitzen. Am Matchday hatten wir das Debriefing nachts um 2.00 Uhr, und ab 7.00 Uhr des Folgetags kamen schon die ersten Caterer, um ihre Restware und das Schmutzgeschirr abzuholen. Letztendlich kommt man in einen Adrenalinrausch, da man das Finale immer im Fokus hat und weiß, dass so ein Job vielleicht einmalig im Leben ist.

Allerdings muss ich gestehen, dass in meinem Team in dieser Zeit alles vorkam – Alkoholprobleme, Konsum von Tranquilizer und auch Liebesgeschichten. Aber ohne dieses fast perfekte Team, bei dem jeder den anderen unterstützt hat, wäre diese Riesenaufgabe „Sommermärchen" nicht möglich gewesen. Die Teams auf dem Rasen machten es dann perfekt. In den Tagen nach dem Finale fielen wir alle in ein unglaubliches Loch, und der eine oder andere wurde im Anschluss noch krank. Aber es ist und war faszinierend, was Menschen leisten können, wenn sie ein klares Ziel vor Augen haben.

Wir hatten vier große Caterer im Einsatz, unter anderem auch Lenôtre aus Paris. Wie kann man nur bis zu 20.000 Menschen fast zeitgleich exklusiv beköstigen? Dezentral ist die Lösung. Wie Sie auf Abb. 8.1 erkennen können, hatten die großen Zeltbereiche, die nur aus der Luft als Zelte erkennbar waren – von innen dachte man, man sei in einem Luxushotel –, alle kleine Paravents, an denen Kühlwagen angedockt wurden. Jeder große Zeltabschnitt war wie ein einzelnes Restaurant für sich, überschaubar und angenehm. Die Caterer haben außerhalb, z. B. in der Messe Berlin, vorproduziert, Lenôtre hat teilweise sogar mit einem eigenen Flugzeug aus Paris die Ware eingeflogen, und vor Ort wurde dann nur noch alles veredelt.

8.4 Persönliche Highlights und Erinnerungen

Die Spieltage waren wie Feiertage. Wir begrüßten Staatspräsidenten, Hunderte von Ministern und TOP-VIPs oder solche, die sich dafür hielten. Weiterhin die damals größten noch lebenden Fußballspieler aller Zeiten, angefangen von unserem Organisationskomitee-Präsidenten Franz Beckenbauer über Maradona, Pele und viele mehr. Je näher die Spiele rückten, desto mehr

Anrufe bekamen wir pro Tag von Personenschützern, die unter anderem die Laufwege ihrer Klientel sichten wollten.

Wir hatten pro Spieltag bis zu 5000 Gäste mit Personenschutz im Stadion, darunter Spitzenpolitiker aus der ganzen Welt, Scheichs und Oligarchen. Fragen nach einem Hubschrauberlandeplatz konnte ich nur immer damit beantworten, dass dieser ausschließlich für Notfälle vorgesehen sei sowie für unsere Kanzlerin oder Franz Beckenbauer, der tatsächlich manchmal an einem Spieltag mehrere Spiele besuchte. Irgendwann lehnte ich es – bis auf politische Ausnahmen – ab, weitere Personenschützer über das Gelände führen zu lassen.

Eines Tages rief mich aber einer meiner Assistenten an und meinte, er habe den Personenschützer von Roman Abramowitsch am Telefon, dieser sei extrem freundlich und habe für die Spiele dummerweise nicht die gleichen Zugangsberechtigungen wie sein Chef bekommen. Ich sagte ausnahmsweise, es sei in Ordnung, er könne auf das Stadiongelände kommen und werde von einem meiner Mitarbeiter geführt. Beim Spiel Deutschland gegen Argentinien kam dann ein interner Anruf einer Kollegin, ich möchte doch bitte mal zu Abramowitsch in die Loge kommen. Ich tat dies nur sehr widerwillig, da ich bei rund 20.000 VIP-Gästen im Stadion den Kopf natürlich mit anderen Dingen voll hatte. Letztendlich wollten Abramowitsch und sein Personenschützer sich nur nett bedanken und luden mich nach dem Spiel in einen bekannten Berliner Club ein.

Ich lehnte zunächst ab und bedankte mich, ließ ihn dann aber auf Drängen meines Assistenten wissen, dass wir gerne gegen 2.00 Uhr nachts auf einen Drink vorbeikämen und ob ich gegebenenfalls mein engstes Team mitbringen dürfe. Ich durfte, und die paar Stunden Gelassenheit mit Drinks, tanzend und plaudernd, taten uns mehr als gut. Nun kommt aber, zumindest für mich, der Hauptpunkt dieser kleinen Geschichte. In der ganzen Zeit der Vorbereitungen und auch während der WM pendelten wir früh von Zuhause ins Stadion und spät abends wieder zurück. Wir hatten in unserer „Blase" gar nicht mitbekommen, was für eine fantastische Stimmung unter den Menschen und auf den Straßen herrschte.

Nachts um 2.00 Uhr Richtung Brandenburger Tor tanzten glückliche Menschen aus aller Herren Ländern gemeinsam auf der Straße. Ich erinnere mich noch, wie mein Assistent Carsten zu mir sagte: „Chef, ich glaube, es ist WM, und wir sind mittendrin und haben es bisher gar nicht richtig mitbekommen." – Wie Recht er doch hatte.

Ein weiteres kleines Erlebnis, das für Aufsehen sorgte, von vielen, die ich leider nicht schreiben kann oder möchte, war ein Vorfall mit dem inzwischen verstorbenen Diego Maradona, für viele ein Superheld. Maradona kam bereits zu einem Match vor dem Spiel Deutschland gegen Argentinien mit einem kleinen Tross an Begleitern ins Stadion. Er hatte Logenkarten – von den Logen kann man auch ohne Sitzplätze im Stadion das Spiel verfolgen –, aber leider zwei zu wenig. Nach Rücksprache ließen wir ihn wegen der Loge dennoch mit seinen Freunden rein.

Zum Argentinienspiel bekam ich erneut einen Funkspruch, Maradona stand wieder vor dem Stadion, diesmal mit normalen VIP-Karten, dummerweise wieder zwei Karten zu wenig. Da niemand im Stadion stehen durfte, vergewisserte ich mich mehrfach bei meinen Vorgesetzen, letztendlich hieß es aber, ohne Karten geht es nun mal nicht – entscheiden Sie. Ich machte Maradona klar, dass seine beiden Freunde ohne Karten leider nicht ins Stadion kämen. Nach den klassischen Einwänden, ob ich denn nicht wüsste, wer er sei, und nachfolgenden Beschimpfungen verließ er erstaunlicherweise mit all seinen Freunden das Stadion, wofür ich ihm sogar einen gewissen Respekt zollte.

Die Schlagzeile in der Boulevardpresse am nächsten Tag lautete: „Fußballgott Maradona wurde der Zutritt zum Stadion verweigert, er musste das Spiel mit seinen Freuden im Hotel schauen." Für Fußballromantiker natürlich schwer zu verstehen, aber auch in der Welt der Promis sollte ein Stück weit Gleichheit herrschen.

Nach Anpfiff des Finales wurde während des Spiels der VIP-Bereich auf dem Maifeld geschlossen. Ich kann mich erinnern, dass wir die gute Stunde Auszeit nutzten, anstatt ein wenig vom Endspiel zu sehen. Hätte mir das vorher einer erzählt, ich hätte es nicht geglaubt. Der eine oder andere schlief vor Erschöpfung auf einem Stuhl ein, andere gönnten sich ein Essen. Und dann auch noch Verlängerung. Wir dachten alle: Oh nein, das darf doch nicht wahr sein! Zum Elfmeterschießen raffte ich mich auf und ging mit meinem Assistenten Carsten kurz in die Ehrenhalle des Stadions, um zumindest die letzte große Dramaturgie des Turniers und die tolle Stimmung live zu erleben.

Alles in allem war die FIFA-WM 2006 für mich eine grandiose Berufs- und Lebenserfahrung. Ich habe viel gelernt über Teamarbeit, Großereignisse, Nachhaltigkeit und Nachnutzungskonzepte. Sicherlich hätte man aus heutiger Sicht noch vieles besser machen können.

Wir Deutsche haben unsere Sympathiewerte durch diese WM weltweit erhöht. Die enormen Investitionen in die bestehenden Stadien haben dafür gesorgt, dass wir nach der WM die besten Stadien in Europa hatten und die Clubs, gerade durch die großen VIP-Bereiche, ihre Hospitality-Umsätze und Zuschauerzahlen erhöhen konnten. Gemeinden und Kommunen und letztendlich auch viele Bürger profitierten nachhaltig durch diverse Infrastrukturmaßnahmen. Leider ist und war es bei anderen sportlichen Großereignissen weltweit nur selten der Fall, dass ökologisch und für die Volkswirtschaften ökonomisch sinnvoll und nachhaltig geplant, entschieden und investiert wurde.

8.5 Sportgroßereignisse wie Fußballweltmeisterschaften und Olympische Spiele

Ob Weltmeisterschaften oder auch Olympische Spiele, die wirtschaftlichen Effekte von sportlichen Großveranstaltungen sind vielfältig. Die direkten Auswirkungen durch Investitionen in die Infrastruktur oder auch Wertschöpfungs-, Kaufkraft- und Beschäftigungseffekte kommen den Gesellschaften in den jeweiligen Gastgeberländern zugute. Zu den soziokulturellen Effekten zählen: Steigerung des Lebensgefühls, stärkere Anerkennung oder auch Stärkung der kulturellen Werte und Traditionen. Der Blick auf Deutschland bzw. uns Deutsche hat sich durch die FIFA-WM 2006 positiv verändert. Die Welt konnte sehen, dass die Deutschen perfekte Gastgeber sein können und auch Fröhlichkeit und Leichtigkeit leben.

Positive politische Effekte haben sich aus meiner Sicht bei Großereignissen, denken wir an die Olympischen Spiele in Peking oder die Fußballweltmeisterschaft in Russland, leider keine wahrnehmbaren ergeben.

Der monetäre volkswirtschaftliche Effekt der FIFA-WM 2006 wurde auf bis zu 10 Mrd. Euro geschätzt [1]. Sportliche Großereignisse sind somit für die Veranstaltungsländer volkswirtschaftlich sehr interessant, aber sie bedeuten auch ein Fest, positive Stimmungen und unglaubliche Freude für Fans und Zuschauer weltweit.

8.6 Nachhaltigkeit bzw. fehlende Nachhaltigkeit im Sportstättenbau und Sport

„Nachhaltige Entwicklung ist eine Entwicklung, die den Bedürfnissen der heutigen Generationen entspricht, ohne die Möglichkeit zukünftiger Generationen zu gefährden, ihre eigenen Bedürfnisse zu befriedigen." (Brundtland-Kommission der Vereinten Nationen)

Auf Sportanlagen und Sportstätten bezogen versteht man unter Nachhaltigkeit grundsätzlich die Dimensionen Ökonomie, Ökologie und Soziales im Dreiklang miteinander (Abb. 8.3). Nachhaltigkeit betrifft in diesem Fall

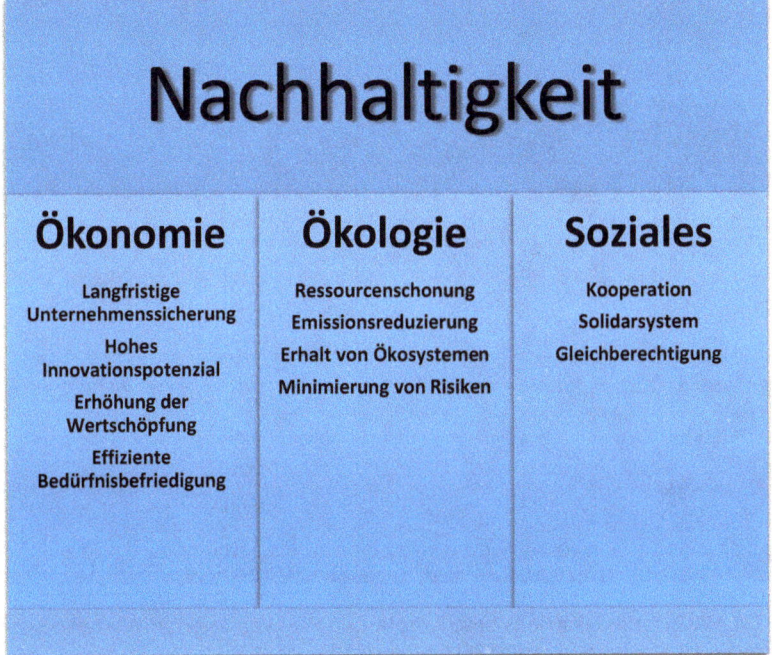

Abb. 8.3 Das Drei-Säulen-Modell der Nachhaltigkeit [2].

also die Ökonomie – wie Erhöhung der Wertschöpfungen und Unternehmenssicherung –, das Soziale – wie Gleichberechtigung und Solidarität – sowie den Bereich, in dem in der Vergangenheit die größten Sünden begangen wurden, die Ökologie. Hinsichtlich des nachhaltigen Betreibens einer Sportanlage bedeutet dies demnach, „diese so zu betreiben, dass ein möglichst großer Nutzen für den Eigentümer/Betreiber, die Nutzer (Mitarbeiter, Sporttreibende) und die Gesellschaft entsteht, bei gleichzeitiger Vermeidung bzw. kontinuierlicher Reduzierung negativer ökologischer, ökonomischer und sozialer Folgen"(DHfPG, Modul Sportstättenmanagement, Folie 35).

Der ökologische Fußabdruck bei Olympischen Spielen und Turnieren ist gewaltig. Die Olympischen Spiele in London 2012 oder auch die von den Hamburger Bürgern abgelehnte Olympiabewerbung haben gezeigt, worum es in erster Linie geht: um funktionierende Nachhaltigkeit, um Ökologie und um das Wohl der Menschen (Abschn. 8.7). Entscheidend ist, dass bereits zu Beginn der Projektplanung ökonomische und gesellschaftliche Fragestellungen, von der Bewerbung über die Planung, Durchführung und insbesondere die Nachnutzung, seriös im Vordergrund stehen.

Abb. 8.4 Während des Kriegs beschädigte und nun verrottende Wintersportanlagen in Sarajevo (© Slavko Midzor/PIXSELL/picture alliance)

In der Vergangenheit wurde in vielen Ländern nur auf das kurzfristige Prestige geschaut, während Konzepte für die Nachnutzung der Sportstätten vernachlässigt wurden. Ob bei der FIFA-WM in Südafrika oder auch in Brasilien, viele Stadionstandorte hatten für sinnvolle Betreiberkonzepte nicht die benötigte Kaufkraft im Umfeld. So werden mittlerweile in Athen, der Olympiastadt von 2004, und in den Fußball-WM-Ländern von 2010 und 2014, Südafrika und Brasilien, diverse Sportstätten nicht mehr genutzt und verrotten. Das ist als skandalös zu bezeichnen, da es den Verbänden, den Gastleberländern und Städten vorrangig nur um Ruhm und Ehre ging und nicht um sinnhafte Nachnutzungen für die Menschen vor Ort. In Sarajevo wird nach wie vor alljährlich der 14. Olympischen Winterspiele von 1984 gedacht, die Sportanlagen wurden jedoch während des Balkankriegs schwer beschädigt oder zerstört (Abb. 8.4).

8.7 Nachhaltigkeit funktioniert

Respekt für die Engländer und London. Die Olympischen Spiele in London im Jahr 2012 gelten in allen Bereichen als vorbildhaft. Vom ersten Schritt der Bewerbung wurden alle Bürger mit einbezogen, und sämtliche Bauten wurden so geplant, dass sie einer sinnvollen Nachnutzung zugeführt werden konnten. Teilweise wurden Stadien sehr kostengünstig gebaut und nur temporär genutzt. Andere Anlagen wie das komplette Olympische Dorf ließen sich später leicht in Wohnungen umrüsten. Eine hochmoderne Planung und Überwachung von Kosten und Budget waren ebenso Bestandteil des Projekts, vieles lief fast perfekt. Des Weiteren wurden alle Bürger, Nutzer und Sportler für die Nachhaltigkeit sensibilisiert. Ob Energie-, Abfall-, Mobilitäts-, oder Integrationsmanagement, die Planung und Umsetzung haben gezeigt, dass ökonomisch und ökologisch sinnvolle Sportgroßereignisse durchaus realisierbar sein können.

In diesem Zusammenhang möchte ich noch gerne auf die letztlich nicht realisierte Olympiabewerbung Hamburgs eingehen, da diese gerade im Bereich von baulichen Nachnutzungskonzepten sehr durchdacht war. Angefangen mit dem Leichtathletikstadion: Dieses wurde als kombinierte Sport- und Wohnanlage geplant. Der Stadionmantel sollte nach Entfernen des temporären Stadiondachs und der temporären 40.000 Sitzplätze zu etwa 400 Wohnungen zurück- und umgebaut werden. Etwa 20.000 Zuschauerplätze im unteren Rang sollten erhalten bleiben, um kleinere Sportveranstaltungen durchführen zu können. Durch die tribünenartige Anlage hätten alle Wohnungen eine eigene, zur Sportfläche hin ausgerichtete Terrasse erhalten (Abb. 8.5).

Um einen lebendigen, nachhaltig stabilen und vielfältigen neuen Stadtteil zu schaffen (Abb. 8.6), sollte eine gute Nutzungsmischung aus Wohnungen,

Abb. 8.5 Diese undatierte Visualisierung zeigt das geplante Olympiastadion mit Wohnungen auf dem Kleinen Grasbrook in Hamburg nach den Olympischen Spielen 2024. (© Bloomimages/Gmp/picture alliance)

Abb. 8.6 Die undatierte Visualisierung zeigt das geplante Olympiastadion (Westansicht) auf dem Kleinen Grasbrook in Hamburg. Rund zwei Monate vor dem Olympia-Referendum in Hamburg hat der Senat seinen Masterplan für die Sportstätten und für die Bebauung auf dem Kleinen Grasbrook vorgestellt (© Kunst + Herbert/Kcap/Arup/Vogt/dpa/picture alliance)

Arbeitsstätten, Geschäften und Freizeitangeboten, aus sozialen Angeboten und Bildungseinrichtungen angestrebt werden. Ziel in Hamburg war eine sozial, kulturell und demografisch vielfältige Nachbarschaft, in der Inklusion umgesetzt und gelebt werden kann. Ein gemischtes Angebot an öffentlich geförderten und frei finanzierten Mietwohnungen sowie Eigentumswohnungen sollte entstehen, die Mietwohnungen zu mindestens einem Drittel öffentlich gefördert. So sollten in der Olympic City bis zu 2200 neue Sozialwohnungen gebaut werden und einen wesentlichen Beitrag zur Erweiterung des Angebots an preisgünstigen Wohnungen in Hamburg leisten.

Bis zu 15.000 Zuschauer sollten in der Olympiahalle auf dem Amerikahöft Platz finden, um die Wettkämpfe im Kunstturnen und Trampolinturnen sowie die Endspiele im Basketball zu verfolgen. Nach den Olympischen und Paralympischen Spielen sollte das Gebäude zur OlympicCruiseHall werden: ein Kreuzfahrtterminal für die gleichzeitige Abfertigung zweier Kreuzfahrtschiffe, in dessen Hallen gleichwohl weiterhin auch größere Sportveranstaltungen oder andere Veranstaltungen stattfinden sollten, z. B. in Hamburg etablierte Musikfestivals und Ausstellungen. Ausgangspunkt der Planung war dementsprechend ein gut organisiertes Kreuzfahrtterminal, dessen Ankunfts- und Abfahrtshalle temporär als Olympiahalle genutzt werden sollte.

Die Beispiele London und Hamburg zeigen: Wenn vom ersten Tag der Überlegungen, ein Turnier in ein Land zu holen, die Planung offen, transparent für alle Bürger und vor allen Dingen mit den nötigen Fachleuten erfolgen, kann eine sowohl ökonomisch als auch ökologisch nachhaltige Turnierumsetzung durchaus möglich sein. Ob in der Politik, in den Vereinen oder Verbänden wie dem DFB, der UEFA oder der FIFA, ökologische Leitbilder zur Nachhaltigkeit sind überall existent – bleibt nur zu hoffen, dass aus der Theorie ganz schnell gelebte Praxis wird.

8.8 Nachhaltigkeit in Clubs – CSR

Der Bereich Corporate Social Responsibility (CSR, „gesellschaftliche Unternehmensverantwortung") wird mittlerweile in fast jedem Club mit einem oder mehreren Verantwortlichen besetzt und seriös betrieben. Die Maßnahmen sind sehr unterschiedlicher Art, von den klassischen ökologischen Ansätzen an den Spieltagen wie papierlose Tickets und Mehrwegbechern bis zum Bau von Fotovoltaikanlagen. Die vielfältigen sozialen Engagements sind teilweise überragend und sollten selbst anderen Branchen als Vorbild dienen. Es gibt großartige Projekte wie eigene Stiftungen in Kooperation mit Sponsoren oder auch mit Faninitiativen, Aktionen gegen Rassismus und für mehr Menschlichkeit, wofür die Fans der neuen Generation stehen, sind nicht nur für den Fußball, sondern für die breite Gesellschaft wertvoll.

Ökonomische Nachhaltigkeit ist eine noch größere Herausforderung, gerade angesichts der Auswirkungen der Pandemie 2020/21. Es bedarf einer großen Kraftanstrengung, Kostendisziplin und definitiv neuer Wege, Kapital zu generieren, um das wirtschaftliche Überleben diverser Vereine zu sichern.

Professor Axel Faix von der FH Dortmund, der mir als Interviewpartner zur Verfügung stand (s. Interview am Ende dieses Kap.), hat im April 2021 in Zusammenarbeit mit der App „FanQ" eine Erhebung durchgeführt zu der Frage: Wie sieht für Fans der ideale Club aus? Abb. 8.7 zeigt eine Zusammenfassung der Ergebnisse.

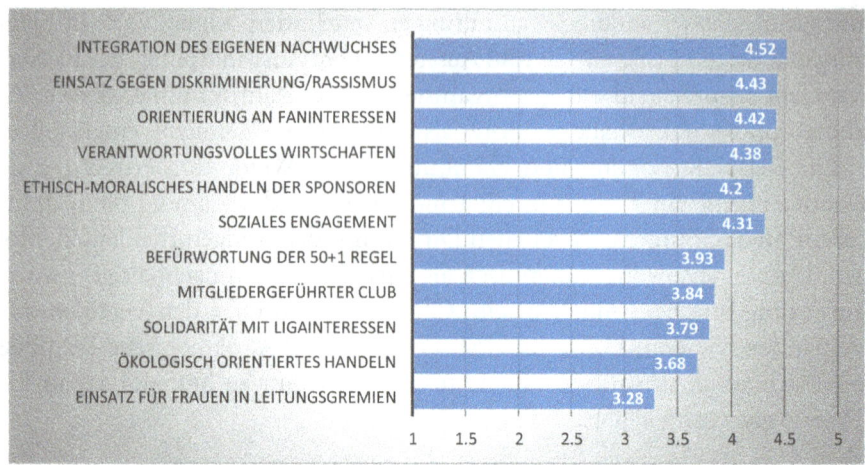

Abb. 8.7 Was Fans wirklich wollen. Wichtigkeit der Anforderungen an einen idealen Club (Quelle: FanQ 2021, Prof. Faix)

Interview mit Professor Axel Faix

Prof. Dr. Axel Faix, FH Dortmund, Fachmann für Nachhaltigkeit im Sport und unter anderem Mitglied im wissenschaftlichen Beirat von FanQ (▶ https://doi.org/10.1007/000-4t6)

Lieber Professor Faix, Sie sind Experte in Sachen Nachhaltigkeit, auch in Sachen Fußball. Schildern Sie uns kurz, wo Sie die Schwerpunkte von Nachhaltigkeit im Fußball sehen?

Ich denke, auch im Fußball geht es vorrangig um die drei Dimensionen: wirtschaftliche, soziale und ökologische Nachhaltigkeit. Es gibt für alle drei Ebenen Handlungsbedarf, und das Gute dabei ist, dies wird mittlerweile auch erkannt, und es wird gehandelt. Die DFB-Taskforce hat sich ja jüngst erst klar zu den Zielen der Nachhaltigkeit positioniert. Es wurde beschlossen, dass bei der Nachhaltigkeit im Profifußball das Kerngeschäft im Fokus stehen muss. Gemäß der Jahresabschlüsse der Vereine zum Juni 2020 sehen wir bei 15 von 18 Erstligaclubs erheblich negative Ergebnisse nach Steuern und bei fünf Vereinen sogar negatives Eigenkapital [noch einschließlich Werder Bremen und Schalke 04]. Die wirtschaftliche Relevanz der Coronapandemie spiegelt sich dort gerade mal mit drei Monaten wider. Die Zahlen zum 30.06.2021 werden sicherlich eine Herausforderung für die Vereine, und der Fokus muss zurzeit darauf liegen, zusätzliche Finanzmittel zu generieren, um die wirtschaftliche Nachhaltigkeit der Clubs zu verbessern.

Welche Erwartungen und Ansprüche haben die Fans in Sachen Nachhaltigkeit?

Ich bin ja auch im wissenschaftlichen Beirat von FanQ [FanQ ist eine Voting-App für Fußballfans]. Eine der letzten Studien untersuchte die Frage, welche Anforderungen die Fans an ihre Clubs stellen. In Sachen Nachhaltigkeit kristallisierte sich klar die Erwartung an die wirtschaftliche Nachhaltigkeit heraus. Die Entwicklung von jungen Spielern, die im Idealfall die Identifikation zwischen Clubs und Fans stärken und spätere Transfererlöse generieren, sowie eine solide Finanzpolitik ohne erhebliche Verschuldung stehen im Vordergrund. Weiterhin klare Bekenntnisse gegen Rassismus. Die ökologischen Herausforderungen stehen bei den Fans nicht ganz so im Fokus, mehr das Thema Menschenrechte.

Leerstand und teilweise Bauruinen in Griechenland nach den Olympischen Spielen, aber auch in Südafrika und Brasilien nach der FIFA-WM. Sollten in Zukunft Sportgroßereignisse nur noch an Länder vergeben werden, die ökologisch sinnvoll und nachhaltig bauen und die saubere und rechenbare langfristige Nachnutzungskonzepte verbürgen können?

Bei der Vergabe von Großereignissen müssen in Zukunft noch klarer und verbindlicher die Zusagen und Nachweise für Nachnutzungskonzepte vorliegen. Natürlich ist es ein Trade-off, d. h., viele Länder werden ihre Bereitschaft zur Ausrichtung von Sportgroßereignissen hinterfragen, wenn die Anforderungen an die Nachhaltgeit höher werden. Andererseits gibt es keine Alternative dazu.

Thema Digitalisierung und Nachhaltigkeit, gibt es dort Chancen für den Fußball in der Zukunft?

Ganz klar werden beim Stadionbesuch bereits in naher Zukunft beispielsweise Papiertickets keine Rolle mehr spielen und Mobile-Payment-Lösungen, z. B. an den Verkaufsständen, selbstverständlich sein. Gerade im Bereich der digitalen Lenkung von Besucherströmen oder bei der An- und Abfahrt der Autos und der effizienten Parkplatzsuche liegen große Chancen, um Vorteile für die Stadionbesucher und geringere Ressourcenverbräuche zugleich zu erzielen.

Quellen

1. https://www.faz.net/aktuell/wirtschaft/konjunktur-wirtschaft-gewinnt-bei-der-wm-1210005.html
2. https://www.nachhaltigkeit.info/artikel/1_3_a_drei_saeulen_modell_1531.htm

9

Die Zukunft des Fußballs im Zeitalter von Big Data

9.1 In der „Steinzeit" der 70er-Jahre

Wolfgang Holst, der verstorbene „Mr. Hertha" und Ex-Präsident des Clubs, hat bei einem Gläschen Wein immer wieder dieselbe Realsatire erzählt, die sich in den Siebzigern zugetragen hat:

Man hatte, wie bis Mitte der Neunziger üblich, von einem Verein eine Videokassette mit Aufnahmen von einem guten Fußballer aus dem Ausland zugesandt bekommen. Für Flüge zum persönlichen Scouting fehlte das Geld, und so wurde der Spieler aufgrund von Empfehlungen und der Sichtung des entsprechenden Videomaterials verpflichtet, was für damalige Verhältnisse nichts Ungewöhnliches war. Das Resultat: Der Spieler kam, überzeugte im Training vor Ort aber eigentlich nicht. Erst nach der Verpflichtung fiel dem Trainer auf, dass besagter Fußballer ein Rechtsfuß, der aus dem Video aber ein Linksfuß war. Die Verwunderung war natürlich groß: Es stellte sich nämlich heraus, dass der Sportler auf dem Feld der Zwillingsbruder des eigentlichen Wunschspielers war, in der zweiten Mannschaft des Heimatvereins mitkickte und gleichzeitig als Busfahrer der dortigen ersten Mannschaft arbeitete. Man hatte also einen „kickenden Busfahrer" verpflichtet.

Was heute nach einem Scherz klingt, war zu dieser Zeit keine Seltenheit. Aber wie funktioniert das moderne Scouting bzw. wie sollte es funktionieren?

Ergänzende Information Die elektronische Version dieses Kapitels enthält Zusatzmaterial, auf das über folgenden Link zugegriffen werden kann [https://doi.org/10.1007/978-3-662-64327-3_9]. Die Videos lassen sich durch Anklicken des DOI Links in der Legende einer entsprechenden Abbildung abspielen, oder indem Sie diesen Link mit der SN More Media App scannen.

© Der/die Autor(en), exklusiv lizenziert an Springer-Verlag GmbH, DE, ein Teil von Springer Nature 2022
K. Brüggemann, *Die Fußballblase*, https://doi.org/10.1007/978-3-662-64327-3_9

Es gibt immer noch Vereine in den Profiligen, die lieber externe Scouts losschicken und auf Berater und Kollegen hören, als sich die Spieler mehrfach selbst anzuschauen. Das soll nicht heißen, dass nicht doch vier Augen persönlich gesichtet haben, bevor es zum Abschluss teurer Verpflichtungen kommt, aber eben meist erst kurz vorher – und diese Momentaufnahme kann manchmal trügen. Nichtsdestotrotz wenden sich auch in Deutschland noch etliche Sportdirektoren und Trainer (außerhalb von Westeuropa auch Präsidenten), die eine Spielerposition neu besetzen möchten, direkt an die Vermittler ihres Vertrauens.

9.2 Scouting-Systeme in der Praxis – Status quo

Seit einigen Jahren gibt es mehrere Scouting-Systeme, wie beispielsweise Wyscout, SciSports oder auch relativ neu StatsBomb, die von über 200 Ligen Daten zu rund 300.000 Spielen und über 400.000 Spielern sammeln und verarbeiten (Abb. 9.1). Somit fällt es heute leichter, Spieler gezielt auf spezifische Merkmale zu durchleuchten und vorab zu analysieren, ob sie dem Team wirklich weiterhelfen können bzw. zum Kader passen.

So kann ein Trainer in dem Tool eingeben: Ich suche einen Innenverteidiger, mental stark, Linksfuß, mindestens 1,90 m groß, guter Kopfballspieler mit einer Schnelligkeit von ca. vier Sekunden oder weniger auf den

Abb. 9.1 Datengesteuerte, umsetzbare Erkenntnisse im Scouting und zur Verbesserung der Fußballleistung (© SciSports)

ersten 30 m etc. Erweiterte Systeme wie Goalimpact oder OptaPro messen mittels eines Algorithmus die Gesamt-Performance eines Fußballers. Sven Mislintat (ehemals Borussia Dortmund, zurzeit Sportdirektor beim VfB Stuttgart), Spitzname „Diamantauge" und Entdecker von Kagawa, Dembélé oder Pulisic, hat bereits 2013 eine eigene, auf Algorithmen basierende Spielerbewertungssoftware entwickelt, die einen individuellen Spielerindex mit Daten wie Passquote, Bewegung im Raum und vieles andere mehr bildet.

Wichtige Themen wie Sozialisierung und Teamschwächen werden von den aktuellen Programmen zwar teilweise auch schon analysiert, aber genau diese weichen Faktoren kann ein guter Scout in der Praxis deutlich besser identifizieren. Bei all diesen technischen Möglichkeiten und Tools wundert man sich dann des Öfteren schon, warum oftmals nur bekannte Spieler verpflichtet werden oder Spieler sich trotz des umfassenden Screenings nachträglich als „Flop" herausstellen.

An ausreichenden Daten scheitert es nicht, die Kunst ist, aus diesen Daten einen Mehrwert zu ziehen. Etwa 3,6 Mio. Positionsdatenpunkte und 1600 Spielereignisse (Tore, Pässe, Fouls etc.) werden allein pro Spiel in der Bundesliga von der DFL-Tochterfirma Sportec Solutions erhoben.

9.3 Fußball der Zukunft – auch eine Frage des richtigen Systems und Trainers

Nun stellt sich die Frage, warum dann diverse Clubs in den letzten Jahren so häufig erfolglos gewesen sind, obwohl es anscheinend immer leichter wird, passende Spieler für den eigenen Verein zu finden. Fehlen in der Praxis eine klare Spielidee, eine Vereins-DNA bzw. ein exzellenter Trainer, der durch seine Spielphilosophie, seinen Matchplan und seine Führung den Verein langfristig prägen kann? Manager und Präsidenten müssen Trainer leider häufig nach Bekanntheit und aufgrund kurzfristiger Erfolge einstellen, anstatt sie an ihrer langfristigen Planung zu beteiligen und zu messen.

Pep Guardiola, der vielleicht beste Trainer der Welt, revolutionierte den Fußball bereits vor mehr als zehn Jahren, indem er die Strategie des „totalen Fußballs" von Johan Cruyff weiterentwickelte: Die Spieler lassen sich bei einem Ballverlust nicht zurückfallen, sondern erobern den Ball in der hohen Verteidigung im Raum direkt zurück, um dann im schnellen Tiki-Taka-Fußball und exakten Positionsspiel eine Überzahl zu schaffen. Auch Thomas Tuchel, während seiner Zeit bei Borussia Dortmund aus meiner Sicht nicht hoch genug wertgeschätzt, übernahm die Idee, dass auf dem Feld Räume entscheidend sind, die sich oft nur für Sekunden auftun oder eben durch eine intelligente Spielweise geschaffen werden müssen. Jürgen Klopp, neben Ralf Rangnick einer der Erfinder des modernen Fußballs und des sogenannten Gegenpressings, arbeitet ebenfalls mit solch einer klaren Spielidee. „Kloppo" hat die Strategie von Borussia Dortmund wie auch des FC Liverpool geprägt, weil man ihm die Zeit, den Freiraum und auch das nötige „Kleingeld" gab, um sein Konzept zu verfolgen.

Welche Vereine in der Bundesliga stehen denn für eine solch klare und moderne Spielphilosophie? Borussia Dortmund, RB Leipzig, gegebenenfalls noch Borussia Mönchengladbach und Eintracht Frankfurt sowie abermals Bayern München. Wie bereits erwähnt: In Sachen moderner und schneller Fußball kommt man an Ralf Rangnick und seinen Erben nicht vorbei. Wie die fußballerische Erfolgsgeschichte von 1899 Hoffenheim und RB Leipzig zeigen, kann man eben mit einer klaren und konsequenten Spielidee Erfolg haben. RB wurde in seinem ersten Bundesligajahr Vizemeister, aber entgegen der landläufigen Meinung nicht aufgrund seines hohen Etats, mit seinem Spieletat stand der Verein an siebter Stelle. Man muss Retortenprodukte wie RB Leipzig oder RB Salzburg sicherlich nicht mögen, aber man sollte anerkennen, dass es kein Zufall ist, dass Trainer mit der Leipzig-/Salzburg-DNA, wie Rangnick, Nagelsmann, Rose, Glasner und Hütter für einen attraktiven und meist erfolgreichen Fußball stehen.

Wie es einem Club ergehen kann, wenn Wunsch und Wirklichkeit nach der Verpflichtung eines neuen Trainers stark voneinander abweichen, war beim BVB unter Trainer Peter Bosz zu beobachten. Bei Peter Bosz muss man aber klar festhalten, dass er damals beim BVB eben nicht die richtigen (schnellen) Spieler für sein System zur Verfügung hatte.

Wer sollte denn nun die Spielphilosophie oder -idee vorgeben – der Club oder der Trainer? Im Idealfall eindeutig der Club! Auf der einen Seite ist entscheidend, dass dem Trainer, soweit möglich, die nötige Zeit dafür eingeräumt wird, die Spielidee zu adaptierten oder zu entwickeln. Zumal die Jahrgänge ab der B-Jugend aufwärts den gleichen Fußball wie die erste Mannschaft spielen sollten. Auf der anderen Seite muss der Trainer unbedingt zum Verein und zum Kader passen, vor allem, wenn es in einem Club nicht so gut läuft. Hauruckaktionen, besonders in Krisenzeiten, schüren Unruhe, fördern eine enorme Spielerfluktuation und bringen einen Club in der Spielidentifikation weder kurz- noch langfristig weiter. Dann kann es laufen, wie beispielsweise beim Hamburger SV vor einigen Jahren: Ein neuer Trainer kommt und sagt, „die Spieler X, Y und Z passen nicht, ich will neue", und der Verein setzt dies um. Bei Misserfolg wird der Trainer allerdings häufig schnell wieder entlassen.

Sein Nachfolger bevorzugt dann jedoch andere Spielertypen, und die Suche geht von vorne los.

Daher wäre es ideal, auch wenn dies schwierig ist, dass jeder Verein seine eigene Idee der Spielphilosophie erfasst und als eigene Club-DNA lebt. Wobei schon klar ist, dass auch andere als Vorbild dienen können. Wenn man z. B. die anfängliche Arbeit von Ralf Rangnick betrachtet oder von Jürgen Klopp bei Mainz 05 und beim BVB, haben sich damals die meisten Trainer an Klopp orientiert. Mehr und mehr wurde die maßgebliche Pressinggeschwindigkeit verinnerlicht und in anderen Clubs umgesetzt. Insofern gibt es eher selten die eine exklusive Vereins-DNA in der Ausrichtung.

9.4 Beispiele aus dem digitalen Werkzeugkasten

Ghost-Systeme und künstliche Intelligenz (KI) werden den Fußball in Zukunft noch spannender machen. Die großen Vereine wie FC Liverpool, Paris SG, Bayern München und sicher noch einige andere haben bereits Stellen für Innovations- oder Forschungsmanager und Sportinformatiker geschaffen. Ein modernes Hilfstool ist das „Expected-Goals-Modell". Bereits seit einigen Jahren auf dem Markt, vergleicht es unter anderem durch Datenerhebungen die besten Spieler und Schusspositionen nach Räumen aufgeteilt.

Es gibt heute auch bereits erste Systeme, die mithilfe von künstlicher Intelligenz Unmengen von Informationen, wie die Daten der eigenen Spiele und Spieler, aber auch die der Gegner, erfassen und somit die Erarbeitung eines perfekten Matchplans unterstützen. Mit diesen Systemen werden bezogen auf eine Spielpaarung die Daten der eigenen Mannschaft, des gegnerischen Teams, der eigenen Spieler und der Spieler der anderen Mannschaft mit Daten aus der Vergangenheit, wie z. B. Handlungsschnelligkeit, bevorzugte Laufwege, Adaptionen, Zweikampfverhalten und Verhaltensmuster, miteinander abgeglichen.

In der Vergangenheit nutzte der Trainer zur Vor- und Nachbereitung einer Partie vorrangig die Videoanalyse und das Whiteboard, um seiner Mannschaft die Fehler und die richtigen oder falschen Laufwege visuell zu verdeutlichen. In Zukunft gibt der Ghost interaktiv die perfekten Laufwege vor, unter Berücksichtigung der gespeicherten und erlernten Daten und Spielszenen des Gegners. KI kann so eventuell bald schneller und besser als die Guardiolas und Favres dieser Welt das Verhalten und die Spielideen des Gegners analysieren und dadurch die Aktionen, Reaktionen sowie die Taktik des eigenen Teams perfektionieren.

Ähnlich wie heute schon im Bereich der KI-gesteuerten medizinischen Diagnostik die Diagnosen durch KI teilweise tatsächlich exakter sind als die der Ärzte, so sind digitale Tools mittlerweile vielleicht schon besser in der Spiel- und Spieleranalyse als der Trainer. Aber ebenso wie der Computer nicht den Arzt ersetzen kann, werden der Trainer und sein Stab immer einen maßgeblichen und gewichtigen Anteil am Erfolg oder auch Misserfolg haben.

Es gibt mittlerweile viele Verfahren, um in Echtzeit die Performance eines Spielers in Form von X-Y-Koordinaten zu erfassen. Diese Positions- und Trackingdaten wurden in der Vergangenheit vorrangig zur Leistungsdiagnostik eingesetzt. In dem Projekt „Positionsdaten im Profifußball" der Wissenschaftler Daniel Memmert und Jürgen Perl geht es darum, aus diesen Positionsdaten neu geschaffene Key-Performance-Indikatoren (KPI) zu berechnen [1]. Professor Daniel Memmert ist Leiter des Instituts für Trainingswissenschaften und Sportinformatik an der Sporthochschule Köln. Die Positionsdaten im Spiel wurden unter Einbeziehung von neuronalen Netzen (Analysetool „Soccer" von Jürgen Perl) berechnet. Dabei wurden ca. 50 Bundesligaspiele der Saison 2014/15 untersucht und 11.160 Leistungswerte ermittelt, die dann weiter ausgewertet wurden. Bei dieser Analyse wurden die reinen Positionsdaten der Spieler berücksichtigt. Im Ergebnis erkennt man beispielhaft, wie Szenen, die eine Spieleröffnung vom Torwart zeigen, flach, als kurz ausgespielter Abstoß, mit dem Neuronen-Cluster „Spielaufbau" versehen werden und darüber die weitere Spielentwicklung erkannt wird.

Um festzustellen, ob das System auch wirklich zuverlässig funktioniert, wurde die Erkennung mithilfe der neuronalen Netze mit der traditionellen Art der Spielanalyse verglichen. Bei einem solchen Vergleich mit klassischen Spielanalysen wurde 2016 festgestellt, dass die Vergleichswerte bei ca. 95 % lagen. Der digitale Prozess ist natürlich viel produktiver und wird sich in der letzten Zeit sicher noch weiter verbessert haben.

Bereits seit 2015 auf dem Markt, bietet SAP Sports One (Abb. 9.2) eine Gesamtlösung für das gesamten Clubmanagement, die Trainingsplanung, Performance-Analyse, das Stammdatenmanagement sowie eine detaillierte Verfolgung von Verletzungen und Leistungsdiagnostik für eine umfassende Gesundheitsgeschichte der einzelnen Spieler. Auf der einheitlichen Plattform SAP HANA werden Teams und Spieler effizient verwaltet, und es lassen sich mit einem Klick analytische Erkenntnisse für die Performance-Optimierung gewinnen. Die Erkenntnisse sollen dazu beitragen, das Training so anzupassen, dass Verletzungen vermieden werden und die Taktik für das gesamte Team optimiert wird. Bislang ungenutztes Potenzial ermöglicht so völlig neue Erkenntnisse für eine bessere Leistung.

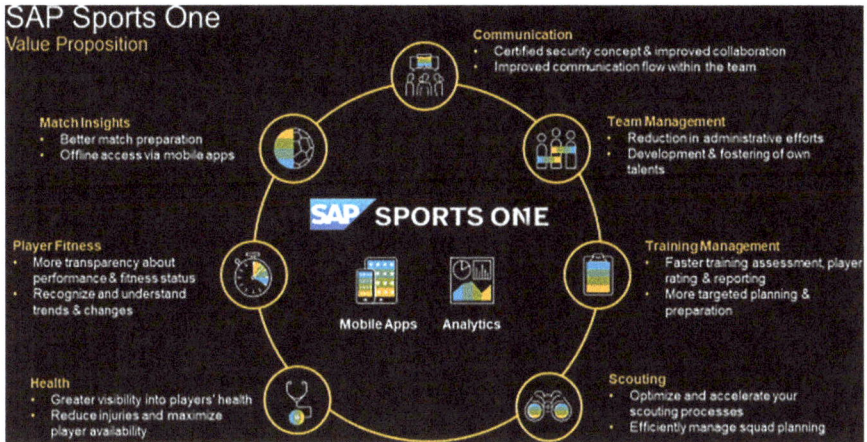

Abb. 9.2 SAP Sports One, die vielleicht beste Fulfillment-Lösung (© SAP Sports One)

Aber nicht nur im Bereich des Sport,- Club- und Performance-Managements, sondern auch in Sachen Stadionmanagement und Connected Stadium bietet diese digitale Lösung neben anderen Anbietern auf dem Markt ein perfektes und innovatives Gesamtpaket. Klar ist aber auch, dass jedes digitale Tool nur so gut ist wie seine Anwender. Insofern glaube ich, dass die vielseitigen Möglichkeiten der Angebote manchmal gar nicht komplett ausgeschöpft werden. Es ist Aufgabe des Vereinsmanagements, innovativ zu denken und dies ins gesamte Team motivierend zu implementieren.

9.5 Die unterschiedlichen Tracking- und Datensysteme

Packing-Rate und Impect-Analyse
Die Packing-Rate ergibt sich durch die Anzahl der überspielten Gegenspieler. Das Überspielen kann entweder durch Pässe oder Dribblings geschehen. Die Kennzahl Impect steht für die überspielten Verteidiger und den daraus resultierenden Vorteil in der Offensive. Ins Leben gerufen wurde diese Analysemethode (Abb. 9.3) von der Firma Impect GmbH, gegründet von den ehemaligen Bundesligaprofis Stefan Reinartz (s. Interview in Kap. 12) und Jens Hegeler. In den letzten Jahren wurden auf diese Weise bereits weit über 10.000 Spiele erfasst.

Die Auswertung der Zahlen bestätigte, dass bei den Spielen größtenteils die Mannschaft gewann, die eine größere Anzahl an Gegnern überspielt hatte.

Abb. 9.3 Impect-Analyse – das perfekte Überspielen des Gegners (Impect GmbH, https://www.impect.com/de/)

Beim Fußball geht es darum, Tore zu erzielen und am anderen Ende keine Gegentore zu kassieren. Dabei ist es nur verständlich und auch statistisch nachgewiesen, dass sich die Wahrscheinlichkeit für ein Tor erhöht, je weniger Gegenspieler zwischen ballführendem Spieler und dem Tor stehen [2].

Auch auf das Scouting von Spielern hat diese Zahl eine Auswirkung. So verpflichtete z. B. ein Ex-Verein von Reinartz, Bayer Leverkusen, damals den Spieler Kevin Kampl (heute bei RB Leipzig) auf Grundlage dieser Zahlen.

GPS-Systeme
Hierbei wird über einen Brustgurt oder auch Chip im Schuh mittels eines Transponders ein Signal gesendet, um die Daten über GPS zu erfassen. Auf diese Weise können Bewegungen, Dynamik, Schnelligkeit, Laufleistungen bis hin zur Herzfrequenz gemessen und ausgewertet werden.

Radar- und mikrowellenbasierte Systeme
Bei dieser Variante tragen die Spieler ebenfalls einen Sensor. Hier wird das Signal allerdings nicht per GPS, sondern von fest installierten Geräten im Stadion erfasst. Die erfassten Daten sind in Echtzeit verfügbar und haben eine hohe Genauigkeit. Da das Tragen von individuellen GPS-Systemen in der Bundesliga noch nicht gestattet ist, wird dieses System von dem Anbieter SportsTotal neben seinen Streamingdiensten an den Spieltagen eingesetzt.

x-Goals-Modell
Ein weiteres Tool ist das xGoals-Modell (Expected-Goals-Modell), das der TV-Zuschauer von den Liveübertragungen des Anbieters Sky kennt. Dieses System berechnet die Qualität von Torchancen, wobei nicht nur die Schussgenauigkeit berücksichtigt wird, sondern auch die Position des Schützen, die Distanz und der Winkel zum Tor, die Bewegung des Spielers sowie die Reaktion bzw. Positionierung des Torwarts.

9.6 Die Erfolgsstory: der Vorreiter beim Einsatz der Datenanalyse und KI, der FC Midtjylland

Der Club FC Midtjylland aus Dänemark wurde in diesem Zusammenhang oft beschrieben und ist immer wieder erwähnenswert. Der Physiker Matthew Benham entwickelte Anfang der 2000er-Jahre Datenanalyse-Tools, mit denen er am Wettmarkt legal Millionen verdiente. 2012 erwarb er dann den damaligen britischen Drittligisten FC Brentford und 2014 den dänischen Provinzclub FC Midtjylland.

Neben der Analyse der Gegner, der Spieler, des Spiels etc. durch mathematische Modelle gelang es dem FC Midtjylland, ähnlich wie im Film *Die Kunst zu gewinnen – Moneyball* genial erzählt (ein Muss-Film aus dem Jahr 2011 nicht nur für jeden Sportinteressierten, sondern auch für jeden Fußballmanager), unterschätzte und niedrig bewertete Spieler günstig zu verpflichten. Rasch wurde der FC Midtjylland als Underdog dänischer Meister und erzielte in der Europa League unter anderem einen Sieg gegen Manchester United.

Datenanalysen und KI sind natürlich keine Wundermittel, das wäre zu einfach. Aber selbst dann, wenn sie in der Clusterwirkung nur ein paar Prozent ausmachen, können es gegebenenfalls diese wenigen Prozent sein, die eine Meisterschaft entscheiden. Wie schon einmal erwähnt, ist Fußball quasi eine der ungerechtesten Mannschaftssportarten: Weil nur wenige Tore fallen, können auch Teams mit einem um 70 % niedrigeren Etat als der Gegner Spiele gewinnen, in dem sie sich 90 Minuten kämpfend hinten reinstellen und irgendwann einen Glückstreffer erzielen. Aber exakt diese Unberechenbarkeit macht den Fußball aus.

9.7 Leistungsdiagnostik und modernes Athletiktraining

Ich kann mich noch gut erinnern, dass ich 2006 im Rahmen der FIFA-WM aufgrund meines Jobs zu den wenigen gehörte, die ab und an einen Blick auf den Trainingsplatz der deutschen Nationalmannschaft im Stadion der Amateure von Hertha BSC erhaschen durften. Der Bundestrainer Jürgen Klinsmann hatte den Athletiktrainer Mark Verstegen aus den USA engagiert und wurde anfänglich für die eine oder andere funktionelle Übung belächelt. Bereits Monate später waren die Trainingsformen bei fast allen Trainern zum festen Bestandteil geworden und sind seit Jahren in jedem großen Fitnesscenter vorzufinden.

Das extrem schnelle Fußballspiel setzt voraus, mit dem Ball auf engem Raum gegen den Gegner zu agieren. Und bei Ballverlust dementsprechend wieder sofort zu pressen. Das Anforderungsprofil an die Spieler bezüglich Kondition, taktischem Verständnis und Handlungsschnelligkeit ist höchst komplex! Somit sind die Anforderungen im Training extrem hoch und teilweise interdisziplinär. Stabilisation, Mobilisierung, Koordination, Kondition, Schnelligkeit und Kraft müssen trainiert und aufeinander abgestimmt werden.

Neuroathletik, mentale Stärke und auch Intelligenz sind weitere Faktoren, die einen Fußballer erfolgreich machen. Zu hohe oder auch falsche Belastungen im Training oder Wettkampf, Reisestress und mentale Überforderung schwächen das Immunsystem und führen häufig zu Erkrankungen. Eine sportspezifische Ernährung ist neben dem Faktor der richtigen Belastung enorm wichtig. Anhand von regelmäßigen Bluttests kann man auf eine leistungsnotwendige Ernährung, gegebenenfalls mit einer Supplementierung, Einfluss nehmen. In Sachen perfekte Ernährung gibt es im Leistungsfußball allerdings noch ganz viel Luft nach oben.

Im Training, aber eben auch bei den Begleitmaßnahmen wird versucht, einen exakten Bezug zur Belastungsstruktur im Wettkampf herzustellen. Das Spiel von heute ist in keiner Weise mehr zu vergleichen mit dem Spiel und der Beanspruchung der Sportler vor 20 Jahren. Der Fußball ist immer schneller und athletischer geworden. Vor vielen Jahren wurde ein- bis zweimal im Jahr ein Lactattest gemacht, heute ist der Profifußballer ein Stück weit gläsern. Schlechte oder falsche Ernährung, zu wenig oder zu hohe Belastung können im Blutbild abgelesen und direkt ausgewertet werden. Das Gleiche gilt für Trainingsinhalte: dass Innenverteidiger, wie bereits erwähnt, das gleiche Training abspulen mussten wie laufintensive Außenstürmer, ist heute undenkbar.

Auch die Neuroathletik spielt eine immer größere Rolle. Durch neuronale Stimulation und spezielle Übungsformen werden das motorische Lernen und die Bewegungstechnik optimiert, um die notwendige Handlungsschnelligkeit immer weiter zu verbessern. Auch im Bereich der Leistungsdiagnostik kommen dementsprechend der Datenverarbeitung und der Sportinformatik eine immer größere Bedeutung zu. Wer nicht mit der Zeit geht, geht mit der Zeit.

Im Ergebnis wird das Spiel durch die technische Unterstützung zukünftig noch schneller und interessanter werden. Aber keine Angst, der Fußball wird durch die Digitalisierung nicht seine Identität verlieren oder den Cheftrainer überflüssig machen. KI wird den Menschen nicht ersetzen können – weder die umfängliche Erfahrung, das fachliche Gesamtpaket noch die Menschenführung und Empathie, die einen guten Trainer in der Praxis ausmachen. Die neuen Möglichkeiten schaffen vielmehr Raum und Zeit, um sich auf diese Aspekte wieder mehr zu fokussieren. Im Fußball wird es sein wie im richtigen Leben: Wer sich den unvermeidbaren Veränderungen in der KI und Digitalisierung stellt, wird zu den Gewinnern gehören.

Ich möchte aber betonen, dass sich die Digitalisierung nicht nur auf die beschriebenen Analysesysteme allein bezieht. Ein wildes und vor allen Dingen permanentes In-Szene-setzen auf Instagram, Facebook und Co. hat die Kultur des Fußballs bereits verändert – und nicht in allen Bereichen zum Positiven. In vielen Clubs hat der digitale Fortschritt auch auf dem Trainingsplatz und in der Kabine Einzug gehalten, und die Verantwortlichen müssen sich diesen neuen Herausforderungen in der Teamorganisation stellen.

9.8 Infotainment und Connected Stadium

Fulfillment-Service ist für die Fans schon heute in großen und modernen Stadien unter anderem durch die Club- und Stadion-Apps erlebbar – es gibt aber noch deutlich Luft nach oben. Der Fan bekommt am sogenannten Matchday #1, also am Vortag eines Spiels, die ersten Infos über die Partie, den Spieltag und den Gegner. Auf dem Weg zum Stadion erhält man eine Mitteilung, welcher Parkplatz auf welcher Ebene frei ist. Das Ticket hat der Stadionbesucher bereits im Vorfeld über die App reserviert. Das Smartphone zeigt den Weg zum gebuchten Sitzplatz, und das erste „kühle Blonde" kann ebenfalls direkt per App bestellt und bezahlt werden, damit man keine Minute des Spiels mehr in der Warteschlange verpasst.

Eine halbe Stunde vor Spielbeginn erhält der Fan die aktuelle Mannschaftsaufstellung und die letzten Infos. Während und nach der Begegnung kann der

Abb. 9.4 Symbolbild: im Fußballstadion – das Mobiltelefon steht im Fokus (© istock)

Zuschauer alle getrackten Daten, wie beispielsweise Laufleistung, Passquoten, gewonnene Zweikämpfe etc., direkt aus der App abrufen. Die Zukunft wird immer mehr Serviceleistungen, aber auch Unterhaltungsfaktoren für ein Eventpublikum mit sich bringen (Abb. 9.4).

9.9 Was bringt die Zukunft?

Den Vereinen und Stadionbetreibern eröffnen sich zukünftig noch weitere Möglichkeiten, um mit Digitalisierung und KI zusätzliche Umsätze zu generieren sowie den Zuschauern entsprechende Mehrwerte zu bieten. Während der Stadionbesucher über die klassische Digitalbande Werbung sieht, wird diese dem Fernsehzuschauer aus Asien oder den USA seit Längerem virtuell auf den internationalen oder nationalen Zielmarkt abgestimmt eingespielt (Kap. 4). Die Hologrammtechnik wird Einzug halten. Bei der ersten Hologramm-Pressekonferenz, die 2017 stattfand, trafen sich die Trainer verschiedener Fußballclubs zu einem Pressetermin im virtuellen Raum.

Das war der Anfang einer Entwicklung, die im Stadionerlebnis weitergedacht werden kann. Das Team reist zum Auswärtsspiel, die Fans bleiben im eigenen Stadion zurück und erleben die Partie mittels Hologrammtechnik so, als ob sie mitgereist wären, fast wie in der Realität. Unfassbar, aber vielleicht bald schon Wirklichkeit. Technologiekonzerne wie Apple, Samsung oder

Sony arbeiten seit Jahren an der Realisierung von „Pepper's Ghost", einer Hologrammtechnik, die mit Lichtstrahlen dreidimensionale Bilder erzeugt, die einem Live-Erlebnis sehr nahe kommen. Die Japaner wollten bereits zu den Olympischen Spielen 2021 diese Technik einsetzen, haben es aber nicht ganz geschafft. Es ist aber nur eine Frage von ein paar Jahren, bis durch diese Technik Live-Erlebnisse multiplizierbar werden. Das Ganze wird schon bald eine digitale Weiterentwicklung des modernen Public Viewing werden.

Virtual Reality und vieles mehr werden bei unserem Stadionerlebnis und in den eigenen vier Wänden zukünftig eine große Rolle spielen. Über 3-D-Brillen erleben wir z. B. das Ghost-System hautnah: Wie hätte welcher Spieler besser oder anders laufen können, wie ist die Raumaufteilung der Fußballer aus dem Gesamtblick, wie verschiebt sich die ganze Mannschaft und nach welchem Taktikmuster agiert sie? Wiederholungen von Spielszenen werden aus unterschiedlichen Blickwinkeln beobachtbar sein und ein 360-Grad-Fußballerlebnis möglich machen. Sollten es Datenschutz und Persönlichkeitsrechte erlauben, werden wir vielleicht in Zukunft zeitgleich zum Spiel den Puls, die Geschwindigkeit und andere Daten der Spieler in speziellen Apps live sehen können.

Wetten bis kurz vor Schluss, Fannetzwerkpflege, aber sicher auch Meeting Points, wie Partneranbahnung für Aktivitäten nach dem Spiel, werden uns schon bald relativ normal vorkommen – wenn wir uns auf diese Entwicklungen einlassen. Tweets auf der Videowand oder Gamification werden bereits heute in manchen Stadien (vorrangig in den USA) gelebt, praktiziert und kontinuierlich weiterentwickelt.

Vielen stellt sich die Frage: Brauchen wir das wirklich alles, oder macht es uns unseren Fußball langfristig kaputt? Meine Meinung: Studien spiegeln wider, dass Serviceleistungen um das Stadionerlebnis herum sicher wünschenswert sind, sich weiter verbessern müssen und auch werden. Das ist der moderne Zeitgeist, und vor diesen Entwicklungen sollten wir uns nicht verschließen. Die Stadien der Zukunft werden, ähnlich dem Smarthome, komplett digitalisiert und als Erlebnistempel mit entsprechender Infrastruktur und modernster Verkehrsanbindung gebaut.

Trotz aller Innovationen darf in keinem Fall der klassische Fan verdrängt und vergessen werden. Ohne den traditionellen Fan ist der Fußball, wie wir ihn kennen und lieben, tot. 3-D-Brillen und andere zukünftige Innovationen haben meiner Ansicht nach eigentlich nichts im gesamten Stadion zu suchen, wenn überhaupt, dann nur in einem speziell dafür vorgesehenen Block. Fußball ist aus meiner Sicht in erster Linie Volkstheater, Fußball ist geballte Emotion und Dramaturgie. Diesen Sport wirklich erleben kann man nur, wenn man sich voll auf ihn einlässt, und deshalb sollte das Spiel und nicht die Digitalisierung und Entertainment für ein Eventpublikum im Vordergrund stehen.

9.10 Auszüge der Studie von Facit digital vom Juli 2018

Im Jahr 2018 hat das Unternehmen Facit digital GmbH eine Studie erarbeitet mit dem Inhalt: Was möchten die Fans und Zuschauer in Sachen Stadionerlebnis wirklich? Sind alle Features und Angebote der Zukunft wirklich wünschenswert und von den Fans und Zuschauern gewollt? Auszüge daraus sind aus Abb. 9.5a und b zu ersehen. Die komplette Studie ist abrufbar unter: https://www.facit-group.com.

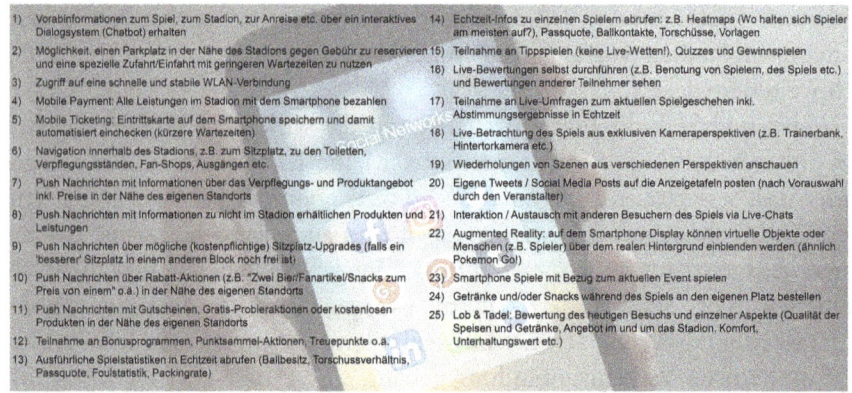

Abb. 9.5 a, b Digitales Stadionerlebnis, Auszüge der Studie der Facit digital GmbH vom Juli 2018, Folien 8 und 19

9 Die Zukunft des Fußballs im Zeitalter von Big Data

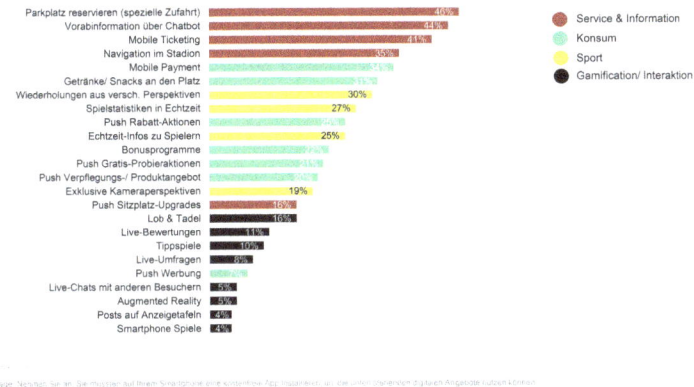

Abb. 9.5 (Fortsetzung)

Interview mit Quirin Löppert, Athletiktrainer von Borussia Mönchengladbach, zu Leistungsdiagnostik und Big Data im Training und Wettkampf

Quirin Löppert (▶ https://doi.org/10.1007/000-4t8)

Der Fußball ist im Laufe der letzten 20 Jahre immer schneller und athletischer geworden. Früher spulte beispielsweise ein Innenverteidiger das gleiche Training ab wie ein Außenstürmer. Was sind heute die Kernelemente eines modernen fußballspezifischen Athletiktrainings?

Ja, es stimmt, der Fußball ist in den letzten Jahren immer schneller geworden, aber es sind eben nicht nur die beispielsweise 12 km Laufleistung im Spiel, sondern es wird abgestoppt, immer wieder beschleunigt, und es müssen in Bruchteilen von Sekunden Entscheidungen getroffen werden. Unser Job ist vorrangig die Belastungssteuerung, sodass der Spieler im Spiel und im laufenden Wettbewerb fit ist bzw. fit bleibt.

Thema Big Data, welche digitalen Tools setzen Sie heute im Training ein?

Neben der taktischen Schulung durch Videomaterial ist für uns vorrangig das GPS-gesteuerte Training entscheidend. Des Weiteren sind für uns natürlich Herzfrequenzsender wichtig und Blutentnahmen. Die daraus gewonnene Benchmark fließt in die Trainingssteuerung mit ein.

Welche Rolle spielt mittlerweile Neuroathletik?

Neuroathletik ist wichtig und im Trend, dieses Wissen kann man sich aber nicht mal eben so aneignen. Fakt ist auch, dass Neuroathletik mehr im Eins-zu-eins-Training Anwendung findet und weniger in der Gruppe.

Wie erfolgt die Zusammenarbeit im Bereich der Leistungsdiagnostik in der Schnittstelle zum Teamarzt?

Maßgeblich ist, dass die Schnittstelle professionell funktioniert. Vor dem täglichen Trainingsbeginn wird mit den Sportwissenschaftlern, den Physios und dem Mannschaftsarzt über jeden Spieler gesprochen. Ist er leistungsbereit, ist er leistungsfähig etc. Die Ergebnisse und Einschätzungen werden dann dem Cheftrainer mitgeteilt. Anhand der Ergebnisse und Einschätzungen werden dann das Training und die Belastung gesteuert.

Ich kenne es aus eigener Erfahrung, dass Spieler, die man für ein anstehendes Spiel unbedingt benötigt, vom Arzt zum Spiel freigegeben werden, obwohl es grenzwertig ist, ob die Verletzung hält oder wieder aufbricht.

Es mag sein, dass solche Entscheidungen getroffen werden müssen, die manchmal dann grenzwertig sind. Fakt ist aber, dass so etwas nicht gut ist und, wenn möglich, nicht passieren sollte.

Alles wird immer noch schneller, wir sind nur noch User, und wenn wir nicht aufpassen, bald halbe Cyborgs. Wird es mit den ganzen Trackingdaten bereits übertrieben?

Entscheidend ist ja nicht die Datenflut an sich, sondern, wie gehe ich mit den Daten um. Wie interpretiere ich diese. Die Daten sind nur Einzelbausteine, entscheidend ist, wie kommuniziere ich mit dem Spieler als Individuum.

Wo sehen Sie selbst ein Ende in der physischen und psychischen Belastung?

Ich denke, für Teams, die regelmäßig international spielen – gerade, wenn man nach England schaut, fast immer im Drei-Tages-Rhythmus –, da ist man bei der maximalen Belastung angekommen mehr geht, denke ich, nicht.

Quirin, herzlichen Dank für das kurze Interview.

Interview mit Daniel Nister, Fußballtrainer und Datenspezialist, zu Big Data und künstlicher Intelligenz im Fußball

Daniel Nister (▶ https://doi.org/10.1007/000-4t7)

Big Data spielen im Profifußball und generell im Sport eine immer größere Rolle. Trackingdaten haben das TV erobert, modernes Scouting läuft teilweise über KI usw. Welche Tools sehen Sie selbst im Bereich der Veränderung oder Verbesserung der Spielidee als größte Bereicherung?

Wir sind noch am Anfang der Entwicklung. Durchaus sind die Trackingdaten für die Spielidee enorm wichtig, aber auch Visualisierungstools sind zur Veranschaulichung essenziell, um Ideen und Lösungen verständlich zu machen. Dadurch kann man unter anderem auch den einzelnen Spieler besser machen. Künstliche Intelligenz wird insofern zunehmend wichtiger, als dadurch relevante Daten aus dem Tracking automatisiert gelesen und angezeigt werden, so beispielsweise bei der Erfassung von Raum- und Ballgewinnen.

Wie wichtig sind die Trackingdaten für die Trainings- und Sportleroptimierung?

Wir haben zum einen den Mehrwert beim Return to Play, d. h., wenn der Spieler aus einer Verletzung kommt, dass die Belastungssteuerung optimal verläuft. Zum anderen können wir Langzeitverläufe in taktischer Hinsicht erstellen: Wie hat sich der Spieler über einen längeren Zeitraum entwickelt. Wir können weiter präzisere und bessere Stärken- und Schwächenanalysen vornehmen und somit den Spieler zielgerichteter verbessern. Nicht zu vernachlässigen sind auch die Unterstützungen und Optimierungen beim Abgleich dessen, was im Spiel und im Training passiert.

Wäre es nicht zeitgemäß, dass jeder Profifußballer seine Performance-Daten inklusive medizinischer Befunde datengeschützt in seiner eigenen persönlichen Cloud speichert und diese den Clubs, insbesondere bei Transfers, zur Verfügung stellt?

Ein schwieriges Thema. Daten werden immer wichtiger und wertvoller. Die Spieler haben sicherlich Sorge, ob die Daten geschützt sind. Es würde, sinnvoll eingesetzt, eindeutig helfen, wenn man die Historie der Verläufe aus der Vergangenheit hätte, um abgestimmt auf diese zu optimieren und für die Zukunft abgeleitete Reize zu setzen.

Überfordern wir nicht irgendwann den Sportler mit all den Informationen und Daten?

Es gilt grundsätzlich, die Balance zu finden. Daten liegen genug vor, die Kunst ist, die wichtigen Daten zu selektieren und nur die, die einem auch wirklich weiterhelfen, zu verarbeiten und weiterzugeben. Die Spieler wollen mitgenommen werden, d. h., ihnen muss klar sein, worum es bei den Daten genau geht und welche Absicht dahinter ist. Bei all den Technologien und Daten wird die Intuition der Spieler auf dem Platz zukünftig noch entscheidender, und diese gilt es vorzubereiten und mithilfe von digitalen Tools zu trainieren.

Stichwort Scouting: Es gibt bereits mehrere sehr große und überragende Scouting Tools, mit denen Spieler gemäß dem Anforderungsprofil vorgescoutet werden können. Ich denke, das sollte heute für die Clubs schon Standard sein, oder nicht?

Ja, die Tools sind hilfreich und wichtig, aber natürlich sind die Daten nicht alle valide und nicht immer vollständig. Es hilft auf einem großen Markt, Spieler zu clustern und herauszufiltern. Mit der KI wird sich das Feld sicherlich noch viel weiter entwickeln.

Thema Sportinformatik: Einige Clubs haben schon Sportinformatiker und Innovationsmanager in den Trainerteams. Wie sehen Sie diese Entwicklung?

Es zählt der ganzheitliche Blick, der Fußball ist komplex. Wichtig sind dabei die Schnittstellen zwischen Fußball, Wissenschaft und der Technologie – und das im Idealfall abgestimmt mit der Philosophie des Vereins. Entscheidend ist dabei das gegenseitige Verständnis der handelnden Personen. Der Kern des Fußballs bleiben das Talent und die Leidenschaft, aber es geht darum, die Leistung des Einzelnen und des Teams immer weiter zu entwickeln.

Was bringt uns die Zukunft im Training und Spiel? Wo wird sich der Fußball weiter verändern?

Ich meine, das speed of play *wird noch weiter zunehmen, hauptsächlich durch die Handlungsschnelligkeit der Spieler. Diese gilt es z. B. durch 3-D-Brillen oder virtuelle Footbonauten und vieles mehr als Trainingsinstrumente zu nutzen, um den Spieler kognitiv zu schulen, schnellere Entscheidungen zu treffen. Weiter glaube ich, wird der Fußball noch variabler und flexibler werden. Bei all den Möglichkeiten der Datenverarbeitung und KI werden der Spieler und der Fußball immer gläserner werden. Insofern werden aus meiner Sicht die Intuition wie auch die Mentalität in Zukunft noch viel wichtigere Erfolgsfaktoren sein.*

Quellen

1. https://fis.dshs-koeln.de/portal/files/2743831/Memmert_2016_Innovative_Leistungsindikatoren_im_Profifussball.pdf
2. https://www.impect.com/de/

10

Wie funktioniert ein moderner Fußballverein

10.1 Eine kleine Vorgeschichte

Im Frühjahr 1995 lud ich den damaligen Manager von Hertha BSC, Wolfgang Levin, zu einem Gespräch in meinen damaligen Hotelbetrieb am Potsdamer Platz in Berlin ein, da ich, wie im Vorwort geschildert, in der Zeitung gelesen hatte, Hertha könne sich für ein Heimspiel keine Hotelübernachtung mehr leisten. Begleitet wurde Wolfgang Levin von Martin Bader, der damals nach seinem Sportmanagementstudium für den Vermarkter UFA Sports, eine Bertelsmann-Tochter (heute SPORTFIVE), als Vorhut nach Berlin zur Hertha geschickt wurde (später war er beim 1. FC Nürnberg, bei Hannover 96 und beim 1. FC Kaiserslautern). Wir wurden uns schnell einig, dass ich mein Hotel für die Nächte vor den Spielen zur Verfügung stelle. Ich freundete mich schnell mit Martin Bader an, und über den Input von UFA Sports entstand die Idee, einen Förderkreis Hertha BSC zu gründen. Wir arrangierten in meinem Hotel ein Treffen mit möglichen Sponsoren, es waren die Verantwortlichen einer kleinen Druckerei, eines Sanitärunternehmens, ein Brauereivertreter, ein Grafiker und ein Teppichhändler, der schon lange im Hertha-Präsidium saß. Das war die komplette Ausbeute eines Zweitligisten – unfassbar, aber wahr. Die weiteren Anwesenden waren der damalige Präsident Manfred Zermaitat, der Vizepräsident Jörg Thomas, von UFA Sports Geert Bittner, der spätere CEO und Präsident

---

Ergänzende Information Die elektronische Version dieses Kapitels enthält Zusatzmaterial, auf das über folgenden Link zugegriffen werden kann [https://doi.org/10.1007/978-3-662-64327-3_10]. Die Videos lassen sich durch Anklicken des DOI Links in der Legende einer entsprechenden Abbildung abspielen, oder indem Sie diesen Link mit der SN More Media App scannen.

des HSV, Bernd Hoffmann, und als Praktikant Philipp Hasenbein, seit vielen Jahre CEO von SPORTFIVE, einem der größten Sportvermarkter in Europa.

Wir gründeten den Förderkreis, der innerhalb von wenigen Monaten auf über 60 Mitglieder anwuchs. Als Schirmherr konnten wir Günther Jauch gewinnen. Mein Engagement für den Verein wuchs insofern, da unser Hotel am Potsdamer Platz eine Art zweite Geschäftsstelle des Vereins wurde. Das Team nächtigte bei uns, daraus entstanden Freundschaften, die bis heute Bestand haben. Auch alle Gäste von Hertha BSC wurden bei uns untergebracht, und fast alle Meetings fanden bei uns statt. Viele Geschichten wurden erlebt, die an dieser Stelle aber leider nicht erzählt werden können.

Auf unserer Kartbahn lenkten sich die Profis ab, und die Jugendmannschaften luden wir zu den Weihnachtsfeiern ein. Wie wenig professionell der Verein zu der Zeit noch aufgestellt war, kann man daran ersehen, dass der Verein aus meinem Büro im Hotel die Lizenzunterlagen an den DFB versandte, da es auf der Geschäftsstelle kein Faxgerät gab. Auch wenn es unglaublich erscheint, es war so. Als Manager kam damals der sympathische Carl-Heinz Rühl, bald darauf folgte aus Stuttgart Jürgen Röber als Trainer. Nachdem der Verein am letzten Spieltag der Saison 1995/96 fast aus der 2. Liga abgestiegen wäre, erfolgte bereits ein Jahr später der Aufstieg in die 1. Liga.

Dieter Hoeneß, der im Frühjahr 1997 Calli Rühl als Manager ablöste, hatte mir damals zum Geburtstag als Dankeschön für mein Engagement eine Einladung für ein Auswärtsspiel direkt mit und bei der Mannschaft geschenkt. Ich hatte mir Unterhaching ausgesucht und somit das Glück, bei der Aufstiegsentscheidung mittendrin zu sein. Die improvisierten Feierlichkeiten nach dem Spiel in der Nobeldisco P1 in München sorgten für eine kurze fröhliche Nacht und bleibende Erinnerungen. Hertha qualifizierte sich bereits nach der zweiten Bundesligasaison für die Champions League. In der Hoeneß-Ära stand der Verein achtmal unter den Top 6 der Liga. Es war eine sportlich sehr erfolgreiche Zeit, aber man muss auch erwähnen, dass der Verein bis Mitte der 2000er-Jahre Verbindlichkeiten von über 100 Mio. Euro angehäuft hatte. Im Sommer 2009 verließ Dieter Hoeneß den Verein nach 13 spannenden Jahren.

Im Jahr 1995 arbeiteten neben den Mitarbeitern im Sport ca. fünf Mitarbeiter in der Geschäftsstelle von Hertha BSC, heute sind es knapp 300. Der Umsatz lag damals bei rund 3 Mio. Euro, im Geschäftsjahr 2018/19 waren es etwa 170 Mio. Euro. Zum Vergleich: der FC Bayern München hat im Geschäftsjahr 2019/20 einen Umsatz in Höhe von 698 Mio. Euro getätigt [1].

Mit dieser kleinen Vorgeschichte und den Umsatzvergleichen möchte ich verdeutlichen, dass ein moderner großer Bundesligaverein heute ein Konzern ist und von der Infrastruktur und vom Personal auch so aufgestellt wird.

10.2 Sportökonomie und Sportmanagement

Zumindest in Europa und Deutschland ist die Sportökonomie noch eine relativ junge Wissenschaft. Unter Sportökonomie versteht man die Anwendung von betriebs- und volkswirtschaftlichen Instrumenten in den einzelnen Bereichen des Sports. Die Sportökonomie kann man im Prinzip in zwei Teildisziplinen unterteilen. Zum einen die Sportökonomik, die sich mit den branchenspezifischen volkswirtschaftlichen Aspekten des Sports befasst. Zum zweiten das Sportmanagement, das ist die spezielle Betriebswirtschaftslehre des Sports. Der Fachbereich Fußballmanagement war bisher keine eigenständige und spezielle Sportwissenschaft. Erst in jüngster Zeit gibt es die ersten Bachelorstudiengänge Fußballmanagement.

Bis vor einigen Jahren waren die Toppositionen im Vereinsmanagement vorrangig von renommierten ehemaligen Profifußballern besetzt, wie Uli Hoeneß und Karl-Heinz Rummenigge bei Bayern München. Gerade diese beiden sind zweifellos mit der extremen Entwicklung des Profifußballs als Manager mitgewachsen. Ohne jemandem zu nahe treten zu wollen: Dass in der Vergangenheit Ex-Profis ohne jegliche Managementerfahrungen quasi in CEO-Positionen bestellt wurden, gab es in dieser Form wohl nur im Fußball. Mittlerweile haben erfahrene Unternehmer wie Hans-Joachim („Aki") Watzke bei Borussia Dortmund, der ehemalige Bertelsmann-Vorstand Fernando Carro de Prada bei Bayer Leverkusen oder auch Carsten Schmidt, Ex-Sky-Boss, bei Hertha BSC das Sagen.

Die Geschäftsführer Sport und auch die Sportdirektoren, die in den letzten Jahren unter der ersten Führungsebene installiert wurden, sind zumeist Ex-Profis, was auch gut so ist. Es gibt bei den erfolgreichen Managern aber auch Ausnahmen. Das prominenteste Beispiel ist sicherlich Christian Heidel, der als Bankkaufmann und ehemaliger Autohausbesitzer den FSV Mainz 05 groß gemacht hat.

10.3 Der Verein

Beschäftigen wir uns kurz mit dem Verein an sich. Ein Verein unterliegt dem Gesetz zur Regelung des öffentlichen Vereinsrechts. Es handelt sich bei einem Verein um eine Vereinigung, zu der sich mehrere juristische oder natürliche Personen zu einen gemeinsamen Zweck gemäß ihrer eigenen Satzung zusammengeschlossen haben. Das Bürgerliche Gesetzbuch unterscheidet nach nichtwirtschaftlichem und dem wirtschaftlichem Verein. Ein nichtwirtschaftlicher Verein ist nach § 21 BGB ein Verein ohne reine Gewinnabsicht, dessen Zweck kein wirtschaftlicher Geschäftsbetrieb ist. Die Rechtsfähigkeit erlangt der Idealverein durch die Eintragung in das Vereinsregister des jeweils zuständigen Amtsgerichts. Bezüglich der Organisation eines Vereins schreibt das Bürgerliche Gesetzbuch vor, dass der Verein über mindestens zwei Organe verfügen muss, den nach innen und außen handelnden Vorstand einerseits und die Mitgliederversammlung als Vertreter der Mitglieder andererseits. Der Vorstand, in der Bezeichnung mit einem Präsidium quasi deckungsgleich, führt die Geschäfte, ist aber an die Satzung und an die Beschlüsse der Mitgliederversammlung gebunden. In größeren Vereinen, im Fußball in der Regel bereits ab der Regionalliga aufwärts, delegiert der Vorstand das Tagesgeschäft an hauptamtliche Geschäftsführer. Die Mitgliederversammlung ist das oberste Vereinsorgan. Die Satzung regelt strikt die Beschlussfassungen der Mitgliederversammlungen, zumeist mit einer Dreiviertelmehrheit, sodass sichergestellt ist, dass sehr wichtige Entscheidungen von einer breiten Mehrheit getragen werden.

Bei der klassischen Vereinsstruktur in größeren meist wirtschaftlichen Vereinen wird der Vorstand – oder als Organ deckungsgleich das Präsidium – von der Mitgliederversammlung gewählt. Des Weiteren wählt die Mitgliederversammlung einen Aufsichtsrat, der eine eigene Geschäftsordnung hat, aber auch vollumfänglich der Vereinssatzung unterliegt. Der Aufsichtsrat kontrolliert die Arbeit und die Beschlüsse der Vorstands bzw. Präsidiums. Die Mitglieder des Vorstands/Präsidiums wie auch die Mitglieder des Aufsichtsrats werden in der Regel versetzt alle zwei Jahre für jeweils vier Jahre ins Amt gewählt. Je nach Größe des Vereins gibt es neben den unterschiedlichen Abteilungen, wie bei Sportvereinen beispielsweise Fußball, Basketball, Turnen, Boxen, Kegeln etc., diverse weitere Gremien, wie das Vereinsgericht, den Revisionsausschuss oder den Ältestenrat, um nur einige zu nennen. Der Vorstand bzw. das Präsidium, welche das operative Geschäft leiten oder überwachen, treffen sich je nach Vereinsregelung z. B. alle 14 Tage. Der Aufsichtsrat tagt turnusgemäß, meist viermal im Jahr.

Gründung und Eintragung ins Vereinsregister erfolgten bei den meisten Bundesligavereinen Ende des 19., Anfang des 20. Jahrhunderts. Die Mitglieder schlossen sich zusammen, um ihre Vereinsaktivitäten besser organisieren zu können. Damals und auch noch viele Jahrzehnte danach stand die sportliche Betätigung der Mitglieder im Vordergrund, ohne wirtschaftliche Ausrichtung. Seit vielen Jahren, insbesondere seit den 1990ern und der erheblichen Kommerzialisierung und gigantischen Umsatzentwicklungen, erscheint es mehr als fraglich, ob die großen Vereine noch als nichtwirtschaftliche, gemeinnützige Vereine im Sinne des § 21 BGB zu klassifizieren sind.

Die heutigen Profivereine und auch einige Vereine aus der Regionalliga sind aufgrund ihrer Dimensionen eindeutig als wirtschaftliche Vereine im Sinne von § 22 BGB zu klassifizieren.

Meines Erachtens ist es geradezu abenteuerlich, dass ein Club wie Schalke 04, bis Ende der Saison 2020/21 in der 1. Liga, mit einem Jahresumsatz in Höhe von rund 300 Mio. Euro und Jahresgehältern einzelner Spieler von 5 Mio. Euro und mehr als Verein geführt wird. Gleiches gilt für den Hamburger SV, der übrigens mit über 30 Abteilungen und mehr als 85.000 Mitgliedern einer der größten Vereine in Deutschland ist.

Neben der rechtlichen und steuerlichen Bewertung ist das Vereinsmanagement, zumindest bei reinen Vereinsstrukturen bei Profivereinen, in den Entscheidungsfindungen und im Prozessmanagement sicher nicht mehr zeitgemäß. Auch wenn die durch das Präsidium oder den Vorstand beauftragte Geschäftsführung schon einige Befugnisse im operativen Tagesgeschäft hat, ist es meiner Meinung nach eigentlich ein Unding, dass Millionentransfers und andere wichtige fußballspezifische Entscheidungen von Amateuren im Ehrenamt beschlossen werden. Damit möchte ich niemandem „auf die Füße treten" und beziehe mich, zumindest in meinen Anfangsjahren im Fußball, durchaus selbst mit ein in diese Kritik. Solche Dinge machen das Leben der Geschäftsführung in den Geschäftsstellen oft nicht gerade leicht. Ich kenne ja wirklich beide Seiten des Business.

Die gewählten Gremienmitglieder engagieren sich, meist ehrlich und gut gemeint, in ihrer Freizeit für den Club. Das kann aber zu Situationen führen wie bei meiner Drittligazeit in Babelsberg, wo ich als Geschäftsführer den Club operativ allein geführt habe, jeden Abend dann aber Sitzungen von Vereinsausschüssen, wie Präsidium, Marketing-, Fan-, oder Jugendausschüssen, oder auch des Aufsichtsrats anstanden. Es sollte einleuchten, dass neben den erheblichen Abnutzungserscheinungen durch die extreme Arbeitsbelastung ein effizientes und zeitgemäßes Management dadurch nicht immer möglich war.

10.4 Die Betriebsaufspaltung – die Ausgliederung

Wie bereits in Kap. 3 kurz erläutert, spielen in der Bundesliga nur noch sehr wenige Clubs in klassischen Vereinsgebilden. In den meisten Fällen wurde der Profi- bzw. Lizenzspielerbereich ausgelagert in eine GmbH, GmbH und Co. KGaA (Abb. 10.1) oder eine AG wie beim FC Bayern München oder Borus-

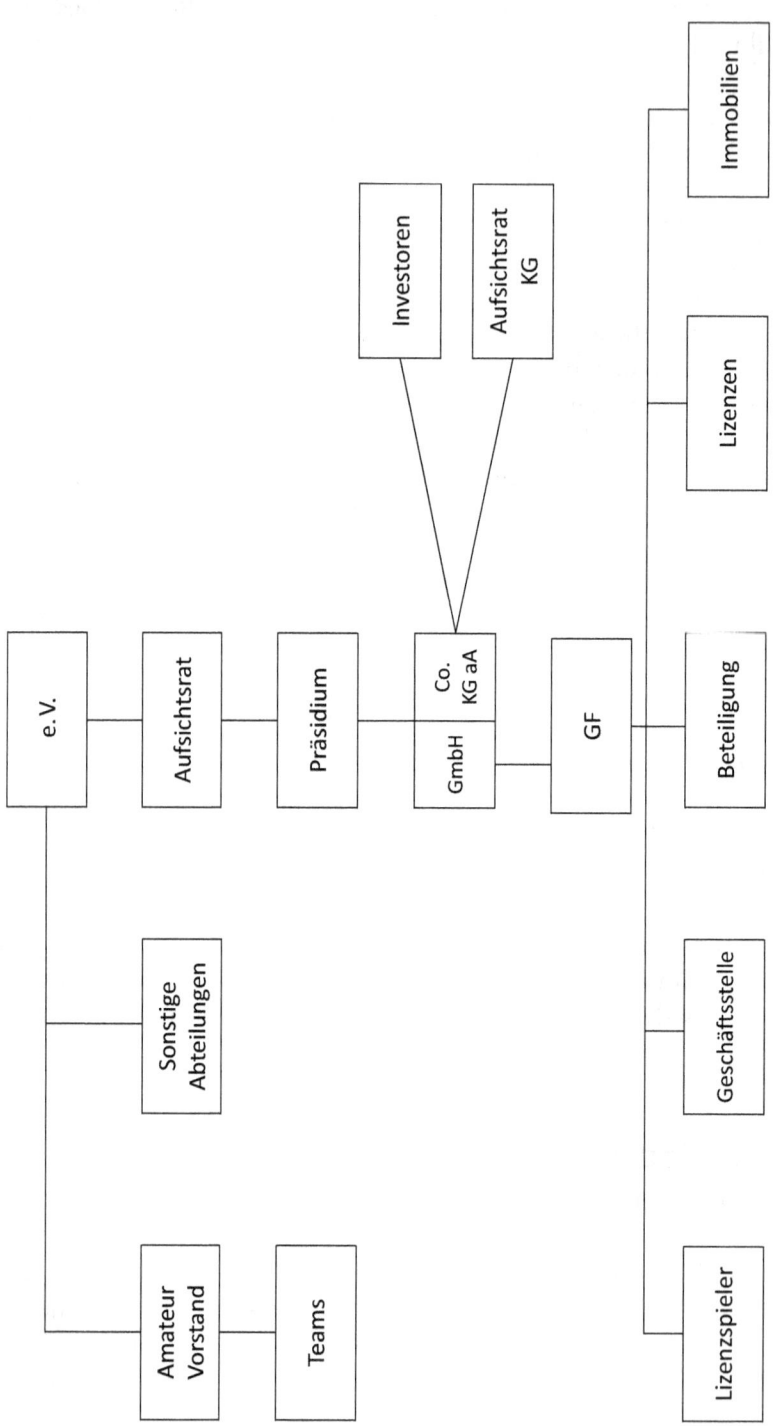

Abb. 10.1 Beispielhafte Struktur einer Ausgliederung in eine GmbH & Co. KGaA

sia Dortmund. In der DFB-Satzung ist die 50+1-Regel formuliert mit dem Wortlaut: „Eine Kapitalgesellschaft kann nur eine Lizenz für die Lizenzligen und damit die Mitgliedschaft in der DFL Deutsche Fußball Liga erwerben, wenn ein Verein mehrheitlich an ihr beteiligt ist ..." [2]. Der „Mutterverein" ist an der Gesellschaft als Lizenznehmer dementsprechend mehrheitlich vertreten, wenn er über 50 % der Stimmanteile zuzüglich mindestens einer weiteren Stimme in der Versammlung der Anteilseigner verfügt. Bei der Kommanditgesellschaft auf Aktien (KGaA) muss der Mutterverein oder eine von ihm zu 100 % beherrschte Tochter die Stellung des Komplementärs haben.

In diesem Fall ist auch ein Stimmenanteil des Muttervereins von weniger als 50 % möglich, wie beispielsweise bei Hertha BSC oder Borussia Dortmund. Der Komplementär hat aber uneingeschränkt die Vertretungs- und Geschäftsführungsbefugnis. Dadurch behält der Club sein volles Bestimmungsrecht und kann quasi nicht von Investoren komplett übernommen werden. Der Profi- bzw. Lizenzspielerbereich – zumeist die Profimannschaft, die U23 und, wenn entsprechend qualifiziert, die A- und/oder B-Jugend-Bundesligamannschaft –, wird zumeist der Kapitalgesellschaft zugeordnet. Die anderen Mannschaften verbleiben ebenso wie die anderen Abteilungen beim Mutterverein. Somit ergeben sich zwei Geschäftsbereiche. Für die Amateure wird ein eigener Amateurvorstand gewählt, bei größeren Vereinen werden der Amateur- und Jugendbereich aus einer separaten Geschäftsstelle mit den notwendigen Abstimmungen zur Kapitalgesellschaft geführt. Die Elite- bzw. Nachwuchsakademien befinden sich an der Schnittstelle zwischen Profis, Amateuren und Jugend und werden vorrangig von der Lizenzspielergesellschaft gesteuert.

Die Kapitalgesellschaften des Lizenzbetriebs verfügen in einer GmbH und Co. KGaA über einen eigenen Aufsichtsrat. Die Aufsichtsratsmitglieder in der KG werden aber nicht wie bei dem Vereinsaufsichtsrat von den Mitgliedern gewählt, sondern sie werden bestellt. Investoren haben einen oder mehrere Sitze in diesem Aufsichtsrat, aber niemals die Mehrheit, sodass nicht gegen die Interessen des Vereins gestimmt werden kann. Der KG-Aufsichtsrat verabschiedet unter anderem die Jahresabschlüsse und ist in anderen Bereichen eher beratend tätig. Der Vereinsaufsichtsrat vertritt die maßgeblichen Interessen der Mitglieder, beispielsweise bei Anteilsverkäufen, und er kontrolliert das Präsidium. Das Präsidium kontrolliert die Geschäftsführung der Kapitalgesellschaft im operativen Bereich und beschließt die wichtigsten Geschäftsbesorgungen, wie Transferentscheidungen, und es bestellt auch die Geschäftsführung.

Wie finanziert sich der Gesamtverein, wenn die maßgeblichen Umsätze im Lizenzspielerbereich generiert werden? Jede Abteilung ermittelt im Vorfeld zum nächsten Geschäftsjahr einen Etat, der, sofern er schlüssig ist, verabschiedet wird. Betragen die Gesamtkosten für den ganzen Amateurbereich und alle anderen Abteilungen z. B. 6 Mio. Euro im Jahr, so wird diese Etatsumme von der Kapitalgesellschaft alimentiert bzw. gezahlt. Somit funktioniert im Idealfall die gesamte Struktur im Interesse der Mitglieder und im Einklang mit den Ligasatzungen. Neben der Kapitalgesellschaft, die die Lizenz für den Ligabetrieb erhält, gibt es in der Regel noch diverse Tochtergesellschaften, wie Vermarktung und Vertrieb, Lizenzrechte oder auch Stadionbetriebsgesellschaften. Viele Vereine unterhalten zudem noch Stiftungen oder Vereinsmuseen.

10.5 Abteilungsstruktur und Managementschwächen

In den letzten 20 Jahren ist es aufgrund der zunehmenden Internationalisierung zu erheblichen Erhöhungen der nationalen und internationalen TV-Gelder gekommen. Auch der Zuwachs im Bereich Sponsoring und Hospitality war enorm und führte zu Umsatzsprüngen pro Saison von weit über 100 Mio. bis rund 600 Mio. Euro. Wie ist der Profifußball grundsätzlich im Management aufgestellt? Ich würde sagen, nicht so schlecht, wie viele Laien denken, aber auch nicht so gut, wie die Profis selbst meinen.

In den 1990er-Jahren wurden viele Clubs durch charismatische Manager wie Uli Hoeneß, Dieter Hoeneß oder Rudi Assauer geprägt. Diese Persönlichkeiten waren echte „Macher", Teamarbeit und moderne Managementkultur standen eher nicht im Vordergrund, es wurde meist erfolgreich durchregiert. Die Manager hatten quasi einen eigenen Markenwert, wie in der Vergangenheit Karl-Heinz Rummenigge oder Manager der neuen Generation wie Oliver Kahn oder Fredi Bobic. Der FC Bayern war in den letzten Jahren im Management immer top aufgestellt, in der Hierarchie eines CEO mit Karl-Heinz Rummenigge und unter anderem Direktionen für Finanzen, Marketing, Recht und natürlich Sport. Borussia Dortmund mit dem CEO Hans-Joachim Watzke und Geschäftsführungen bzw. Direktionen Sport, Vertrieb und Marketing, Kommunikation, Organisation und Finanzen. Moderne Clubs haben somit neben dem CEO bzw. Vorsitzenden der Geschäftsführung auf der Ebene der Geschäftsführung drei bis fünf Geschäftsbereiche, je nach Club und Philosophie (vgl. Abb. 10.2). Dass manche Clubs bis heute noch mit einem Geschäftsführer und einem Präsidenten, praktisch als ehrenamtlichem CEO, geführt werden, kann man nicht mehr zeitgemäß nennen. Bei

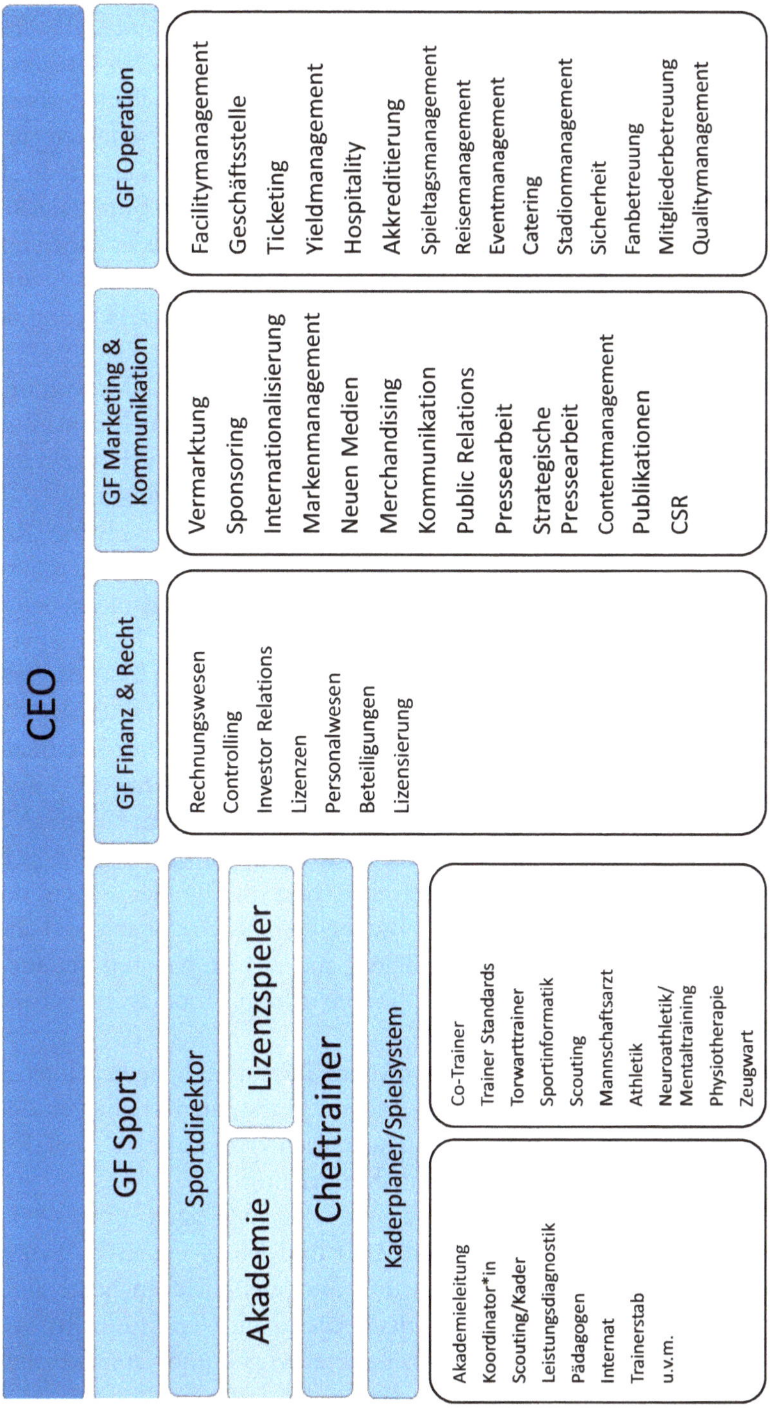

10 Wie funktioniert ein moderner Fußballverein 147

CEO

GF Sport
- **Sportdirektor**
- **Akademie** | **Lizenzspieler**
- **Cheftrainer**
- **Kaderplaner/Spielsystem**

Akademieleitung
Koordinator*in
Scouting/Kader
Leistungsdiagnostik
Pädagogen
Internat
Trainerstab
u.v.m.

Co-Trainer
Trainer Standards
Torwarttrainer
Sportinformatik
Scouting
Mannschaftsarzt
Athletik
Neuroathletik/
Mentaltraining
Physiotherapie
Zeugwart

GF Finanz & Recht
Rechnungswesen
Controlling
Investor Relations
Lizenzen
Personalwesen
Beteiligungen
Lizensierung

GF Marketing & Kommunikation
Vermarktung
Sponsoring
Internationalisierung
Markenmanagement
Neuen Medien
Merchandising
Kommunikation
Public Relations
Pressearbeit
Strategische Pressearbeit
Contentmanagement
Publikationen
CSR

GF Operation
Facilitymanagement
Geschäftsstelle
Ticketing
Yieldmanagement
Hospitality
Akkreditierung
Spieltagsmanagement
Reisemanagement
Eventmanagement
Catering
Stadionmanagement
Sicherheit
Fanbetreuung
Mitgliederbetreuung
Qualitymanagement

Abb. 10.2 Beispielhafte Struktur eines größeren Proficlubs

allem Respekt und aller Wertschätzung, die Anforderungen an ein modernes Management und nachhaltigen Erfolg sind dafür heute zu komplex.

Moderne Unternehmensführung ist heute unter anderem durch Integrated Value Management (wertorientierte Unternehmensführung) charakterisiert, d. h. durch die wechselseitige Berücksichtigung von Werteffekten und Ressourcenpotenzialen der Mitarbeiter*innen wie auch der Kund*innen. In diesem Zusammenhang ist es geradezu unglaublich, dass viele Bundesligisten nicht einmal eine Abteilungsleitung für Personalwesen hatten oder haben und dass Zielvereinbarungen und regelmäßige Feedbackgespräche Fremdwörter sind. Bei der Mitarbeiterführung ist es nicht anders als bei der Führung der Fußballmannschaften.

Empathie und soziale Kompetenz, gepaart mit Fachwissen und Motivationsstärke, machen heute einen guten Trainer oder auch Unternehmensführer aus. Hansi Flick, Jupp Heynckes oder schon vor Jahren Ottmar Hitzfeld hatten die Gabe und die Größe, die Spieler und Menschen mitzunehmen. Wir mir ein Freund und Spieler aus der 1997er Mannschaft des BVB mit Topspielern wie Jürgen Kohler, Michael Zorc, Karl-Heinz Riedle, Matthias Sammer und Júlio César erzählte, kam es vor, dass die Führungsspieler bereits nach 30 Minuten eigenständig die Taktik umstellten. In der Halbzeitpause wäre mancher Trainer sicherlich ausgeflippt, Hitzfeld hingegen lobte die Spieler für ihre Eigenständigkeit. Exakt das macht einen großen Trainer aus. Mit Druck und Angst zu arbeiten funktioniert in der Regel immer nur kurzfristig.

Leider arbeiten auch heute immer noch einige „Pseudomanager" – nicht nur im Fußball – im Bereich der Teamführung nicht nach dem Motto „Management by Champions", sondern nach dem Motto „Management by Champignons". Das soll heißen: Immer alle schön im Dunkeln halten, und wenn mal einer hochkommt, schnell abschneiden. Was erfolgreiche Teamführung und insbesondere Fußballintelligenz ausmachen, haben unter anderem die Spitzentrainer Pep Guardiola, Jürgen Klopp, Thomas Tuchel und Diego Simeone unter Beweis gestellt.

Dennoch ist bei mir ein Zitat von Giovanni Trapattoni hängen geblieben, der vor einigen Jahren mal sagte, „die Aufgabe eines guten Trainer in einer großen Mannschaft ist es, die Spieler nicht schlechter zu machen". Auf Topniveau ist diese Aussage mit Sicherheit nicht unrichtig.

Was macht heute ein modernes Management aus? Management by Objectives (Ausrichtung am zu erreichenden Ziel) und Management by System (Orientierung an bewährten Prozessen und Systemen) reichen heute allein nicht mehr aus. Mitarbeiter und dementsprechend auch Profifußballer denken und handeln mittlerweile viel stärker wertebezogen und verantwortlich.

Wir arbeiten mit Leitbildern, idealerweise mit einer im Team erarbeiteten Mission und Vision. Im Prozessmanagement arbeiten wir an den klar umrissenen und nachhaltigen Unternehmenszielen.

Die neue Institutionenökonomie beschäftigt sich mit der Theorie der Verfügungsrechte, der Transaktionskostentheorie und der Prinzipal-Agent-Theorie, bei der es unter anderem um das opportunistische Verhalten geht, in unserem Fall auch von Managern und Spielern. Das Konzept des Market-based View erklärt die zukünftige strategische und hybride Unternehmensausrichtung bei sich verändernden Marktstrukturen der eigenen Branche. Permanentes Change Management, d. h. ständige Anpassung und Steuerung von notwendigen Veränderungsprozessen, und Lean Management, d. h. ständig neues Denken und verbesserte Lösungen, sind wichtig, um nachhaltig unternehmerisch am Markt zu überleben. Letztendlich werden notwendige Transformationen, die fortschreitende Digitalisierung und künstliche Intelligenz auch den Publikumssport Fußball weiter und maßgeblich verändern.

Nun mag man sich nach diesem kleinen Ausflug in die moderne Sportökonomie und das Sportmanagement vielleicht fragen, was das alles mit dem Fußball zu tun hat. Gespielt wird immer noch Elf gegen Elf auf dem Rasen. Exakt dies ist ein Teil der großen Herausforderung, ein Fußballunternehmen erfolgreich zu führen. Die Unwägbarkeit des sportlichen Erfolgs, gerade im Topsegment, macht manche Planung zunichte. Dennoch gehört etwas mehr dazu, ein komplexes Fußballunternehmen mit bis zu einer halben Milliarde Euro Jahresumsatz zu führen, als erfolgreich gekickt zu haben oder dieses ehrenamtlich zu führen. Ausdrücklich betonen möchte ich jedoch, dass es auch ehemalige Fußballprofis gibt, die durch ein Learning-byDoing-Managagement in Spitzenpositionen ihren Job besser erledigen als mancher Vollakademiker mit langjähriger Berufserfahrung.

In wenigen Branchen, außer bei diversen Start-up-Unternehmen, wurde in den letzten Jahrzehnten so viel Geld verbrannt wie im Fußball. Bevor nun aber viele denken und sagen, wie ich es immer wieder erlebe, „als erfolgreicher Unternehmer einen Club zu führen kann ja nicht so schwer sein", kann ich nur erwidern: Im Prinzip nicht, aber es ist anmaßend zu denken, ein komplett branchenunerfahrener Unternehmer oder Manager habe die Qualifikation, dies erfolgreich zu tun. Fußballclubmanagement ist komplex, man muss den Fußball zumindest verstehen. Die Unwägbarkeiten bei Transferwerten, die Risiken bei Spielerverpflichtungen und letztendlich die Gratwanderung des sportlichen Erfolgs machen die Unternehmensführung nicht einfach. Zudem ist Sportmanagement interdisziplinär und setzt sich zusammen aus sportunternehmerischen, sportökonomischen, sportpsychologischen, sportrechtlichen und sportsoziologischen Elementen. Im Profifußball sind allerdings mitunter auch Narzissmus und Eitelkeiten besonders ausgeprägt.

Hinzu kommt der Erwartungsdruck der Fans und Shareholder, in der Tabelle maximal erfolgreich abzuschneiden. Dies kann unter Umständen dazu führen, dass jahrelang völlig überteuerte Kader zusammengestellt werden, wie z. B. beim HSV, beim VfL Wolfsburg und auf Schalke. Bei den genannten Beispielen haben die Manager versucht bzw. waren ein Stück weit gezwungen, kurzfristigen Erfolg herbeizuführen, ohne klaren Plan und Philosophie.

Eine weitere Herausforderung gilt nicht nur für die Spieler, sondern auch für das Management im Profifußball: Man steht permanent im öffentlichen Fokus. Jede Endscheidung wird hinterfragt, und oft ist es einfach nur anmaßend, was sich die Verantwortlichen von der Presse, von Mitgliedern, Fans und manchmal auch von der Politik so alles anhören müssen.

Kommen wir zu einem Bereich, der ebenfalls bisweilen kritisch hinterfragt wird. Bei den Vergütungen gibt es aus meiner persönlichen Sicht große Diskrepanzen im Fußball. Glauben Sie mir bitte, dies ist weder Sozialneid noch kann man den betreffenden Personen einen Vorwurf machen. Wie ich bereits in Bezug auf die Topspieler geschrieben habe, halte ich eine üppige Bezahlung für durchaus legitim. Dass ein Sportvorstand oder Geschäftsführer als ehemaliger Topspieler und Gesicht eines Clubs Millionen verdient, finde ich auch noch nachvollziehbar. Nicht mehr nachvollziehbar ist für mich jedoch, dass z. B. ein Geschäftsführer Finanzen oder auch Marketing 0,5–1 Mio. Euro pro Jahr verdienen. Vergleichbare Vergütungen in anderen Branchen liegen bei 150.000–200.000 Euro *per anno*. Es wäre gegebenenfalls noch akzeptierbar, wenn sämtliche Mitarbeiter von dem Sonderstatus Profifußball profitierten, aber das ist eben nicht der Fall.

In vielen Geschäftsstellen der Profiligaclubs arbeiten zahlreiche qualifizierte Mitarbeiter für etwa 2300 Euro brutto im Monat. Meiner Meinung nach sollten in den Profivereinen nicht nur die Bosse, sondern alle Mitarbeiter, die an der Wertschöpfung teilhaben, gut verdienen. Dies ist in anderen Branchen wie Banken und Chemie etc. auch der Fall. Es geht auch hier um Fairness und Solidarität. Man kann nicht Mentalität und Topleistungen auf dem Platz und im gesamten Unternehmen einfordern, wenn sie nicht entsprechend respektiert und fair vergütet werden.

Dass sich der Fußball in einigen Bereichen ein Stück weit von der Basis entfernt, hat eindeutig auch mit der mangelnden Selbst- und Fremdwahrnehmung zu tun. Die Blase, in der sich einige Clubverantwortliche befinden, ist nicht mehr zeitgemäß. Ich denke, etwas mehr Demut ist manchmal nicht nur wünschenswert, sondern in diesen Zeiten auch notwendig. Dass in manchen Clubs, sei es nach einem Abstieg in die 2. Liga oder auch zuletzt zu

Pandemiezeiten, Gehaltsverzichte groß kommuniziert werden, es sich aber manchmal bei genauerem Hinschauen nur um Gehaltsstundungen handelt, halte ich – nebenbei bemerkt – für skandalös.

Dass Guest Relation und Response Management für Dienstleistungsunternehmen nicht immer professionell laufen, ist schon gast gelebte Kultur. Immer wieder höre ich von Kollegen, dass seriöse Anfragen per E-Mail trotz Nachfragen von Verantwortlichen in den Clubs oft nicht beantwortet werden. Dabei gibt es bereits gute webbasierte Response Software, sollte es tatsächlich einmal zu viel werden. Auch an dieser Stelle sei erwähnt, dass meine Kritik nicht pauschal für die ganze Branche gilt. In anderen Unternehmen und Branchen läuft es vielfach ebenfalls nicht optimal, aber es wäre doch wünschenswert, wenn der Profifußball im Hinblick auf die Benchmark zum Customer Experience Wettbewerbsgewinner wäre.

10.6 Die einzelnen Abteilungen

Schauen wir uns anhand des von mir erstellten Organigramms die Strukturen und die Abteilungen eines größeren Profivereins an (Abb. 10.2). Betrachten wir zuerst die sportlichen Bereiche. Seit Anfang der 2000er-Jahre gibt es in der 1. und 2. Fußballbundesliga verpflichtend Leistungszentren, in denen die Fußballnachwuchselite ausgebildet wird. Die Bundesliga hatte damals durchaus einen erheblichen Vorsprung gegenüber den anderen europäischen Ligen, doch haben die Franzosen, die Spanier und auch die Engländer frühzeitig die Konzeptionen erfolgreich kopiert und sind mittlerweile besser aufgestellt. Die Nachwuchsleistungszentren sind eine Erfolgsgeschichte. So hat z. B. Hertha BSC seitdem etwa 80 Spielern den Weg in die 1. und 2. Bundesliga und in internationale Ligen ermöglicht.

Dennoch besteht nach wie vor erhebliches Verbesserungspotenzial, insbesondere in der Durchlässigkeit, aber auch hinsichtlich einer einheitlichen Spielphilosophie. Zumindest in den Leistungsbereichen ab der B-Jugend sollte es selbstverständlich sein, mit der gleichen Spielidee wie in der Profimannschaft zu spielen. Deshalb ist eine einheitliche Spielkonzeption notwendig. Auch wenn sich der eine oder andere Cheftrainer der 1. Mannschaft damit immer noch schwertut, er sollte indirekt auch immer für die maßgeblichen Nachwuchsmannschaften und auch den gesamten Trainerstab mitverantwortlich sein. Aus diesem Grund heißt es ja auch Cheftrainer! Das Personal („Staff") im sportlichen Bereich hat sich in den letzten Jahren maßgeblich verändert und vergrößert. Waren es vor 20 Jahren noch ein Cheftrainer, ein

Co Trainer, ein Torwarttrainer, ein oder zwei Scouts und im besten Fall ein Videoanalyst, so besteht ein Trainerteam heute häufig aus bis zu zehn Personen.

Die größten Veränderungen gibt es in den Bereichen Trainings- und Spielkonzeption und Leistungsdiagnostik. Wie in Kap. 9 kurz umrissen, gibt es zwar überragende Scouting Tools, aber Leute wie Sven Mislintat, heute beim VfB Stuttgart, früher beim BVB, oder auch Ben Manga von Eintracht Frankfurt haben gezeigt, wie wichtig heute ein Kaderplaner ist, wenngleich mit unterschiedlicher Herangehensweise. Bei der Fülle der digitalen Analyse- und Tracking Tools kommt auch einem Sportinformatiker oder Innovationsmanager eine immer wichtigere Aufgabe zu. Die klassische Fußballlehre wird heute erweitert durch spezifische Athletiktrainer, Trainer der Neuroathletik und Mentaltrainer. Im Bereich der Physiotherapie spielt neben Prävention und Rehabilitation auch Osteopathie eine immer größere Rolle. Ob man immer zwingend einen Geschäftsführer Sport, einen Sportdirektor, eine Kaderplaner und einen Teammanager benötigt, ist Ansichtssache und letztendlich auch eine Frage des Budgets.

Der Bedarf an Yield Managern – Verantwortliche, die mit der passenden Software die nachfrageorientierte Preisnachfrage steuern – wurde in der Vergangenheit noch teilweise vernachlässigt. Fußball ist ein Premiumprodukt, und ähnlich wie in Hotels, beim Fliegen oder bei der Bahn muss man es als legitim ansehen, dass Stadionbesucher – ausgenommen Mitglieder und Dauerkartenbesitzer – bei Topspielen mit hoher Nachfrage einen erheblich höheren Preis zahlen.

Durch die Internationalisierung des Fußballs, durch die Digitalisierung und auch durch die CSR (Corporate Social Responsibility) – die gestiegene gesellschaftliche Verantwortung von Unternehmen im Bereich nachhaltigen Wirtschaftens – wurden auch in Clubs neue Stellen geschaffen. Aber natürlich auch bedingt durch das erhebliche Umsatzwachstum in der Branche. Viele Vereine bzw. ihre Kapitalgesellschaften führen gesonderte Unternehmen als Stadionbesitz- oder -betriebsgesellschaften, Immobilienverwaltungsgesellschaften, Lizenzverwaltungen, Vertriebs- und Sales GmbH bis hin zu Stiftungen. So wurden im Lauf der Jahre aus vorrangig von ehrenamtlichen Präsidiumsmitgliedern und einigen wenigen Mitarbeitern geführten Profivereinen große mittelständische Unternehmen mit einer Konzernstruktur.

Interview mit Prof. Dr. Karsten Schumann, langjähriger Sportwissenschaftler, zusammen mit Matthias Sammer bei Bayern München und beim DFB

Prof. Dr. Karsten Schumann (Foto: Karsten Schumann) (▶ https://doi.org/10.1007/000-4t9)

Sehr geehrter Prof. Dr. Schumann, lieber Karsten,

kurz vorab, Du warst zehn Jahre der Sportwissenschaftler zur inhaltlich/strategischen Unterstützung von Matthias Sammer beim DFB und beim FC Bayern! Was hat Dich am meisten beeindruckt an Matthias Sammer?

Ganz klar seine Persönlichkeit und sein „Nummer-eins-Denken". Die Gier nach Erfolg und dafür alles zu tun, auch mit einem Stück Verrücktheit. Keinen Stillstand zuzulassen, Dinge – und zwar die Wichtigen – zum richtigen Zeitpunkt anzusprechen. Sein extrem hoher Fußballsachverstand [er war selbst ein Topspieler und ist immer noch der jüngste Meistertrainer der Bundesliga]. Seine Auffassungsgabe und Offenheit für Neues sind schon außergewöhnlich. Für ihn war auch immer wichtig, dass alle Mitarbeiter, Spieler und Trainer der Sache, dem Verein, dienen!

Was ist heute im modernen Sportmanagement wichtig?

Als Erstes natürlich Erfolg im sportlichen Bereich. Aber auch eine klare Strategie und zukunftsfähige Konzepte in allen Bereichen eines Vereins. Nachhaltigkeit in Sachressourcen und Wirtschaftlichkeit. Vor allem beim Faktor Mensch muss noch stärker entwickelt werden. Fußball wird von Menschen gespielt, die müssen im Mittelpunkt stehen – wie auch jeder Mitarbeiter bis hin zur Putzfrau! Wichtig ist, die Komplexität des Business zu verstehen und interdisziplinär zu arbeiten. Einer allein kann es nicht mehr, es braucht vieler, und die müssen gemeinsam im Sinne der Sache zusammenarbeiten. Alle Abteilungen zu optimieren und neue Trends aufzunehmen gehören auch mit dazu.

Kann das Team der Geschäftsstelle nicht vom Team auf dem Rasen lernen?

Auf jeden Fall: Gemeinsame Ziele, Kooperation von Spezialisten, unterschiedlichen Persönlichkeiten, aber auch Reibung im Sinne der Sache sind wichtig. Eine hohe Selbstverantwortung für die eigene Leistungsfähigkeit und Leistungsbereitschaft, alles dafür unterzuordnen und den anderen zu helfen, müssen immer im Vordergrund stehen. Jeder Mitarbeiter muss sich mit dem Verein und dessen Zielen identifizieren, um optimal zu performen.

Und umgekehrt, was sind die wichtigsten Lernprozesse für das Team?

Bei einem Fußballverein oder besser Fußballunternehmen ist letztlich immer das sportliche Ergebnis entscheidend. Aber jeder Spieler muss verstehen, dass jeder Mitarbeiter auch Teil des Gesamterfolgs ist. Ohne eine Teamarbeit zwischen allen Bereichen ist ein nachhaltiger Erfolg kaum möglich.

Eine hervorragende Intuition macht einen guten Spieler aus, gilt das nicht auch für jeden Mitarbeiter?

„Erfühlen" macht den Unterschied! Intuition ist aber nicht gegeben, sondern entwickelt sich. Wenn jemand das Besondere aus sich heraushholt, das man rational gar nicht nachvollziehen kann, dann sind wir bei den entscheidenden letzten paar Prozenten. Das ist diese Gier – aufbauend auf der Leidenschaft –, Außergewöhnliches zu erreichen. Kreative Momente, das Wahrnehmen von Chancen, von ungewöhnlichen Möglichkeiten, aber auch von Fehlern zu lernen sowie neue und bessere Ausführungen machen den Unterschied. Verstand und Gefühle, beide „Werkzeuge" brauchen nicht nur Fußballer, sondern jeder Mitarbeiter, jeder von uns. Intuition ist aus meiner Sicht trainierbar: Erstens: Erfahrungen sammeln. Zweitens: Wissen aneignen. Drittens: Experte sein. Viertens: Achtsamkeit üben. Und fünftens: Mut haben.

Wichtig für das „Bauchgefühl" sind ein ausgeprägtes Selbstvertrauen und das Vertrauen, dass das, was Sie fühlen, richtig ist. Das funktioniert umso besser, wenn Sie möglichst häufig intuitiv entscheiden. Je häufiger Sie sich von Ihrer Intuition leiten lassen, desto mehr können Sie sich auf Ihr Bauchgefühl verlassen.

Du bist einer der führenden Leistungsexperten, die Human Resources sind auch außerhalb des sportlichen Bereichs das größte Kapitel des Unternehmens, auch wenn es viele Führungskräfte immer noch nicht so sehen.

Der Spitzenfußball ist in den letzten Jahren immer stärker messbar geworden und macht Fußballer „gläsern" und damit vergleichbarer. Eine Studie zum Fußball 2050 wirft die Frage auf: Mensch oder Maschine? In der Komplexität des Fußballs werden aus meiner Sicht die sogenannten weichen Faktoren, also kognitive und mentale sowie gruppendynamische Faktoren, noch stärker in den Mittelpunkt rücken. Die „Game Changer", wie z. B. Joshua Kimmich im Fußball, machen den Unterschied. Sie zeichnen sich durch spezifische und individuelle fußballerische Handlungsmöglichkeiten, unbändigen Siegeswillen sowie als Impulsgeber für mannschaftsdynamische Prozesse aus. Als Führungsspieler gehen sie voran, gerade auch in schwierigen Situationen. Sie übernehmen Verantwortung und vermitteln ihren Mitspielern immer das Gefühl: Wir schaffen das gemeinsam!

Für jeden Mitarbeiter, der sich weiterentwickeln möchte, gilt ein Muss! Man muss ein Gefühl dafür entwickeln, dass das, was man tut, auch seins ist, und man muss das lieben! Eine Passion für eine Sache zu empfinden und dann auch zu sich selbst zu sagen: Also, wenn ich es liebe und wenn ich es schon tue, dann lass es mich so tun, dass ich all das gebe, was in mir steckt. Dafür hilft natürlich eine Art Diagnostik: Wo stehe ich, wo sind Reserven, wo kann ich hinkommen!

Die Clubs betreiben teilweise zu wenig Wertschöpfung mit ihren Nachwuchsspielern. Muss nicht wieder mehr Wert auf die Akademiekonzepte und Durchlässigkeit gelegt werden, um die Zukunft nachhaltiger zu gestalten?

Ja und Nein!

Ja, das ist auch meine Vorstellung, mein Wunsch für eine nachhaltige Nachwuchsförderung. Aber Erfolg ist nicht immer planbar, und vor allem müssen die jungen Spieler den Anforderungen der Weiterentwicklung im Fußball gerecht werden.

Ein Thema liegt mir persönlich am Herzen: Im Fußball gibt es eine Redewendung, dass es die Spieler aus dem eigenen Haus immer am schwersten haben. Ich kann nicht beurteilen, ob dies auch in der Wirtschaft so ist. Aber es wäre im Fußball fatal. Jeder Fußballverein muss bei der Kadergewinnung neben der Aktualität auch in die Zukunft schauen. Die Sichtung junger, einheimischer Spieler aus dem Umfeld, mit Potenzial für die Zukunft, muss eine hohe Wichtigkeit besitzen. Die Suche nach solchen geeigneten Talenten muss ein zentraler Anspruch der Vereine sein. In dem Satz stehen zwei Wörter, die wichtig sind: Talent und Eignung. Talent zum Fußballspielen ist die Basis. Aber es bedarf für die Erfüllung vieler Kindheitsträume auch einer Mentalität auf dem Platz, unbedingt siegen zu wollen, und neben dem Platz, den langjährigen und steinigen Weg durchzustehen. Daher verwende ich den Begriff der Eignung, der eine umfassendere Bedeutung als nur Talent hat. Am Ende setzen sich immer Spieler mit einer Kombination aus Talent und Mentalität durch. Die Mentalität scheint mir aber entscheidend für den Weg nach oben zu den besten Mannschaften zu sein. Fragen Sie die vielen Scouts, die im Fußball unterwegs sind: Talente haben diese Sichter schon viele gesehen. Sie suchen aber vor allem nach Talenten mit Mentalität, nach den besonderen jungen Spielern mit schon ausgeprägter und auch eigener Persönlichkeit, verbunden mit einer hohen professionellen Einstellung. Denn im Fußball gilt diese Redewendung: Mentalität schlägt Qualität.

Es gibt auch ein Nein, und das gilt für die ganz großen und sehr stark professionalisierten Clubs. Schaut man z. B. nach Nordamerika und betrachtet die dortigen großen Sportarten, dann findet man in diesen Topclubs keine eigenen Nachwuchsausbildungen. Aber bleiben wir in Europa: Ramos wurde nicht in Madrid ausgebildet und wurde zum Gesicht des Vereins! Und der Vorzeigeverein FC Bayern München in Deutschland hat Neuer, Kimmich, Goretzka und Co., die alle in anderen Clubs ausgebildet wurden. Die großen Clubs kaufen primär die besten und fertigen Spieler.

Warum ist es dennoch wichtig, dass junge Spieler aus dem eigenen Haus oben angekommen?

Es ist wichtig für die Identität eines Vereins. Junge Spieler müssen auf ihrem langen Weg sehen können, dass sie die Chance haben, oben anzukommen. Sie brauchen diese Vorbilder. Sie müssen sehen, die Anstrengungen und Entbehrungen lohnen sich. Und diese Spieler, die es aus dem eigenen Haus geschafft haben, stehen auch für die Fans und die Menschen der Region. Schauen wir z. B. beim FC Bayern: Was wäre der Verein ohne Franz Beckenbauer und Gerd Müller, ohne Sepp Maier und Georg Schwarzenbeck, ohne Franz Roth und Uli Hoeneß, ohne Paul Breitner und Bastian Schweinsteiger, ohne Philipp Lahm und Thomas Müller?

Was sind die zukünftigen Kriterien für einen Verein, neben der Wirtschaftlichkeit und der sportlichen Performance, um nachhaltig erfolgreich zu sein?

Die geistige und mentale Leistungsfähigkeit werden in einem Umfeld austauschbarer Spieler mit identischen Fähigkeiten zum Game Changer im Fußball! Und das gilt aus meiner Sicht auch für den gesamten Verein. Unter „Game Changer" verstehe ich Spieler oder Mitarbeiter, die ihren Kollegen Orientierung geben. Die einerseits Impulse für Entwicklungen geben und andererseits Akzente in schwierigen Situationen setzen. Für menschliches Handeln ist der Wille eine unabdingbare Größe. Diese Eigenschaft – oder genauer volitive Kompetenz – muss sich in konkreten Situationen als wichtige Voraussetzung für Entscheidungen bewähren.

Der Wille ist der erste Impuls von jedem Handeln und der Begleiter in jeder Situation, die nicht automatisch abläuft.

Daher muss sich letztlich jeder, ob Spieler oder Mitarbeiter, die unausgesprochene Frage selbst beantworten: Will ich das, oder will ich das nicht? Denn ein Ziel muss so angenommen werden, dass derjenige das Ziel tatsächlich erreichen will. Das betrifft sowohl das persönliche Ergebnis als auch das Teamziel. Bei aller individuellen Qualität und auch eigenen Zielen sind für den Teamerfolg die mannschaftliche Geschlossenheit und der Wille eines jeden Einzelnen, sein Ego dem Erfolg der Mannschaft unterzuordnen, notwendig. Andererseits gilt das auch für die eigene, individuelle Entwicklung. Gerade für junge Spieler ist Lernwille durchaus ein entscheidendes Entwicklungskriterium. Somit rücken die sogenannten weichen Faktoren, also kognitive und mentale sowie gruppendynamische Faktoren, noch stärker in den Mittelpunkt.

Abschließend ein Lob an Deine Hertha: Mit Carsten Schmidt, Fredi Bobic, Lars Windhorst und, bei allem Respekt für den aktuellen Trainer, in den kommenden Jahren noch einem Konzept- und Entwicklungstrainer mit starker Persönlichkeit, kann der „schlafende Riese" Hertha tatsächlich erwachen und den Platz der abgestürzten sogenannten Traditionsvereine und aktuell nicht modernen Vereine wie Schalke 04, Werder Bremen oder Hamburger SV einnehmen und durchaus eine Entwicklung analog zu den Topclubs nehmen. Ich persönlich sehe diese Konstellation als eines der spannendsten Projekte der Bundesliga in den kommenden Jahren!

Quellen

1. https://fcbayern.com/de/news/2020/12/jahresabschluss-der-saison-2019-20---coronabedingt-einbussen-bei-umsatz-und-gewinn
2. https://www.dfb.de/fileadmin/_dfbdam/251192-02_Satzung.pdf

11

Die Coronakrise – Auswirkungen auf die Sportbranche

11.1 Eine Branche ohne Lobby

Die Sport-, Gesundheits- und Fitnessbranche wurden durch den pandemiebedingten Lockdown und das rund 15-monatige Berufsverbot besonders hart getroffen. Viele, gerade kleinere Unternehmer standen bzw. stehen vor dem Verlust ihrer beruflichen Existenz. Ich persönlich bin auch als Sport- und Wellnessunternehmer tätig, hatte aber das Glück, dass ich mich nach dem Ausscheiden aus dem operativen Bereich des Fußballs im Jahr 2014 beruflich und als Unternehmer breit aufstellen konnte. Sei es meine Dozententätigkeit für Sportökonomie an einer der größten privaten Hochschule des Landes, der DHfPG, oder die Entwicklung und Platzierung einer eigenen Aus- und Fortbildungsakademie, vorrangig für Masseure und Trainer, der Wellness Akademie für Gesundheit, Sport und Massagen (www.wellness-akademie.com). Weiterhin bin ich in der Bewirtschaftung von mehreren Spa- und Fitnesslounges in der Luxushotellerie tätig. Getroffen hat uns die Situation dennoch besonders hart. Zwei der Betriebe mussten wir endgültig schließen, da wir im Bereich der Stadthotellerie primär von den Business-Hotelgästen leben und die Hotelauslastung zeitweise auf 10 % gesunken war. Zuschüsse, wie die Novemberhilfen im Jahr 2020 für Unternehmen, wurden erst nach drei Mo-

---

Ergänzende Information Die elektronische Version dieses Kapitels enthält Zusatzmaterial, auf das über folgenden Link zugegriffen werden kann [https://doi.org/10.1007/978-3-662-64327-3_11]. Die Videos lassen sich durch Anklicken des DOI Links in der Legende einer entsprechenden Abbildung abspielen, oder indem Sie diesen Link mit der SN More Media App scannen.

naten bedingt ausgezahlt – oder sogar, wie bei uns, gar nicht. Allein für die Erstellung des Antrags für die Überbrückungshilfe III wurden über zwei Monate benötigt.

Die Pandemie hat meines Erachtens in einigen Bereichen, man muss es so schreiben, fast kollektives Staatsversagen und ein erschreckendes Niveau der politischen Klasse und der öffentlichen Beamtenmentalität deutlich gemacht. Im Bereich der Digitalisierung sind uns Länder wie Litauen, Lettland und selbst Albanien um Jahre voraus. Es mangelt an echten Transformationen – etwa im Gesundheits- und Schulsystem, aber besonders bei den behäbigen Entscheidungsfindungen. An den Schnittstellen zwischen Politik, Wirtschaft und Gesellschaft fehlt es an Geschwindigkeit und Innovation.

Natürlich funktioniert auch vieles in unserem Land, natürlich haben wir ein gutes Gesundheitssystem, und natürlich erledigen auch viele Politiker ihre Aufgaben sehr gut und sind, gerade jetzt in der Pandemie, nicht zu beneiden. Fakt ist aber, dass wir eben in vielen Bereichen nur noch maximal Mittelmaß in Europa sind, und das muss sich ändern.

Zu dem großen Markt der Fitnesssportler sei noch ergänzend erwähnt, dass bereits im Oktober 2020 das Ergebnis einer SafeACTIVE-Studie vorlag [1], bei der 62 Mio. Besucher von Gesundheits- und Fitnessanlagen analysiert wurden. Mit nur 0,78 positiven Covid-Fällen pro 100.000 Besucher war die Infektionsrate extrem niedrig. Da es insbesondere in Pandemiezeiten vermehrt um Gesundheit, Prävention und Resilienz geht, um die Stärkung der physischen und psychischen Widerstandskraft, wurde die Situation durch den Lockdown komplett konterkariert.

Neben den wichtigen gesundheitlichen, präventiven und sozialen Faktoren ist der volkswirtschaftliche Input durch die Sportbranche gewaltig. Was anscheinend kaum jemanden interessiert oder kaum bekannt ist: Die Wertschöpfung der kompletten Sportbranche liegt in Deutschland bei ca. 2,3 % des Bruttoinlandprodukts (BIP) [2]. Im Bereich der Gastronomie liegt der Anteil beispielsweise bei ca. 1,6 %! Allein in Deutschland durften während des Lockdowns knapp 12 Mio. Mitglieder nicht bei professionellen Gesundheits- und Fitnessanbietern trainieren. Wissenschaftler warnen seit Jahren vor gesundheitlichen Folgen bei Sport- und Bewegungsmangel. Zunehmende Fälle von Typ-2-Diabetes und Adipositas, vermehrte Schlaganfälle und Herzinfarkte und letztendlich mehr Depressionen aufgrund fehlender Sozialkontakte, auch in den Fitnessanlagen und Sportzentren, sind letztendlich zu erwartende Nachwirkungen der eingeschränkten Bewegungsmöglichkeiten. Die verursachten Langzeitschäden für Kinder und Jugendliche ohne Sport grenzen, so meine ich, fast an Kindeswohlgefährdung!

In den vielen Vereinen bieten Fußball und andere Sportarten jungen Menschen eine nötige Abwechslung zum Alltagsleben und natürlich Möglichkeiten, sich zu bewegen und sportlich zu betätigen. Deshalb war es nur schwer zu verstehen und zu akzeptieren – und zudem auch unter Wissenschaftlern umstritten –, warum junge Menschen und Kinder nicht unter Berücksichtigung entsprechender Hygienerichtlinien im Freien Sport treiben durften. Aerosolforscher hatten schon recht früh bestätigt, dass 99 von 100 Infektionen in Innenräumen erfolgen. Aus meiner persönlichen Sicht waren es gerade die Kinder und Jugendlichen, die zu den großen Verlierern der Pandemie zählten, unter anderem auch, weil sie nicht ihren geliebten Sport ausüben durften.

Wir hatten vor der Pandemie bereits eine Epidemie in Sachen Übergewicht, Fettleibigkeit und Bewegungsmangel, insbesondere bei Kindern. Die Bundesministerin für Ernährung und Landwirtschaft, Julia Klöckner, hat eine Verordnung erlassen, dass Hunde jeden Tag eine Stunde draußen bewegt werden müssen. In Sachen Sport, Bewegung und Prävention bekommt man das Gefühl, dass Kinder bei uns im Land weniger Rechte haben als unsere geliebten Haustiere. Nicht zu unterschätzen sind Langzeitauswirkungen, etwa, dass Kindern infolge der Pandemie der Bezug zu Bewegung und Sport komplett verloren geht. Alle diejenigen, die vorher nicht mit absolutem Herzen und mit Begeisterung dabei waren, werden, so denke ich, durch die Pandemie und das Sportverbot endgültig ihre Lust und Motivation, sich zu bewegen, verlieren.

Eine ähnliche Gefahr sehe ich bei den vielen Freiwilligen in den Ehrenämtern. Ich glaube, dass es nach der Pandemie für viele Vereine noch schwieriger wird, Übungsleiterpositionen etc. zu besetzen, da sich die Menschen anderweitig orientiert oder die Lust verloren haben.

11.2 Der Fußball in der Pandemie – viel Empörung und unsägliche Vergleiche

„Es kann doch nicht sein, dass Kinder nicht in die Schule dürfen, man nicht in den Urlaub fliegen darf, aber die privilegierten Fußballprofis Fußball spielen dürfen." Solche oder ähnlich populistische Vergleiche hörte man leider immer wieder, sei es in Talkshows oder selbst in Statements von Politikern oder anderen Meinungsmachern. Leider haben viele immer noch nicht begriffen, dass die Ausübung von Profifußball ein hoch qualifizierter Beruf ist. Es gab während der katastrophalen Hochzeit der Pandemie nie eine Diskussion darüber, ob beispielsweise in der Autoindustrie die Bänder stillstehen sollen.

Der eine oder andere wird sich fragen, wie kann man sich anmaßen, das überhitzte Fußballbusiness mit einer unserer Schlüsselindustrien gleichzusetzen. Das tue ich eigentlich gar nicht, aber dennoch zwei Zahlen: Der direkte Gesamtumsatz der Bundesliga lag laut dem DFL-Wirtschaftsreport aus dem Jahr 2019 bei ca. 3,8 Mrd. Euro. Allein an Steuern führten die Clubs ca. 1,3 Mrd. Euro an die Finanzämter und damit an das Gemeinwohl ab [3]. Diverse Komplementärumsätze von Tausenden Dienstleistern, Hotelanbietern und anderen Beteiligten am Wirtschaftskreislauf Fußball noch nicht mit eingerechnet.

Was für mich als Argument aber noch viel wichtiger ist, sind die soziopsychologischen und gesellschaftlichen Effekte in der trüben Zeit der Pandemie. Es war nach meiner Meinung richtig und gut, dass der Profifußball in leeren Stadien stattgefunden hat (Abb. 11.1), nicht nur für die wirtschaftlichen Belange der Vereine, sondern auch, weil der Fußball eine Art Volkstheater ist. Der Spieltag ist für viele Fußballfans ein Feiertag, und so sorgten die Spiele besonders während der Pandemie für eine Zuflucht aus den beklemmenden Emotionen und dem schwierigen Alltag. Fußball ist Tröster, er lenkt ab in schwierigen Zeiten, er ist Integrationsstifter, er begeistert alle Gesellschaftsklassen und kann somit meines Erachtens durchaus als ein Stück weit systemrelevant angesehen werden.

Abb. 11.1 „Geisterspiel" Hertha BSC gegen Borussia Mönchengladbach, Olympiastadion Berlin (© Andreas Gora/picture alliance)

Die unsäglichen Diskussionen im Frühjahr 2021 über Testkapazitäten, die der Profifußball den Bürgen wegnehme, bis hin zu der Behauptung, dass Fußballer Infektionstreiber seien, waren und sind für mich völlig inakzeptabel, da eben nicht der Realität und Wahrheit entsprechend. Es gab zu keiner Zeit ein tatsächliches Problem bei der Beschaffung von Tests, sondern es war primär ein hausgemaches Problem, dass man nicht frühzeitig und dann nur schleppend bei den Herstellern bestellt hat.

All die populistischen und aufgeladenen Diskussionen, die oft von Angst geprägten und nicht mit Argumenten geführten Debatten haben dazu geführt, dass der Profifußball eine Demutshaltung einnehmen musste, um in der breiten Bevölkerung nicht noch mehr als „Buhmann" und überprivilegierte Klasse wahrgenommen zu werden. Dies hat auch zu grotesken Situationen in den Stadion geführt. Obwohl die Fußballer jeden Tag getestet wurden und komplett in der Blase lebten, mussten die Ersatzspieler auf der Tribüne trotz 2 m Abstand in einem leeren Stadion während des Spiels einen Mund-Nasen-Schutz tragen. Ganze Teams wurden in Quarantäne nach Hause zu ihren Familien geschickt – abgesehen von der Wettbewerbsverzerrung für mich völlig unschlüssig, da die Spieler in einer Teamquarantäne keine Dritten hätten anstecken und in dieser Schutzblase gegebenenfalls hätten weiterspielen können.

Auch war die Entscheidung, zum Zeitpunkt des Redaktionsschlusses dieses Buches nur 20 % Zuschauer in den Stadien zuzulassen, für mich nicht allgemein schlüssig. Es gibt große Stadien mit ausreichend dezentralen Zuschauerzuführungen, wodurch die Mobilität einigermaßen steuerbar gewesen wäre, sodass man dort sicherlich 30–40 % der Stadionkapazitäten hätte zulassen können.

Entscheidend dabei ist: Aerosolexperten hatten, wie erwähnt, schon früh nachgewiesen, dass im Außenbereich eine Ansteckung mit dem Virus – erst recht bei ausreichendem Abstand – so gut wie ausgeschlossen ist (1 zu 100). Man hatte das Gefühl, dass das Priming durch manche Politiker und Virologen, aber teilweise auch durch die Presse, zu einer Massenpsychose geführt hat. Menschen mittels Angst zur Vernunft zu bringen, konnte man zu Beginn der Pandemie noch bedingt nachvollziehen, aber auf die Dauer führt es zu Spaltungen, und – da bin ich mir sicher – zu einem späteren Zeitpunkt nach der Pandemie zu erheblichen Verlusten an Vertrauen in die Politik. Es ist mir aber wichtig zu betonen, dass das Virus wirklich schlimm ist und zu unfassbar traurigen Verlusten und Tragödien geführt hat.

Es ist mir ebenso ganz wichtig zu schreiben, dass es für die Politik und die Entscheider keinen Masterplan gab und dass die vielen Verschwörungstheoretiker und Impfgegner sicher maßgeblich zu der Verlängerung der Pandemie beigetragen haben. In den Anfängen der Pandemie wurde aus meiner

Sicht zu undifferenziert und zu wenig interdisziplinär entschieden. Nun, im Sommer 2021, im Zeichen des Wahlkampfs, wird um Sympathien gerungen, anstatt konsequent zu handeln. Andererseits wird es aber auch Zeit, dass wir lernen, mit dem Virus zu leben, auch wenn es schwerfällt. Wenngleich mir klar ist, dass uns diese Pandemie nie so richtig loslassen wird, solange nicht alle geimpft sind.

11.3 Die finanziellen Auswirkungen durch die Pandemie

Laut Wirtschaftsreport der DFL haben die 18 Bundesligaclubs in der Saison 2018/19 einen Gewinn in Höhe von ca. 128 Mio. Euro erwirtschaftet [4]. In der Saison 2019/20 verzeichneten sie bereits einen Verlust in Höhe von ca. 155 Mio. Euro [4]. Die Verluste in der Saison 2020/21 werden noch dramatisch höher ausfallen. Der durchschnittliche Umsatzverlust pro Bundesligaclub wird nach meinen Schätzungen in der abgelaufenen Saison 20/21 bei ca. 25 % liegen, d. h. pro Club zwischen 30 Mio. und 100 Mio. Euro. Hochgerechnet droht den Bundesligaclubs in der Saison 20/21 ein Gesamtumsatzverlust von ca. 1 Mrd. Euro. Eine gigantische Summe, die den einen oder anderen Verein sicherlich nur knapp an der Insolvenz vorbeischrammen lässt. Vereine wie der FC Schalke 04 und Werder Bremen, beide am Ende der Saison 20/21 in die 2. Liga abgestiegen, haben bereits Landesbürgschaften beantragt und erhalten. Andere Vereine haben ihre zukünftigen Einnahmen aus den TV-Verträgen verpfändet. Die DLF kam den Vereinen in dieser schwierigen Situation entgegen, indem für die abgelaufene Spielzeit § 11, Nr. 5 der Lizenzierungsordnung ausgesetzt bzw. nur modifiziert angewendet wurde. Demnach sollten in der Saison 2021/22 nicht neun Gewinnpunkte als Sanktion für die Eröffnung eines Insolvenzverfahrens abgezogen, sondern nur drei Punkte. Des Weiteren wurde im anstehenden Lizenzierungsverfahren für die Spielzeit 2020/21 auf die Überprüfung der Liquiditätssituation der Clubs verzichtet bzw. diese auf September 2021 verschoben.

Auch die Champions-League-Vereine der Saison 20/21, Bayern München, Borussia Dortmund, RB Leipzig und Bayer 04 Leverkusen, haben Solidarität gezeigt und insgesamt 20 Mio. Euro zur Verfügung gestellt. Mit diesem Geld sollte Clubs, die durch die Coronakrise in finanzielle Schieflage geraten sind, geholfen werden. Ich befürchte, dass die Summe nicht ansatzweise ausreichen wird, bin aber persönlich beeindruckt von der Solidarität.

Neben den fehlenden Zuschauereinnahmen sind es weitere Umsatzeinbußen im Bereich Sponsoring, die vielen Vereinen das Überleben schwer machen. Eine zusätzliche große Herausforderung sind die massiven Rückgänge der total überzogenen Transfersummen. Die Spielerwerte an sich, wie beispielsweise auf Transfermarkt.de gelistet, sind für Bilanzen der Clubs nicht relevant. Die Ablösesummen können nur als Betriebsausgaben über die Vertragslaufzeiten abgeschrieben werden. Nach einem Transfer stehen Spieler wie damals Robert Lewandowski, der vom BVB zu den Bayern gewechselt ist, oder Marion Götze nach dem Wechsel vom BVB zu PSV Eindhoven, mit Nullwert in den Bilanzen der Clubs. Aber die vorhandenen Spieler stellen natürlich stille Vermögenswerte für einen Club dar, sofern sie denn vom Alter her noch Entwicklungschancen haben.

Deshalb versucht ein Verein meist, ein Jahr vor Ablauf des Vertrags den Vertrag mit einem Spieler zu verlängern oder ihn gegen eine hohe Ablösesumme zu verkaufen, um ihn nicht nach Vertragsende ablösefrei ziehen lassen zu müssen. Das Dilemma ist nun: Unter anderem bedingt durch die Pandemie sind Spieler, die vor zwei Jahren für 25 Mio. Euro Ablöse eingekauft wurden, zurzeit – ohne Berücksichtigung ihrer sportlichen Leistung – nur noch etwa 10 Mio. Euro wert sind.

Die deutschen Clubs stehen im internationalen Vergleich sogar noch gut da. So sollen sich die Verbindlichkeiten des FC Barcelona auf über 1 Mrd. Euro beziffern und der Club sich damit faktisch in der großen Gefahr einer Insolvenz befinden.

Betrachtet man den gesamten deutschen Fußball, so ist natürlich nicht nur der Profifußball gravierend von den Folgen der Pandemie betroffen, sondern auch die ganzen Amateurvereine und der Jugendfußball. Dort fanden geraume Zeit gar keine Spiele mehr statt. Gerade unterklassige Vereine leben größtenteils von den Eintrittsgeldern und Einnahmen rund um den Spieltag. Solidaritätsfonds helfen in diesen Fällen nur bedingt. Bei fast allen Profi- und Amateurclubs wurden Mitarbeiter zumindest teilweise in Kurzarbeit geschickt, und viele mussten auch Gehaltskürzungen hinnehmen. Bei der Gelegenheit sei erwähnt, dass ich es persönlich beschämend und peinlich fand, dass es bei einigen, wenn auch wenigen, Profis Diskussionen darüber gab, bei ihren Millionengehältern eine Gehaltskürzung zu akzeptieren.

11.4 Die Pandemie als Gefahr, aber auch als Chance

Wie bereits erwähnt, ist der Spieltag am Wochenende – oder auch unter der Woche bei internationalen Wettbewerben – für echte Fußballfans wie ein Feiertag und großer Bestandteil der Lebensfreude. Als die ersten „Geisterspiele" vor leeren Rängen gespielt wurden, war dies für die meisten Fans und Fernsehzuschauer eine komische Atmosphäre und unwirklich anzuschauen. Für mich selbst muss ich allerdings gestehen, dass man sich mit der Zeit daran gewöhnt hat und die Akustik im leeren Stadion sowie das Hören der Kommandos von Trainer und Spielern, was in einem vollen Stadion zwangsläufig nicht möglich ist, durchaus reizvoll sind.

Natürlich ist das Live-Erlebnis Fußball im Stadion nicht zu ersetzen und für den echten Fußballliebhaber das Nonplusultra. Ich befürchte aber, dass sich der eine oder andere Stadionbesucher aus der Vergangenheit nach der Pandemie nicht mehr im Stadion einfinden wird (Abb. 11.2). Wie ich in Kap. 12 provokativ am Beispiel einer Super-Football-Entertainment-League beschreibe, kann ich mir durchaus vorstellen, dass ein Teil der Fußballmaschinerie in ferner Zukunft ein reines TV-Format wird.

Schon bestehende Probleme in der Gesellschaft, wie ungerechte Einkommens- und Berufschancen, soziale Verwerfungen und Benachteiligungen, sind durch die Pandemie nochmals verstärkt worden. Dem gegenüber stehen der in vielen Bereichen völlig überhitzte Profifußball und auch die sich in den letzten Jahren exorbitant entwickelnden Spielergehälter. Wird die Zeit der extrem hohen Gehälter für Superstars bald enden? Ich glaube es nicht. Ein Messi, Neymar oder Mbappé sind Ausnahmekönner und generieren ihren Vereinen auch hohe Umsätze. Wie in anderen Branchen auch werden die ganz

Abb. 11.2 Ein digitaler europäischer Impfpass auf einem Smartphone – Voraussetzung für Zuschauer im Fußballstadion in Zeiten der Pandemie (© picture alliance/Eibner-Pressefoto)

großen Superstars immer um ein Vielfaches höher vergütet als der durchschnittliche Akteur. Ich halte das auch für legitim, wie ich bereits geschrieben habe.

Dass sich aber die Transfersummen wie auch die Gehälter für durchschnittliche Bundesligaspieler in den letzten Jahren verdoppelt haben, ist in der Entwicklung mehr als ungesund. Die Frage ist, wie lässt sich diese Entwicklung umkehren? Der Sportvorstand oder Sportdirektor des Vereins hat in dieser Hinsicht allein nur wenig Macht. Wie bereits in vorigen Kapiteln erläutert, wird von ihm stets erwartet, dass er für den Club, aber auch für den Fan, bei den Neuverpflichtungen immer das Maximale an Qualität und auch an Popularität herausholt. Eine seit Jahren diskutierte Gehaltsobergrenze (Salary Cap) wäre wünschenswert, geht aber nur auf europäischer Ebene und ist für einen Nationalverband und seine Vereinen allein wenig sinnvoll. Wenn schon ein Salary Cap, dann meiner Ansicht nach nur als Etatobergrenze, damit sich ein Verein immer noch aussuchen kann, ob er sich den einen oder anderen Topstar leisten möchte und dafür dann die anderen Spieler weniger verdienen.

Auch bei den Ablösesummen wäre eine Begrenzung, die sich an den finanztechnischen Kennziffern des Vereins orientieren müsste, wünschenswert. Dies setzt voraus, dass der Club sich einen Spieler wirklich leisten kann, ohne eine Eigenkapitelunterdeckung. Dazu wiederum müsste konsequent und transparent das Financial Fairplay eingehalten werden. Wie man schnell erkennen kann, ist es nicht so einfach, den Königsweg zu finden.

Im Sponsoring werden sich die Umsätze infolge der Pandemie zumindest kurzfristig verschlechtern. Einerseits, weil auch viele Unternehmen hohe Umsatzeinbußen durch die Pandemie hinnehmen mussten, und andererseits, weil sich der eine oder andere Unternehmer fragen wird, ob beim drohenden Verlust von zigtausend Arbeitsplätzen das Budget nicht anderweitig eingesetzt werden sollte.

Die Pandemie hat auch die Frage nach der Moral und Ethik im Profifußball aufgeworfen. Viele Teile der Gesellschaft haben die massiven Einschränkungen in ihren Lebensbereichen zum Nachdenken und Entschleunigen genutzt. Werte und Lebenseinstellungen haben sich verändert. Trotz Neiddebatten und Hochkonjunktur der Moralapostel hat sich jedoch die Solidarität verstärkt. Bisher wurde die Überkommerzialisierung im Fußball zumeist nur von den sogenannten Ultras oder fußballfernen Menschen kritisiert. Ich denke, in Zukunft müssen die Proficlubs die Fangruppierungen noch viel mehr involvieren, ihr Sozialengagement noch weiter verstärken und Nachhaltigkeit leben.

Die Pandemie wird auch den Fußball und das ganze Geschäftsmodell verändern. Der Anspruch muss meiner Meinung nach für alle Verantwortlichen darin liegen, dass wir bei aller Schrecklichkeit und allen Verlusten, die uns diese Pandemie gebracht hat, in ein paar Jahren sagen können, wir haben daraus auch etwas gelernt und positive Veränderungen herbeigeführt.

Ich habe dieses Buch im August 2021 fertig geschrieben, insofern wird sich die Welt des Fußballs bis zu seinem Erscheinen nochmals verändert haben. Es wäre schön, wenn sich meine negativen Prognosen relativieren würden.

Interview mit Prof. Dr. Henning Zülch, Lehrstuhl für Rechnungswesen, Wirtschaftsprüfung und Controlling, HHL Leipzig Graduate School of Management

Prof. Dr. Henning Zülch, HHL Leipzig Graduate School of Management (Mit freundlicher Genehmigung von Prof. Dr. Henning Zülich) (▶ https://doi.org/10.1007/000-4ta)

Lieber Herr Professor Zülch,

die Pandemie hat in vielen Bereichen Schwächen offengelegt, angefangen vom Finanziellen über die Kommunikation mit den Fans und die kritische Bewertung durch die Bürger bis hin zum eigentlichen Geschäftsmodell. Wie ist ihr diesbezüglicher Blick auf den Profifußball?

Die Pandemie hat schonungslos die Defizite des Profifußballs offengelegt. Das Geschäftsmodell ist eindimensional und passt sich nur schwerlich veränderten Marktbedingungen an. Fußball ist zwar das Kerngeschäft, aber die Organisationsstrukturen sind oftmals nicht mit dem Markt gewachsen. Überdies sind die meisten Clubs finanziell auf Naht genäht. Man denkt leider nicht in Szenarien, sondern orientiert sich am „best case".

Sie kennen weitgehend die Zahlen und betriebswirtschaftlichen Kennziffern der Clubs aus der letzten Saison. Stehen einige Clubs vor der Pleite?

Zunächst muss festgestellt werden, dass die Zahlen, die im zweiten Quartal 2021 von der DFL veröffentlicht wurden, bis auf wenige Ausnahmen den Stichtag 30.06.2020 betreffen. Diese Zahlen spiegeln gerade einmal vier Monate der Pandemie wider. Bereits zum 30.06.2020 zeigten drei Vereine ein negatives Eigenkapital, was auch als bilanzielle Überschuldung gilt. Ferner erwirtschafteten elf Clubs Verluste. Aber: Der heiße Herbst in der neuen Saison 2021/22 steht und erst noch bevor, basierend auf den wahren Corona-Zahlen zum 30.06.2021. Zur Frage: Ja, einige Clubs stehen vor der Pleite!

Wo sehen Sie die größten Versäumnisse der letzten Jahre im Profifußball, gerade im Vergleich zu anderen (innovativen) Branchen?

Der Profifußball ist ein sehr attraktiver und war vor Corona ein massiv wachsender Markt. Indessen sind nicht alle Clubs wirklich unternehmerisch aufgestellt, um auf diesem Markt vernünftig agieren zu können. Wir hatten in der Liga ab etwa 2005 bis vor der Pandemie, der Saison 2018/19, ein Umsatzwachstum von ca. 213 %, bei zuletzt 4,8 Mrd. Euro Umsatz. Mit diesem Wachstum ging allerdings nicht überall die nötige Professionalisierung einher. Man versäumte es, in diesen guten Zeiten Rücklagen zu bilden. Weiterhin existiert auf internationaler Ebene kein einheitliches Rahmenwerk, welches Transfersummen, Spielergehälter und Beraterhonorare zu deckeln versucht. Solange ein derartiger Rahmen nicht abgesteckt ist, ist ein nachhaltiges Wirtschaften nahezu unmöglich.

Welche Strategien und Lösungsansätze sehen Sie für die Clubs, die Verluste zu kompensieren und gegebenenfalls sogar gestärkt aus der Krise herauszukommen?

Es gibt kurzfristige, mittelfristige und langfristige Optionen, mit unterschiedlicher Bewertung. Kurzfristig helfen natürlich Transfers, d. h. Spielerverkäufe, aber der Markt ist zurzeit auf einem Tiefstand. Die erzielbaren Preise sind zumeist weit weg von Vorstellungen und Bedürfnissen der Clubs. Zudem kann jeder Spielerverkauf die sportliche Wettbewerbsfähigkeit nachhaltig beeinträchtigen. Mittelfristig hilft die Aufnahme von Fremdkapital. Aber dieses muss auf lange Sicht zurückzahlbar sein, basierend auf einem funktionierenden Geschäftsmodell. Langfristig geht der Weg klar hin zu einem strategischen Investor. Dieser muss aber nicht nur zu dem Verein passen, sondern der Verein muss dem Investor die nötige Professionalität bieten; er muss ein attraktives Investitionsobjekt mit Entwicklungspotenzial sein. Daran hakt es jedoch noch zum Großteil.

Beim Thema Transparenz und Kommunikationspolitik gibt es doch sicher auch noch Verbesserungspotenzial?

Unbedingt! Wir haben in Deutschland die Situation, dass wir keine einheitliche Rechtsform in den Profiligen vorgegeben haben. Es existiert kein sogenanntes

Level Playing Field. Der BVB, der einzige Klub der deutschen Profiligen, der an einer Börse gelistet ist, hat hier eine Vorreiterrolle. Er weist im Vergleich zu seinen Wettbewerbern maximale Transparenz auf. Andere Clubs verstecken sich gern hinter den allgemeinen handelsrechtlichen Veröffentlichungsregeln und -fristen. So sind die Zahlen zahlreicher Clubs teilweise erst 1,5 Jahre nach dem Geschäftsjahresende veröffentlicht. Das hat nichts mehr mit fairem Wettbewerb und Glaubwürdigkeit zu tun. Also: Hier besteht Handlungsbedarf!

Die Pandemie hat aus meiner Sicht teilweise für mehr Sensibilität in den Bereichen Moral, gesellschaftliche Verantwortung und auch Nachhaltigkeit gesorgt. Muss der Fußball sich nicht auch in diesen Bereichen in Zukunft kritischer und sorgsamer verantworten?

Der deutsche Fußball hat unzweifelhaft ein Glaubwürdigkeitsproblem. Dies hat zum einen mit den handelnden Personen und zum anderen mit den vielfach unzureichenden Clubstrukturen zu tun. Professionelle Führungs- und Governance-Strukturen sind hier zu fordern. Reden wir weiterhin von strategischen Investoren als Lösung für die finanzielle Misere der Clubs, so muss bedacht werden, dass diese Investoren vorrangig in nachhaltige Unternehmen zu investieren bestrebt sind: Stichwort ESG [Environmental, Social, Governance – Umwelt, Soziales, Unternehmensführung]. *Daher haben die Clubs eine Nachhaltigkeitsstrategie zu implementieren, wie dies am Kapitalmarkt mittlerweile Usus ist. Solarzellen auf dem Stadiondach und Emissionsreduzierungen sind dabei nur ein Bruchteil der ganzen Nachhaltigkeitsdebatte.*

Wo sehen Sie den Fußball, aber auch die deutsche Bundesliga in den nächsten Jahren bzw. der Post-Corona-Zeit? Wird er weiterhin einen hohen gesellschaftlichen und finanziellen Stellenwert besitzen?

Der Markt bereinigt sich immer ein Stück weit selbst, und der Markt lebt von den Marktteilnehmern. Dies sind im Fußball die Fans. Das Verhalten der Clubs und der Verbände hat nun zu einem großen Verdruss auf der Fanseite geführt. Eine Erneuerung ist zwingend erforderlich. Wir müssen raus aus dem Provinzdenken, und die Clubs, die DFL und der DFB müssen ihre Vorbildfunktion ernst nehmen, sich professionell wie andere Branchen verhalten. Die Glaubwürdigkeit der Clubs und der Liga ist nur zurückzugewinnen, wenn Strukturen und Personen sich erneuern. Passiert dies nicht, wird der Fußball seine gesellschaftliche und finanzielle Ausnahmestellung verlieren.

Quellen

1. https://www.europeactive.eu/news/safeactive-study-%E2%80%93-preliminary-results-showing-extremely-low-levels-covid-19-risk-fitness-clubs

2. https://www.bmwi.de/Redaktion/DE/Textsammlungen/Branchenfokus/Wirtschaft/branchenfokus-sportwirtschaft.html
3. https://media.dfl.de/sites/2/2019/02/DFL_Wirtschaftsreport_2019_DE_M.pdf
4. https://www.zeit.de/sport/2021-03/dfl-fussball-bundesliga-umsatz-einbruch-corona-krise?utm_referrer=https%3A%2F%2Fwww.google.com%2F

12

Wohin entwickelt sich der Fußball in der Zukunft?

12.1 Digitale Veränderungen und Transformation

Wir erleben zurzeit durch technologische und digitale Transformation gewaltige Veränderungen in allen Bereichen der globalen Gesellschaft. Durch Smartphones mit Sensortechnik und vielen digitalen Möglichkeiten, vernetzte Geräte und das Internet entsteht die Möglichkeit, Informationen und Daten in Echtzeit permanent zu nutzen. Die Wahrnehmungen und Interaktionen werden immer schneller und komplexer. Die Entwicklungen sind, auch in Deutschland und insbesondere bei der jungen Generation, immer mehr von einer viel stärkeren Individualisierung und dementsprechend auch einem anderen Freizeitverhalten geprägt. Ständige Kommunikation über Apps und soziale Medien, permanentes Priming (gezielte Reizsetzung und Beeinflussung) zu Meinungen und Trends sowie Verhaltensanreize führen zu immer neuen Aktions- und Artikulationsmöglichkeiten. Das gilt für fast alle Bereiche wie Unterhaltung, Medien, Mode, aber auch für das Freizeitverhalten. Soziale Kontakte, die früher noch in Vereinen gepflegt wurden, haben sich heute verlagert. Vereine müssen in Sachen aktive Mitglieder, aber auch gegenüber den vielen Menschen im Ehrenamt, neue Wege gehen (Abb. 12.1).

Ergänzende Information Die elektronische Version dieses Kapitels enthält Zusatzmaterial, auf das über folgenden Link zugegriffen werden kann [https://doi.org/10.1007/978-3-662-64327-3_12]. Die Videos lassen sich durch Anklicken des DOI Links in der Legende einer entsprechenden Abbildung abspielen, oder indem Sie diesen Link mit der SN More Media App scannen.

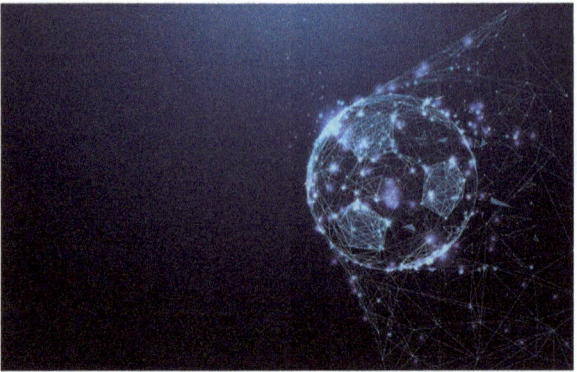

Abb. 12.1 Die Digitalisierung hat den Fußball längst erreicht: Chip im Ball in Sachen Torbestätigung (© Who_I_am/Getty Images/iStock)

Anpassen müssen sich die Vereine auch bezüglich zeitgemäßer Trendangebote und neuer Abteilungen in den Vereinen, um die Genration Z nicht zu verlieren. Die Proficlubs stehen vor großen Herausforderungen, was die Freizeitgestaltung und auch Veränderungen beim Konsum des Live-Produkts Fußball angeht. In Großstädten wie Berlin, mit diversen Bundesligisten und Spitzenvereinen in allen Sparten, ist das neue Freizeitpublikum ein hippes, offenes Weltpublikum. Von den rund 3,8 Millionen Einwohnern Berlins sind ca. 2,1 Mio. Zugezogene und ca. 1,3 Mio. haben einen Migrationshintergrund. Eine „Vereins-DNA", wie in Dortmund oder Gelsenkirchen, wird nicht mehr vererbt. Ich lebe seit über 40 Jahren in Berlin und bin immer wieder überrascht und enttäuscht, dass sich von meinen vielleicht 20 bis 30 guten Bekannten außerhalb des Fußballs niemand näher für Hertha BSC oder Bundesligafußball interessiert. Und glauben Sie mir, das liegt nicht nur an Hertha BSC. Die Berliner sind aufgrund der vielfältigen Angebote Event Hopper, und die jungen Leute haben andere Interessen.

Ein weiterer bedeutender Faktor ist, die ständige Kommunikation mit den Fans aufrechtzuerhalten. Der klassische Fan ist eben kein Entertainment- und Event-Fan. Den Fans geht heute bereits die Kommerzialisierung viel zu weit. Es ist eine Gratwanderung für die Clubentscheider und auch für die Verantwortlichen in den Verbänden. Die Gäste auf der Haupttribüne initiieren nicht 90 Minuten Lärm, Stimmung und Unterstützung für die Mannschaft auf dem Rasen. Die Fans sind im Stadien neben der Mannschaft eindeutig die entscheidenden Hauptakteure. Aus den genannten Gründen ist es wichtig, dass man die Fanvertreter immer in Zukunftsentscheidungen miteinbezieht – und zwar ernsthaft.

12.2 Big Data und Fußballspiele mit noch mehr Eventcharakter

Wie bereits in Kap. 9 erwähnt, wird sich das Erlebnis Fußball weiter verändern. Künstliche Intelligenz wird Einfluss auf das Training und das Spiel nehmen. Virtual Reality wird sich für die Spieler, aber auch für interessierte Zuschauer weiterentwickeln. Neuroathletik wird die Spieler noch handlungsschneller machen, dennoch werden Intuition, Mentalität und Teamfähigkeit wieder mehr in den Vordergrund rücken.

Wie erläutert, werden immer mehr Club- und Stadion-Apps entwickelt und Fans und Stadionbesucher mit Daten überflutet. Während und nach der Begegnung kann der Zuschauer viele relevante Trackingdaten, wie beispielsweise Laufleistung, Passquoten, gewonnene Zweikämpfe, direkt aus der App abrufen. Die Hologrammtechnik ist als das moderne Public Viewing in der nahen Zukunft denkbar. Somit werden quasi Live-Erlebnisse multiplizierbar.

Virtual Reality ist über 3-D-Brillen auch für den Fan erlebbar, und wie erwähnt erlauben Ghost-Systeme beispielsweise die Simulation, wie wäre in der Spielszene die optimale Spielerposition oder Raumaufteilung gewesen. Der Zuschauer im Stadion wie auch der TV-Zuschauer kann, wenn er denn möchte, seine Perspektive auf das Spiel selbst steuern und nimmt damit direkt am Spielgeschehen teil. Gamification ist ein Kundenbindungsinstrument der Zukunft. Der Fan kann im Stadion oder auch von Zuhause eingebunden werden und Einfluss nehmen. Sei es, um den besten Spieler des Spiel zu wählen oder um an Wettbewerben und Wetten teilzunehmen, wie etwa, wer schießt das erste Tor im Spiel. Neu dabei wäre aber, dass dem Tipper noch während des Torjubels der Gewinn, z. B. zwei VIP Tickets für das nächste Spiel, direkt auf das Handy gespielt wird.

CRM (Customer Relationship) gilt vermehrt auch für die Vereinsbindung. Der Fan und das Mitglied als Kunde müssen für ihr Engagement belohnt werden. Live-Votings, interaktive Games, Echtzeitstatistiken bis hin zur direkten Bewertung des Stadionbesuchs – die Möglichkeiten sind vielfältig. Business Seats könnten mit kleinen Sreens versehen werden, sodass die Zuschauer Szenen nochmals individuell abrufen können. Die Gäste in den VIP-Bereichen nutzen ihren Stadionbesuch heute bereits mehrheitlich, das ist zumindest mein Gefühl, um Geschäfte zu machen, Netzwerke zu vergrößern, einfach nur Spaß zu haben und Eitelkeiten zu pflegen. Das Fußballpublikum hat sich seit den 1980er-Jahren kontinuierlich gewandelt. Seit Jahren haben wir ein buntes Publikum im Volkstheater Fußball. Die echten Fußball- und

Vereinsfans, die sogenannten VIPs und ein breites Familienpublikum. Dennoch stellt sich die Frage, wo geht es hin in der Zukunft. Wie beschrieben, ist die Generation Z, heute zwischen sechs und 22 Jahren alt, das Zielpublikum der Zukunft. Studien und auch die Auswertung von den Bezahlsendern wie Sky zeigen, dass der Bundesligakonsum außerhalb des Stadions in der jungen Generation hoch ist, aber man schaut hauptsächlich die Konferenzen.

Exakt darin liegt die Herausforderung für die Clubs. Einerseits besteht die Chance, wie in Kap. 11 beschrieben, gerade für junge Leute vielleicht darin, die Suche nach mehr Geborgenheit in der realen Gruppe und Werte und Traditionen im Fußball und Verein zu leben. Andererseits macht Erfolg natürlich sexy, d. h. Clubs, die permanent erfolgreich sind, wie der FC Bayern München mit seinen gehypten Superstars, aber auch Traditionsclubs, haben es grundsätzlich einfacher, auch in Zukunft ihr Zielpublikum zu generieren. Dennoch, so glaube ich, werden das Entertainment in den Stadien und die Erwartungshaltung an eine maximal erlebnisorientierte Dramaturgie unter der Nutzung der modernsten Technik künftig eine noch größere Rolle spielen.

12.3 Thesen für die Zukunft des Profifußballs

Wie bereits in verschiedenen Kapiteln erläutert, besteht der Fußball in der Bundesliga, was die Wettbewerbsgleichheit angeht, aus mehr oder weniger vier unterschiedlichen Klassen (je nach Auffassung auch fünf): Erstens die regelmäßig in der Champions League vertretenen Clubs; zweitens die alimentierten Clubs, wie etwa Bayer Leverkusen oder VfL Wolfsburg; drittens die Clubs, die dauerhaft einigermaßen *save* sind, wie Eintracht Frankfurt, FC Augsburg, SC Freiburg; und viertens kleinere Clubs, zumeist die Aufsteiger, wie in der Saison 20/21 Arminia Bielefeld.

Im internationalen Bereich haben wir die „Scheich- und Oligarchenclubs" in den Reihen der zwölf Clubs, die im April 2020 den Versuch unternommen haben, eine eigene Super League zu etablieren. Vorerst gescheitert sind sie an dem Aufstand ihre eigenen und im Prinzip aller Fans, die den Fußball lieben. Auch wenn zumindest die Vertreter der deutschen Topclubs und auch UEFA-Präsident Aleksander Čeferin recht überrascht und ahnungslos auftraten, bleibt Fakt, dass die Super League bereits seit 2016 ein Thema war. Wie die *Times* berichtete, aber auch *Football Leaks*, gab es bereits vor Jahren eine Absichtserklärung von elf europäischen Topclubs, unter anderem Bayern München, für eine eigene European Super League [1]. Insofern ist das Thema nicht neu und es wird sicher irgendwann wieder auf den Tisch kommen.

Nun stelle ich für viele sicher eine provokante Frage: Was wäre denn daran so schlimm, wenn die Super League käme? Warum sollten die Turbokapitalistenclubs nicht in einer eigenen Super-Football-Entertainment League spielen?

Wie wir festgestellt haben, existieren vorrangig zwei Fan- und Zuschauerzielgruppen. Die Vereinsfans mit hohem Identifikationsgrad und die Fußball-Entertainment-Fans, die sich primär an den hohen fußballerischen Künsten von Stars wie Messi, Ronaldo, Neymar und Mbappé begeistern. Wenn ich mir Spiele von PSG oder ManCity anschaue, geht es mir auch vor allem um die einzelnen Spieler und die Spielidee, aber ohne jegliche Identifikation mit dem Club.

Würden die Topvereine aus den anderen europäischen Wettbewerben ausscheiden, ergäbe sich unter Umständen mehr Ausgewogenheit in diesen Wettbewerben, ebenso in den einzelnen nationalen Ligen. Das ist nur ein Denkansatz, und wenn ich mir die Entwicklung des Produkts Fußball in den letzten Jahren wie auch die sich extrem schnell wandelnde, erlebnisorientierte Digitalgesellschaft von morgen anschaue, dann ist eine Super-Football-Entertainment League, glaube ich, nicht weit entfernt. Auch eine Global-Event League ist denkbar, in der die Gewinner der einzelnen Kontinentalverbände ihren Champion ausspielen, mit großen Shows vor den Spielen und in den Halbzeitpausen.

Weitere Veränderungen sind in der Ermittlung des Meisters in der Bundesliga und auch des Aufsteigers oder der Aufsteiger aus der 2. Liga vorstellbar, indem man Pay-offs ausspielt. Sofern sich eventuell zwei Clubs in die neue Super League verabschiedeten, wäre die Teilnehmerzahl 16, ansonsten müsste sie auf 16 reduziert werden, um genug Spieltage austragen zu können. In den Playoffs spielen die ersten vier Platzierten quasi eine finales Turnier aus und ermitteln dadurch den Meister sowie die Plätze zwei bis vier. Um nicht falsch verstanden zu werden: Das muss nicht die beste Lösung sein, würde aber eine komplette Dominanz eines Clubs und ein „Meisterschaftsabo" ausschließen (Abb. 12.2).

Der Profifußball wird als Kommunikationstool auch in Zukunft ein hochinteressantes Medium bleiben. Clubs wie auch die TV-Lizenzpartner benötigen weiterhin viele Werbepartner. Um die Sendezeit zu erhöhen, ohne den Zuschauer zu nerven, fände ich es persönlich recht attraktiv, wenn man anstatt zweimal 45 Minuten und einer Pause mit zwei Pausen und dementsprechend dreimal 30 Minuten spielen würde. Neben der Erhöhung der Werbezeit wäre in den Stadien mehr Zeit für die Bratwurst oder das Bier, für Fachsimpeleien und soziale Kontakte. Ich glaube, das Spiel würde sich durch

Abb. 12.2 Quo vadis, Fußball? (© picture alliance/augenklick/firo Sportphoto)

drei Spieldrittel ein Stück weit verändern und möglicherweise noch mehr verbessern, da der Trainer eine viele größere Einflussnahme hätte.

Der weiter voranschreitenden Emanzipation der Frauen sollte man auch im Fußball gerecht werden. Warum nicht in Zukunft eine Young-Women League, ähnlich der A- und B-Jugend-Bundesliga? Alle Clubs, die sich das zweite Jahr in der Bundesliga etabliert haben, müssten sich zu einer Damen-/Mädchenmannschaft verpflichten. Bei 14 teilnehmenden Clubs gäbe es keinen klassischen Absteiger. Sollte es einen Absteiger geben, wäre zu regeln, wie man dann verfährt; es könnte beispielsweise über einen Solidaritätsfonds gesteuert werden, dass die Belastung für den Club in der 2. Liga nicht so hoch wäre.

Glückwunsch an die Niederlande, die gerade als erstes Land im Frühjahr 2020 beschlossen haben, die Amateurligen für Mädchen- und Damenmannschaften zu öffnen. Ob es wirklich funktioniert, wenn man gegeneinander spielt, bezweifle ich, aber dennoch ist dieser Vorstoß richtig und kann ja später, nach den ersten Erfahrungswerten, modifiziert werden.

Bei der Gelegenheit sei auch nochmals erwähnt, dass in Deutschland der Anteil an Frauen in der Führungsebene bei ca. 28 % liegt [2], was sicher immer noch recht wenig ist. Nun spielen schon deutlich mehr Jungen und Männer aktiv Fußball als Mädchen und Frauen, aber bei den Fußballinteressierten liegt der Frauenanteil ebenfalls bei etwa 40 %. Wenn ich mir allerdings die Leitungsebenen in den Clubs, aber besonders bei den Fußballverbänden anschaue, sehe ich, die Herren mögen mir verzeihen, zu viele ergraute ältere Männer und definitiv zu wenig Frauen. Allerdings möchte ich betonen, dass ich persönlich kein Freund von Quoten bin, aber definitiv für Fairness und Chancengleichheit bei der Besetzung von Positionen und Gremien.

Wie bereits in diesem Buch erläutert, werden die Bundesligavereine gerade durch die Auswirkungen der Pandemie ohne strategische Finanzpartner im internationalen Wettbewerb kaum überleben. Sicherlich ist es nicht einfach, einen passenden Partner zu finden. Neben Privatinvestoren und Fonds bieten sich naheliegenderweise Komplementärbranchen an wie Caterer, Ausrüster, Vermarkter oder auch Sportartikelhersteller. Um für Investoren interessant zu sein, was die 50+1-Regel bereits nicht so einfach macht, müssen sich viele Vereine professioneller aufstellen. Bei einem Jahresumsatz von 100 Mio. Euro und mehr kann eine Steuerung durch Gremien aus Ehrenamtlichen eigentlich kaum funktionieren. Auch eine gewisse Überheblichkeit, dem Hype und Hochglanz des Kerngeschäfts Profifußball geschuldet, hat im wirtschaftlich orientierten Tagesgeschäft meines Erachtens nichts zu suchen.

Neben etwaigen innovativen Veränderungen wird eine Chance in der Zukunftsausrichtung der Clubs auch in der Rückbesinnung auf Werte und soziales Verhalten liegen. Die Gesellschaft wird immer liberaler und vielfältiger, der Status von Frauen und Mädchen wird auch im Fußball weiter gestärkt. Damit auch die Clubs einschließlich der Amateurvereine weiter gestärkt werden, müssen die rasanten gesellschaftlichen Veränderungen erkannt, berücksichtigt und implementiert werden. Das Gleiche gilt für die Ausbildung in den Vereinen und in den Akademien, auch dort müssen der Fußball von morgen und eine zukunftsweisende Fußballphilosophie gelehrt und gelebt werden.

Das Stadionerlebnis wird sich in Zukunft ebenfalls weiter verändern. Es ist wünschenswert, zukünftige Stadien insbesondere von der Verkehrsanbindung sinnvoll zu planen und zu bauen. Schwebebahnen ins Stadion, warum nicht? Auch eine komplette Digitalisierung kann durchaus sinnvoll sein und Dinge berücksichtigen wie: kontaktloser Zutritt ins Stadion, wie lange sind die Wartzeiten an den Kiosken, welche WC-Anlage ist gerade frei.

Die traditionellen Fans werden möglicherweise einige der Innovationen ablehnen. Meiner Meinung nach werden diese jedoch teilweise so kommen. Allerdings bin ich mir auch relativ sicher, dass sich das Kerngeschäft, das Spiel und auch das Fußballerlebnis für den Fan nicht großartig verändern werden. Es wird eine größere Vielfalt geben, und sinnvolle technische Fortschritte haben sich immer durchgesetzt.

Im Jahr 2020 hat der DFB eine Taskforce mit vielen renommierten Persönlichkeiten, nicht nur aus dem Bereich Fußball, einberufen, um in Arbeitsgruppen die Ziele der Werte- und Fußballentwicklung bis zum Jahr 2030 zu entwerfen. Die Resultate dieser Taskforce sind durchaus bemerkenswert. Fast alle relevanten Themen wurden in einem Konzeptpapier zusammengefasst [3].

Unter anderem müssen die drei Säulen der Nachhaltigkeit – Ökologie, Ökonomie und soziale Aspekte – verpflichtend berücksichtigt werden. Faire Arbeitsbedingungen für die eigenen Mitarbeiter und Schutz der Menschenwürde, was eigentlich Standard sein sollte, wurden dokumentiert. Die Förderung des Mädchen- und Frauenfußballs soll in Zukunft eine größere Rolle spielen, ebenso die Förderung des Jugend- und Amateurfußballs. In Sachen Finanzpolitik der Vereine sollen strengere Anforderungen an Liquidität, Eigenkapitalbildung sowie Personal- und Transferausgaben gelten. Zudem ist weiterhin ein Salary Cap in der Diskussion. Eine Verpflichtung, das Financial Fairplay einzuhalten, sollte hingegen selbstverständlich sein. Ein Engagement seriöser Investoren soll, wenn möglich, erleichtert werden. Das leidige Thema der Spielerberater wurde insofern berücksichtigt, dass in Zukunft nur akkreditierte Berater zugelassen sind und die Beraterhonorare nach Möglichkeit gedeckelt werden. Der konstruktive Dialog mit den Fanclubs soll weiterhin intensiviert werden.

Alle diese Maßnahme nutzen allerdings nur etwas, wenn sie weiterentwickelt, implementiert und von allen Seiten gelebt werden.

12 Wohin entwickelt sich der Fußball in der Zukunft?

Interview mit Stefan Reinartz, Gründer der Impect GmbH, zuvor Spieler bei Bayer Leverkusen, zu Vergangenheit und Zukunft des Fußballs aus Sicht eines ehemaligen Fußballprofis

Stefan Reinartz (© Horst Galuschka/dpa/picture alliance) (▶ https://doi.org/10.1007/000-4tc)

Lieber Stefan,

Du kennst den Fußball von allen Seiten, Du warst ein erfolgreicher Spieler, heute Du bist ein erfolgreicher Unternehmer. Deine Fußballerkarriere hast Du relativ früh beendet. War damals für Dich schon klar, dass Du Dich mit einer innovativen Firma selbstständig machst?

Wir haben die Firma schon während meiner aktiven Zeit gegründet. Wir haben uns eigentlich mehr aus Zufall mit Statistik und Fußball im wissenschaftlichen Rahmen auseinandergesetzt und daraus ist dann Impect entstanden.

Der Fußball hat sich in den letzten Jahren in vielen Bereichen verändert. Was war aus Deiner Sicht der größte Innovationssprung in der jüngsten Vergangenheit?

Ich glaube nicht, dass die großen Innovationssprünge in den letzten Jahren im Bereich der Daten lagen. Für mich war der größte Innovationsprung in der neuen Qualität der Trainer und der Matchpläne. In den Anfängen meiner Karriere wurden wir im Vergleich zu heute viel weniger auf das Spiel und den Gegner vorbereitet. Tuchel, Rangnick, Nagelsmann und Co. haben da nochmal ein ganz anderes Niveau in den Fußball gebracht.

Trackingdaten, KI und vieles mehr sind heute im Fußball reichlich zu finden. Ihr bietet mit Eurer Firma Impect selbst eigene Daten und Software mit einem hohen Mehrwert an. Daten sind aber nur so gut wie Ihre Anwender. Sind da nicht viele überfordert? Werden Spieler, aber auch Trainer, überhaupt genügend auf die digitalen Veränderungen vorbereitet und dafür ausgebildet?

Ich glaube, grundsätzlich sind erst einmal alle überfordert von der Dynamik und Komplexität, die in dem Markt ist. Für den Spieler und den Trainer ist erst einmal im Fokus: Wie kann ich mein nächstes Spiel gewinnen? Die Daten und Tools müssen so runtergebrochen werden, dass sie problemlos im täglichen Trainingsgeschäft angewendet werden können. Die Informationen müssen extrem anwenderfreundlich sein und, was absolut maßgeblich ist, der Trainer muss es verstehen. In anderen Branchen muss der Geschäftsführer kein IT-Spezialist sein und im Detail alle Anwendungen kennen. Für den Cheftrainer gilt dies aber nicht, er wird nur das anwenden, was er selbst versteht und wofür er steht.

Wo, denkst Du, werden sich das Training, die Leistungen der Spieler und letztendlich das Spiel noch verbessern?

Ich habe ja selbst noch erlebt, wie sich die physische Belastung in den letzten zehn Jahren entwickelt hat. Ich meine ganz klar, dass im individuellen Bereich das Potenzial noch nicht genügend ausgeschöpft wird. In anderen Sportarten sieht man, dass selbst im höheren Sportleralter die Sportler noch ihre Technik verändern und verbessern, wie beispielsweise Roger Federer im Tennis. Ich glaube, dass im Individualtraining noch viel zu machen ist. Man sieht sehr selten, dass ein Spieler mit 27 Jahren auf einmal bessere Flanken schlägt. Als Spieler im Profibereich wird Dir kaum erklärt, wie ein perfekter Diagonalball geschlagen wird, wie es sich anfühlen muss, in welcher Achse usw. Man geht immer davon aus, dass die primäre technische Ausbildung in der Jugend erfolgt, aber man kann sich immer weiterentwickeln.

Verkommt der Fußball in Zukunft immer mehr zu einem reinen Entertainment-Event, oder glaubst Du, dass sich ein Stück weit immer der Purismus durchsetzen wird, die Einfachheit und die Schönheit des Spiels?

Man muss unterscheiden zwischen der Innen- und der Außerperspektive. Von innen heraus ist es immer die Liebe zum Spiel. Die meisten Spieler werden Profis aus Liebe zum Spiel. Das Gleiche gilt auch für die Trainer. Der Spieler auf dem Platz benötigt nicht immer das Ganze Drumherum. In der Außenperspektive gehört aber das Entertainment dazu, und der Verein benötigt es natürlich, um Um-

sätze zu generieren. Es kommt darauf an, eine richtige Balance zu finden, und wer den Fußball pur mag, dem bieten viele unterklassige Vereine, wie Rot-Weiß Essen der auch Viktoria Köln, tolle Erlebnisse.

Die Gesellschaft verändert sich, sie wird kritischer – gerade, was Moral, aber auch Nachhaltigkeit angeht. Muss der Fußball in vielen Bereichen nicht noch mehr seiner gesellschaftlichen Verantwortung gerecht werden?

Ich habe mich darüber gefreut, dass Joshua Kimmich, Leon Goretzka oder auch Toni Kroos in der Zeit der Pandemie von sich aus der Gesellschaft etwas zurückgegeben haben. Mein Gefühl war zu meiner aktiven Zeit, dass wir uns als Spieler auf das Kerngeschäft Fußball fokussieren sollten. Ich bereue für mich persönlich etwas, das ich während meiner aktiven Zeit das Schaufenster Profifußball nicht mehr für gesellschaftliche Belange genutzt habe. Ich wünsche mir für die Zukunft, dass die Popularität des Fußballs mehr genutzt wird, um sich für relevante gesellschaftliche Themen einzusetzen.

Interview mit Stefan Bader, Geschäftsführer von teamwerk sport

Stefan Bader (▶ https://doi.org/10.1007/000-4tb)

Lieber Herr Bader,

Sie haben sich gerade mit einem großartigen Projekt und einer Studie, wie der Fußball im Jahr 2050 aussehen könnte, beschäftigt. Was sind aus Ihrer Sicht und Ihrer Expertise die primären Gamechanger von morgen?

Es wird nicht den einen Gamechanger geben. Bis vor ein paar Jahren waren es meist nur die kritischen Stimmen der Kurve, die die Kommerzialisierung angeprangert haben, heute gibt es viele Fans aus anderen Bereichen, die diese Meinung teilen. Die Fanaufstände in England als Reaktion auf die Super League zeigen, dass es hier zusehends ein Umdenken gibt. Ich glaube auch nicht, dass eine Entscheidung wie die für Katar als Ausrichter der WM heute noch so getroffen würde.

Wie sieht der Fan der Zukunft aus bzw. welche Erwartungshaltung kommt diesbezüglich auf den Fußball zu?

Es wird auch nicht „den einen Fußballfan" geben. Es kommt aber sicher darauf an, wie der Fußball in Zukunft organisiert wird. Wir gehen in unserer Studie von einer Zweiteilung aus. Auf der einen Seite eine geschlossene Super League, bei der das Entertainment im Vordergrund steht, auf der anderen Seite kleinere Vereine, bei denen der soziale und auch regionale Gedanke und die Local Heroes wieder mehr im Vordergrund stehen.

Ich glaube allerdings, dass sich viele Vereine, die vielleicht für einen strategischen Finanzpartner nicht „sexy" genug sind, in Zukunft außerhalb des Kerngeschäfts mit anderen Einnahmequellen breiter aufstellen müssen. Dazu könnten Reha-Center, aber auch clubeigene kommerzielle Fitnesscenter bis hin zu privaten Sportschulen gehören. Wie sehen Sie das?

Ich sehe das ähnlich. Viele Clubs bewirtschaften riesige Flächen. Warum sollen in Zukunft beispielsweise die Parkplätze nicht als Flächen zur Stromerzeugung genutzt werden und daraus ein Geschäftsmodell entstehen. Die TSG Hoffenheim ist in Sachen Nachhaltigkeit ein Vorbild, die machen beispielsweise aus dem Rasenschnitt Papier für ihre Tickets etc. Ich denke allerdings, dass das Spieltagserlebnis als Einnahmequelle immer im Vordergrund stehen wird. Es wird in Zukunft neue Techniken geben, wie die Hologrammtechnik, die eine weitere Skalierbarkeit des Live-Events ermöglichen.

Big Data finden sich ja im Fußball heute bereits in der Trainings- und Spielanalyse wieder. Empathie und Führungsstärke werden immer wichtiger. Wie wird sich die Cheftrainerposition in Zukunft verändern?

Die Anforderungen an die Trainer haben sich ja bereits verändert. Ich glaube, in Zukunft wird die Psychologie eine noch viel größere Rolle spielen. Das Thema Führung von Team und Mitarbeitern im Sinne einer „echten Führung" wird immer wichtiger, auch für den Trainer. Das Scouting in Spielermärken wie Afrika wird sich verstärken, und es wird wichtig sein, die Spieler sozial in den Vereinen zu integrieren.

Mittlerweile sind ca. 30 % der Stadionbesucher weiblich. Die Stadiontechnik, Stichwort „Connected Stadium", wird sich verbessern. Müssen nicht die Verbände, die Clubs, aber auch die Anbieter des Live-Erlebnisses Fußball ein Stück weit umdenken in Sachen passgenaue Angebote, sei es im B2B-Bereich oder eben für Frauen?

Ich sehe es auch so. Ich glaube nicht, dass in einigen Jahren die Zuschauer alle mit einer Virtual-Reality-Brille im Stadion sitzen. Natürlich müssen die Vereine ihre Hospitality-Angebote fördern und umsetzen, dabei dürfen jedoch die Fans in den Kurven nicht vergessen werden, die eine enorm wichtige Rolle für das Gesamterlebnis spielen, aber auch für Entwicklungen in den Vereinen. Frauen spielen im Fußball bereits eine große Rolle, sei es als Zuschauer und selbst in Führungspositionen bei Ultras und anderen Fanorganisationen. In den Führungspositionen von Vereinen sind Frauen bisher so gut wie gar nicht vertreten. Vielleicht ist in diesem Bereich die Gesellschaft schon weiter als der Fußball, auch wenn der Fußball eigentlich ein Abbild der Gesellschaft ist.

Quellen

1. https://recherche.sportschau.de/footballleaks/allemeldungen/Super-League-So-war-der-geheime-Deal-der-Bayern,superleague100.html
2. https://de.statista.com/themen/873/frauenquote/
3. https://media.dfl.de/sites/2/2021/02/2021-02-03_Zusammenfassender-Ergebnisbericht_Taskforce-Zukunft-Profifussball.pdf

13

Fans – die Seele des Fußballs

13.1 Fans und Fanclubs

In Deutschland gibt es ca. 48 Mio. Fußballfans. Allein der FC Bayern hat 4.427 Fanclubs mit 358.625 Fanclub-Mitglieder [1]. Das lateinische Wort *fanaticus* heißt so viel wie: begeistert, rasend oder auch fanatisch. Was ist ein echter Fußballfan? Für den normalen Stadionbesucher stehen das sportliche Ereignis, die Unterhaltung und die Dramaturgie des Spiels im Vordergrund. Der echte Fan zeichnet sich durch eine hohe Identifikation mit dem Verein und den Zusammenhalt in der Gruppe aus. Den Fan erkennt man schnell an den entsprechenden Vereinsschals, -mützen, -trikots und auch Vereinsfahnen. Fansein ist geprägt durch Rituale, Zusammengehörigkeitsgefühl und ein universelles Miteinander, egal welcher Nationalität, welchen Geschlechts oder welcher Gesellschaftsschicht. Der Fußball bietet durch sein oft unvorhersehbares Spielgeschehen und Ergebnis ein dynamisches Gruppenerlebnis. Euphorie, Schicksale, Glück, Siege, Enttäuschungen und Niederlagen finden sich in Emotionen wieder, die vielleicht nur der sportliche Wettkampf und speziell der Fußball zu bieten haben. Jeder Club hat im Stadion seinen Fanblock und spezielle Tribünen, die zumeist ausverkauft sind, und es ist etwas Besonderes, auf dieser Tribüne dazuzugehören.

Ergänzende Information Die elektronische Version dieses Kapitels enthält Zusatzmaterial, auf das über folgenden Link zugegriffen werden kann [https://doi.org/10.1007/978-3-662-64327-3_13]. Die Videos lassen sich durch Anklicken des DOI Links in der Legende einer entsprechenden Abbildung abspielen, oder indem Sie diesen Link mit der SN More Media App scannen.

© Der/die Autor(en), exklusiv lizenziert an Springer-Verlag GmbH, DE, ein Teil von Springer Nature 2022
K. Brüggemann, *Die Fußballblase*, https://doi.org/10.1007/978-3-662-64327-3_13

13.2 Die Kurve

22.000 Zuschauer fasst das Stadion von Union Berlin. Rund 24.000 Menschen feuern auf der Südtribüne in Dortmund, der größten Stehplatztribüne in Europa, ihren BVB an: 100 m breit und 40 m hoch, extrem steil – ein Koloss, der dem einen oder anderen jungen Spieler der gegnerischen Mannschaft sicher Ehrfurcht einflößt und Respekt abfordert. Die Kraft, die Lautstärke, die Motivation und Unterstützung für das Team entfachen Emotionen, die mit Sicherheit ein paar Punkte pro Saison mehr bringen. Die letzten Prozente der Leistungsfähigkeit der Spieler werden freigesetzt und entscheiden dabei über Sieg oder Niederlage. Ich hatte selbst am 18.02.2020 das Vergnügen, im SIGNAL IDUNA PARK den 2:1-Sieg des BVB gegen PSG zu erleben. Bereits am 11.03.2020 fand das erste coronabedingte „Geisterspiel" ohne Zuschauer in Paris statt, was mit einem souveränen Sieg von 2:0 für PSG endete. Es war damals klar erkennbar, wie gespenstisch die Atmosphäre ohne Zuschauer war; im Laufe der Zeit gewöhnte man sich dann daran. Die Mannschaft des BVB fremdelte komplett und war verglichen mit dem stimmungsvollen Hinspiel nicht mehr wiederzuerkennen.

Aber nicht nur der BVB hat unvergleichliche Fans und eine stimmungsvolle Kurve. Auch beispielsweise Eintracht Frankfurt und Hertha BSC haben tolle und laute Fans, die bei Heimspielen das Stadion zur Festung machen. Die Gruppensolidarität führt die Menschen in der Kurve zu außergewöhnlicher Kraft und Power. Der Verein wird zum Kult, und bei den Fans gehen das Verehren und das gemeinsame Kämpfen für ihren Club und ihr Team in Rituale über, wie das das gemeinsame Singen von *„You'll never walk alone"* beim FC Liverpool und beim BVB. Von den eingeübten Gesängen und synchronen Bewegungen der Fangruppen auf der Tribüne geht eine massive positive emotionale Energie aus, die auf die Mannschaft überspringt, diese unterstützt, motiviert und im Idealfall zum Sieg treibt.

Auch bei Länderspielen kann man erleben, was der Fußball alles bewirkt. Nationalitäten wie die Schweden oder insbesondere die Isländer feiern ihre Helden lautstark, selbst wenn das Spiel verloren geht. Ich kann mich selbst noch gut an die FIFA-WM 2006 in Berlin erinnern: Die Schweden haben damals eine unfassbar laute Stimmung verursacht, sodass man sein eigenes Wort nicht mehr hören konnte. Wie bereits erwähnt, war damals auch die Stimmung bei uns im ganzen Land, getragen von den Fans, einfach sensationell.

Eine ganz spezielle Fangruppierung sind die Ultras, die einen gewichtigen Teil der Fanszene bilden. Bei ihnen steht der Erfolg des Clubs nicht unbedingt an erster Stelle, sondern sie treten vorrangig für Fanrechte und Traditionen ein. Ultra zu sein bedeutet, seinen Verein bedingungslos zu lieben, leider aber auch oftmals, die Repräsentanten des Vereins abzulehnen. Die Ultras sind ein Stück weit Subkultur, aber ihre Zuneigung zum Verein und ihr Einsatz für das Team gehören zum Fußball dazu. Ob Verein oder Ultras, leider wird aus meiner Sicht zu oft nach festen Dogmen gedacht und gehandelt. Vorurteile und überlagerndes Schwarz-Weiß-Denken führen auf keiner der beiden Seiten zu zielorientierten Ergebnissen und einem vernünftigen Miteinander.

13.3 Der Support

Fußballfans sind in Fanclubs organisiert, als inoffizieller Verbund oder als „OFC", als offizieller Fanclub. Teilweise sind Fans in eingetragenen Vereinen aktiv, wie bei Hertha BSC im Förderkreis Ostkurve e. V. Es gibt christliche Fanclubs, schwul-lesbische Fanclubs und Frauen-Fanclubs – eine Vielfalt an Vereinigungen, die alle dasselbe Ziel haben, ihren Verein zu unterstützen. Jeder Verein hat einen oder mehrere hauptamtliche Fanbeauftragte als Bindeglied zwischen den Fangruppierungen und dem Club.

Fanprojekte sind Arbeitsgruppen und feste Institutionen mit Sozialarbeitern, die gemeinsam mit den Fangruppen und Vereinsvertretern Fußballsozialarbeit betreiben. Streetworker und mobile Jugendarbeiter helfen nicht nur bei Alltags- und fußballbezogenen Problemen, sondern auch – besonders wichtig – bei Auswärtsspielen vor Ort. Fanclubprojekte im klassischen Sinn zeigen ein sehr großes Engagement für spezielle Themen, wie die Organisation von Auswärtsfahrten oder die Entwicklung und Umsetzung von spieltagsbezogenen Choreografien, und zudem ganz viel soziales Engagement. Hierzu zählen Aktionen gegen Rechtsextremismus, für mehr Inklusion, Spendensammlungen für erkrankte Fans und die Unterstützung unzähliger Hilfsprogramme. Weitere Aufgaben und Inhalte sind der Eigenschutz und der Schutz Einzelner, sei es vor Polizeigewalt, gegen Kollektivstrafen bei Sanktionen, bei Bannerverboten und anderen Einschränkungen.

Weitere wichtige Faktoren für Fanclubs sind das Vorleben und Einfordern der Identifizierung mit dem Verein. Dies gilt für den Fan an sich, aber auch für den Club. Überbordende Kommerzialisierung, kritische Vereinskampagnen, die Gefahr der Verwässerung des Markenauftritts oder auch Anteilsübernahmen von Investoren sind alles Themen, bei denen der organisierte Fan mitspricht, und das ist auch gut so. Identifizierung mit dem Verein und maximalen Einsatz für den Club verlangen die Fans mit Recht auch von den Spielern. Da es jedoch immer Spieler gibt, die leider nur auf das Geld und ihre eigene Karriere schauen, kann dies natürlich zu Konflikten führen, gerade dann, wenn es sportlich nicht gut läuft.

Der wichtigste Support ist und bleibt die Unterstützung der eigenen Mannschaft am Spieltag. In einigen Stadien musste immer mal wieder die Statik der Tribüne überprüft werden, denn das rhythmische Hüpfen der Fans kann Kräfte auslösen, die mitunter das Fünffache des jeweiligen Eigengewichts ausmachen. Dieses Hüpfen, die gemeinsamen Fangesänge, das Skandieren von Anfeuerungsrufen und die Präsentation von manchmal ganze Tribünen überspannenden Transparenten sind einmalig und fantastisch. Manchmal arbeiten Fangruppen ganze Nächte durch, um die gewaltigen Bilder und Banner zu erstellen. Sie wenden viel Freizeit, Geld und Engagement auf, um beim Spiel die perfekte Choreografie zu inszenieren (Abb. 13.1 und 13.2).

Die Kraft der Fans spiegelt sich auch in der Lautstärke wider, die bis zu 100 Dezibel betragen kann. Der sogenannte Capo, der Vorsänger, steht während des Spiels auf dem Zaun. Er ist der Anführer im Fanblock und peitscht die Anhänger an, den maximalen Support für das Team zu geben. Das Gesangbuch des Capos wird immer wieder aufgefüllt, gerade dann, wenn die Fanrivalität zum gegnerischen Club besonders groß ist.

Abb. 13.1 Fanchoreografie zum Abschied von Trainer Jürgen Klopp bei Borussia Dortmund (© Malte Ossowski/Sven Simon/picture alliance)

Abb. 13.2 Fanchoreografie der Fankurve von Hertha BSC Berlin (© Annegret Hilse/ Sven Simon/picture alliance)

13.4 Der Einfluss der Fangruppierungen

Die organisierten Fans und Fanclubs haben einen relativ großen Einfluss in den Vereinen und in Clubs. Grundsätzlich kann man sagen, dass es enorm wichtig ist, dass die Fans ein gewisses Mitspracherecht haben und zumindest in ihren Sorgen und Anliegen gehört werden müssen. Denn die Fans sind tatsächlich die Seele des Fußballs. Wie die Coronapandemie gezeigt hat, wäre das Unterhaltungsprodukt Profifußball als reine Entertainmentnummer vielleicht sogar überlebensfähig. Mit dem Fußball, den wir kennen und lieben, mit all seiner Dramaturgie, hätte dies aber nichts mehr zu tun.

Immer mal wieder kommt es jedoch innerhalb der organisierten Fanszene zu Vorfällen, welche die Wertevorstellung der meisten Fans konterkarieren. Zu den jüngsten Fällen zählen die verbalen und körperlichen Übergriffe in Gelsenkirchen. Auch die teilweise menschenverachtenden Plakate gegen Dietmar Hopp und Co. sind absolut zu verurteilen, wenngleich sachliche Kritik durchaus berechtigt ist. Ein anderes Bespiel hatte ich bereits in Kap. 1 mit meinen eigenen schmerzhaften Erfahrungen mit Fanbannern beim SV Babelsberg erwähnt. Beim Hamburger SV und bei Schalke 04 schaffen es die organisierten Fans und Ultras seit Jahren zu verhindern, dass der Profibereich in eine Kapitalgesellschaft ausgegliedert wird. Solche Entwicklungen bzw. Übergriffigkeiten durch die Fanlager können meiner Meinung nach nicht im Sinne des Clubs und des Fußballs sein. Das gilt natürlich ebenso für

Entwicklungen, durch die sich der Verein und seine Gesellschafter von den Fans und der Basisdemokratie entfernen.

Fakt ist, dass die Fans sich mittlerweile europaweit professionalisiert haben. Die europäische Fanvereinigung Football Supporters Europe (FSE) und die Fangruppieren finden in ihrer Programmatik immer mehr Gehör und Unterstützung. Wie bereits geschildert, ist der jüngste Versuch einiger großer Investoren, mit Scheich- und Oligarchenvereinen eine Super League zu gründen, in erster Linie an den massiven Protesten der eigenen Fans gescheitert.

13.5 Undifferenzierte Betrachtung der Fankategorien, Außenwirkung und Maßnahmen

Es gibt nach wie vor gewaltbereite Ultras, aber Ultras sind keine Hooligans. Hooligans geht es nicht in erster Linie darum, ihr eigenes Team zu stärken, sondern zu zeigen, wie vermeintlich stark sie selbst sind. Körperverletzungen und Jagdszenen rund um die Stadien haben nichts, aber auch gar nichts, mit dem Fußball zu tun. Hooligans und „Fans", die nur auf Prügeleien aus sind, egal wie stark die Rivalität zum gegnereichen Verein ist, haben im Stadion keine Daseinsberechtigung. Daher sind eine klare Abgrenzung und differenziertere Betrachtung der Fanszene von außen sehr wichtig, ebenso aber auch, dass die Fanclubs sich ganz klar von den „Gewalt- und Prügel-Möchtegernfans" abgrenzen und abwenden – gerade, weil die klassischen Fans seit Jahrzehnten mit Vorurteilen und Vorwürfen, was latente Gewaltbereitschaft angeht, zu kämpfen haben. In den Auseinandersetzungen mit den eigenen Clubs geht es meist um die Ablehnung von Ausgliederungen, aber in erster Linie um die Überkommerzialisierung im Fußball.

Wer zu einem Treffen der offiziellen Fanclubs geht, wird überrascht sein, wen er dort vorfindet. In der Regel sind es nette, weltoffene, durchaus mit hohem Bildungsgrad ausgestattete Menschen aus allen gesellschaftlichen Schichten. Die Chaoten und die wenigen Hooligans, die es gibt, bringen sich nicht programmatisch ein und haben selten eine Stimme in den vielfältigen Fanorganisationen.

Die Fanclubs versuchen, ein Stück weit Einfluss auf die Vereinspolitik auszuüben. Die Fanvertretungen, die DFL, die Clubs, die Politik und die Massenmedien haben jeweils alle zum Ziel, das eigene Handeln und die eigene Meinung positiv in der Öffentlichkeit darzustellen und damit der Gesellschaft zu zeigen, dass ihr Konzept das richtige ist. Seit 2001 gibt es bereits das Bündnis ProFans, ein Zusammenschluss von Fan- und Ultragruppierungen, die sich in erster Linie zum Ziel gesetzt haben, die Fankultur in Deutschland zu beleben und erhalten. Aber auch speziell in Sicherheitsfragen geben sie beispielsweise Rat für das richtige Verhalten im Stadion oder für den Fall, dass man in Polizeigewahrsam gerät. Ohne Zweifel ist es für die Verantwortlichen des gastgebenden Vereins nicht einfach, immer das richtige Maß an Sicherheitsmaßnahmen festzulegen. Bei einem Hochsicherheitsspiel, etwa dem Derby zwischen dem BVB und Schalke 04 oder – eher politisch begründet – zu meiner Zeit in Babelsberg gegen Hansa Rostock oder Dynamo Dresden, ist es leider notwendig und nachvollziehbar, dass ganze Stadtteile abgeriegelt werden.

Es darf aber nicht zur Normalität werden, dass die generischen Fans nach ihrer Ankunft mit Sonderzügen am Bahnhof von der Polizei eingekesselt zum Stadion begleitet werden wie Schwerverbrecher. Hierbei wird dann nicht selten ein Toilettengang ebenso verwehrt wie im Sommer der Kauf von Getränken. Wenn bei einem relativ „normalen" Bundesligaspiel die Polizeieskorte mehr Polizisten umfasst als auf einer Pegida- oder Reichsbürger-Demo, dann läuft grundsätzlich etwas schief. Zweifellos gibt es einige „Fans", die es auf eine gewisse Heroisierung und Aufmerksamkeit der Sicherheitsbehörden anlegen. Sie erfahren dadurch Anerkennung in der Gruppe und fühlen sich als etwas Besonderes. Die Fanvertreter müssen sich aber im Klaren darüber sein, dass die wenigen gewaltbereiten Fans die Anonymität der Gruppe für sich ausnutzen.

Im Jahr 2012 wurde ein neues Sicherheitskonzept im Profifußball verabschiedet. Gewaltfreiheit und die Akzeptanz der gültigen Gesetzeslage sind für mich völlig unstrittig, insofern war der Beschluss formal auch nicht falsch. Eine bessere Einbeziehung der Fans im Vorfeld wäre für die spätere Umsetzung aber sicher sinnvoller und hilfreicher gewesen. Der Diskurs um Inhalte, aber auch um Fangewalt im Fußball muss deshalb immer weiter geführt werden. Allen beteiligten Akteuren müssen sich klarmachen, dass womöglich nicht immer nachvollziehbare Beschränkungen für jugendliche Ultras der Hauptauslöser für Krawalle sein könnten.

Es sollten stets nicht nur die Schuldigen gesucht werden, sondern auch die Ursache für Gewalt, auch wenn diese nicht immer gleich erkennbar ist. Ein gutes Sicherheitskonzept lässt Ursachen nicht einfach unbeachtet. Weder gibt es nur gute noch nur schlechte Fans. Letztendlich sollte es immer um ein gemeinsames übergeordnetes Ziel gehen, den Fußball und den maximalen Support für den eigenen Club.

13.6 Wem gehört der Fußball?

Der Fußball als Spiel mit all seinen Facetten und Faszinationen gehört erst einmal allen und ist ein kulturelles Massenphänomen. In der Diskussion zwischen der Liga, den Clubs und den Fans mangelt es oft an der Erkenntnis, dass rund 50 % der Fußballzuschauer im Stadion zwar ihren Verein und ihre Stadt unterstützen, aber nicht den klassischen Fanlagern zugerechnet werden können. Der Clubfußball gehört formal, zumindest bei uns in Deutschland, mehrheitlich den Mitgliedern. Um formal zu bleiben, gehört der Fußball weder den Clubfunktionären noch den Fans. Die traditionellen Clubs in der Bundeliga sind über 100 Jahre alt. Allein dieser Tatsache geschuldet ist es der Verein selbst, der für seine Identität steht.

Erfolgreicher Clubfußball benötigt ein modernes Management, gute Rahmenbedingungen und Kapital für die eigenen Ambitionen, aber auch für den Wunsch der eigenen Fans nach sportlichem Erfolg. Im Wettbewerb der Ligen kann sich ein Verein nicht komplett der Kommerzialisierung entziehen. Das Gleiche gilt für Investmentmodelle. In diesem Zusammenhang sei aber nochmals erwähnt, dass es nicht darum geht, Verhältnisse wie in Spanien, England oder Italien zu bekommen, wo die Clubs mit Geldern geflutet werden, losgelöst von jeglicher Moral. Die Fangruppierungen müssen jedoch akzeptieren, dass ein bedingter Kommerz und bedingtes Fremdkapital für einen Verein im Profifußball alternativlos sind.

Die einzige Alternative wäre, den Verein letztlich mit rein sozialen Ansätzen in einer der Amateurligen zu supporten. Die Liga und die Vereinsentscheider müssen aber ihrerseits akzeptieren, dass der Fußball – dass unser Fußball – ohne die Fans nicht viel wert ist und zu einer „Seifenoper" verkommen würde. Deshalb gibt es meiner Meinung nach nur einen Weg, und wenn er noch so schwer ist: manche Dogmen zu durchbrechen, sodass alle Partien auf einen gemeinsamen Nenner kommen, mit dem dann auch wirklich alle leben können.

13.7 Fangruppierung „Zukunft Profifußball"

Ähnlich wie die DFB-Taskforce hat eine homogene Gruppierung von Fans und Einzelpersonen ein sehr umfangreiches Thesen- und Maßnahmenpaket vorgestellt. Die komplette Projektarbeit können Sie unter www.zukunft-profifussball.de abrufen.

Die wichtigsten Punkte, von mir kommentiert, sind unter anderem [2]:

Die Betrachtung des Fußballs in der Wechselwirkung dreier Bereiche: als sportliche Disziplin, als Publikumssport und als Volkssport. Ein weiterer gewichtiger Punkt ist auf jeden Fall die Fankultur, aber in klar differenzierter Betrachtung der einzelnen Fans und Gruppierungen. Der Wunsch nach einem integren Wettbewerb ist zwar bei vielen vorhanden, aber aufgrund der internationalen Freiräume im Fußball und von Beteiligungsmodellen in der Praxis kaum durchzusetzen. Das Financial Fairplay wird in der Bundesliga weitgehend befolgt, Einfluss auf die ausländischen Ligen im internationalen Wettbewerb zu nehmen ist allerdings mehr als schwer.

Auch die Einnahmen durch Fernsehübertragungen mehr oder weniger gleichmäßig auf alle Vereine zu verteilen ist utopisch. Warum sollte ein Verein wie Bayern München, der aufgrund seiner seit Jahrzehnten betriebenen überragenden Vereinspolitik weltweit die Bundeliga ins Schaufenster stellt, den gleichen Betrag bekommen wie beispielswiese Arminia Bielefeld oder Greuther Fürth?

In Sachen 50+1-Regel sollen zukünftig eine Umgehung oder Aufweichungen konsequenter verhindert werden. Integration und Inklusion sowie die demokratische Stärkung im Verein müssen kontinuierlich weitergeführt werden. Mehr Mitbestimmungsrechte für die Mitglieder des Vereins gehören ebenfalls zu den Punkten. Ebenso eine bessere Förderung von Jugendspielern, um somit eine bessere ökonomische und ökologische Nachhaltigkeit zu schaffen.

Das Konzeptpapier ist inhaltlich hochwertig und zeigt auf, dass die Fans nicht nur intellektuell und sachlich, sondern pragmatisch und engagiert den Fußball vertreten und fördern möchten.

Gebt den Fans die Chancen, die sie verdient haben!

13.8 Interview mit Manfred und Helmut, seit rund 50 Jahren Fans von Hertha BSC

Die Hertha-Fans Manfred und Helmut (Foto: Klaus Brüggemann) (▶ https://doi.org/10.1007/000-4td)

Lieber Manfred, lieber Helmut,

Ihr seid ja schon sehr lange Hertha-Fans, was war Eurer prägendstes Erlebnis?

Eindeutig das erste Champions-League-Spiel von Hertha BSC gegen Galatasaray am 15.09.1999 in Istanbul, gemeinsam mit 49 weiteren Hertha-Fans. Prägend insofern, da es zwei Tage vor dem Spiel ein Erdbeben vor Ort gab und keiner so richtig wusste, ob das Spiel überhaupt stattfindet.

Was macht für Euch einen richtigen Fan aus?

Das ist einer, der mit „durch dick und dünn" geht, leidensfähig ist und schon viele Jahre dabei ist. Das gilt aber auch für die Spieler und Trainer, wie Pál Dárdai, der ein echter Herthaner ist, oder Fabian Lustenberger, der nach vielen Jahren bei Hertha wieder zurück in die Schweiz gegangen ist. Es wie in einer Ehe: Es zählt in guten, aber auch in schlechten Zeiten, zu seinem Verein zu stehen.

Was ist für Euch ein Ultra?
Wenn man es mal rückwärts betrachtet, waren wir praktisch auch Ultras. Ein Ultra zeichnet sich dadurch aus, dass unter der Woche eine Choreografie vorbereitet wird, aber Ultras stehen oft auch ein Stück weit über dem Verein bzw. sehen sich so. Was schade ist, dass altersbedingt bei den Ultras oft die Tradition bzw. Historie zu kurz kommen. Ultras stehen auch für viele soziale Projekte, aber es ist auch so, dass sie nicht nur für den Verein brennen, sondern im Stadion auch ab und zu etwas abbrennen. Natürlich bauen sie auch mal Mist, aber irgendwie gehört das auch zu einer Jugendkultur dazu.

Thema Scheinheiligkeit im Fußball Wir schimpfen oft auf die Vereine, wenn das Geld rausgehauen wird oder Spieler zu viel verdienen. Auch das Thema Investoren ist für viele toxisch. Andererseits wollen wir als Fan den maximalen Erfolg.

Auch früher haben die Spieler nicht für ein Butterbrot gespielt, aber die Summen haben sich verschoben, und die Entwicklung ist nicht mehr normal. Irgendwann wird die Blase platzen. Wenn beispielsweise ein Spier für heute moderate 8 Mio. Euro geholt wird und dann eine beschissene Saison spielt, dann ist das Geld verbrannt. Aber uns ist auch klar, „ohne Moos nichts los", und wir wollen auch den Erfolg und irgendwann mit unserer Mannschaft mal etwas gewinnen.

Quellen

1. https://fcbayern.com/de/fans/fanbetreuung-und-fanclubs
2. https://zukunft-profifussball.de/

GPSR Compliance
The European Union's (EU) General Product Safety Regulation (GPSR) is a set of rules that requires consumer products to be safe and our obligations to ensure this.

If you have any concerns about our products, you can contact us on

ProductSafety@springernature.com

In case Publisher is established outside the EU, the EU authorized representative is:

Springer Nature Customer Service Center GmbH
Europaplatz 3
69115 Heidelberg, Germany

www.ingramcontent.com/pod-product-compliance
Lightning Source LLC
LaVergne TN
LVHW022039260326
834688LV00061B/949